Friedrich Weissensteiner • Kinder der Genies

FRIEDRICH WEISSENSTEINER

KINDER DER GENIES

August von Goethe
Siegfried Wagner
Anna Freud
Erika und Klaus Mann
Anna Mahler

Bildnachweis:

Bezirksmuseum Hietzing: S. 219
Imagno/Austrian Archives: S. 121, 187
Imagno/Sigmund Freud Privatstiftung: S. 103, 107
Österreichische Nationalbibliothek, Bildarchiv: S. 15, 29, 33, 43, 47,
57, 63, 73, 85, 89, 95, 97, 113, 131, 177, 193, 207, 223, 227
Ullstein Bild: S. 149, 153, 189

ISBN 3-218-00757-7
Copyright © 2005 by Buchverlage Kremayr & Scheriau/Orac, Wien
Alle Rechte vorbehalten
Schutzumschlag, Repro und Satz: Media & Grafik, Wien
Foto auf dem Schutzumschlag: Klaus und Erika Mann 1930, Ullstein Bild
Druck und Bindung: GGP Media GmbH, Pößneck

INHALT

Vorwort

Die Kinder von Genies, von prominenten, einflussreichen Vätern und Müttern, haben es unendlich schwer im Leben. Sie sind, um es überspitzt zu formulieren, schon bei ihrer Geburt stigmatisiert. Sie werden von der Mitwelt an den Leistungen, am Werk der Eltern gemessen, stehen in deren Schatten, werden von deren Ruhm überstrahlt. Sobald ihnen das einmal bewusst geworden ist, gibt es für sie nur zwei Möglichkeiten: entweder auf eine eigene Lebensgestaltung zu verzichten und als Schattensohn oder -tochter dahinzuvegetieren oder zu versuchen, aus dem elterlichen Kernschatten herauszutreten und ein selbst bestimmtes Leben zu führen. Ersteres ist mit Frustrationen allerlei Art bis zum Verlust der eigenen Persönlichkeit verbunden, Letzteres verlangt die Mobilisierung aller geistigen Kräfte und intellektuellen Ressourcen, eine riesige Kraft- und Willensanstrengung, an deren Ende nicht selten ein ausgebrannter Mensch steht. Denn es ist nicht leicht, gegen einen ruhmreichen Vater oder eine übermächtige Mutter anzukämpfen. Entscheidend freilich ist das Verhalten der Genie-Eltern ihren Kindern gegenüber. Sie können ihnen die nötigen Freiräume für ihre persönliche Entwicklung einräumen, ihre Anlagen und Talente fördern, oder sie in eine erzieherische Zwangsjacke stecken, aus der sie sich nicht befreien können. Das gilt allerdings nicht nur für die Kinder von Genies.

Im vorliegenden Buch unternehme ich den Versuch, anhand einiger Fallstudien das Wechselspiel, die Wechselbeziehungen zwischen berühmten Eltern und ihren Kindern, keineswegs wissenschaftlich, sondern von einem allgemeinen Aspekt aus darzustellen. Das ist, glaube ich, nicht nur interessant, sondern aufschlussreich und sogar spannend.

Da sind zunächst einmal August von Goethe und Klaus Mann. August von Goethe hing zeitlebens am Gängelband des Vaters. Der Herr Geheimrat bestimmte seinen Berufsweg, spannte ihn vor seinen beruflichen und dichterischen Karren, überhäufte ihn mit immer neuen Aufgaben. Der Sohn, der sich von der väterlichen Autorität nicht freispielen konnte, flüchtete in den Alkoholkonsum und starb eines frühen Todes.

Klaus Mann, literarisch außerordentlich begabt, fühlte sich vom Vater ungeliebt und unverstanden. Ehrgeizig und innerlich zerbrechlich, scheiterte er am unerreichbaren väterlichen Vorbild, an dem sein beachtliches schriftstellerisches Werk gemessen wurde und wird. Sein schillerndes Leben endete im Suizid.

Siegfried Wagner war 14 Jahre alt, als der Vater starb. Er versuchte, sich aus dem musikalischen Schatten des Vaters zu lösen und neue Wege zu gehen, was ihm jedoch nur als Dirigent und Leiter der Bayreuther Festspiele gelang. Als Komponist fehlte es ihm an schöpferischer Originalität, als Ehemann stand er unter dem Diktat seiner Gattin, der Hitler-Verehrerin Winifred Wagner.

Die Töchter, mit deren Leben ich mich beschäftige, konnten sich freier und selbstbestimmter entfalten. Die Vater-Tochter-Beziehung läuft nach einem anderen Paradigma ab als das Vater-Sohn-Verhältnis. Liebevolle Zuneigung und Verehrung treten an die Stelle von männlichem Kraftprotzertum und ehrgeiziger Rivalität. Ausnahmen bestätigen natürlich auch hier die Regel.

Thomas Mann liebte seine Tochter Erika, sie verehrte

den Vater, vermied unnötige Konflikte mit ihm und war ihm im Alter eine kluge Ratgeberin und sein „weiblicher Eckermann".

Anna Freud, vom Vater ebenfalls geliebt und gefördert, war zwar die Gralshüterin seines Werkes, sie trat aber aus seinem Schatten und wurde als Begründerin der Kinderpsychologie ebenfalls weltberühmt.

Weltruhm blieb Anna Mahler versagt. Nach dem frühen Tod des Vaters versuchte sie, sich aus dem Einfluss ihrer tyrannischen Mutter zu befreien, was ihr nur zum Teil gelang. Beruflich schlug sie einen völlig neuen Weg ein. Musikalisch hochbegabt, entschied sie sich dennoch für die Bildhauerei. Ihre ungewöhnlichen, mit harter Arbeit verbundenen Leistungen werden leider bis heute nicht gebührend gewürdigt.

Und die Mütter? Welche Rolle spielten sie im familiären Beziehungsgeflecht?

Nun: Christiane Vulpius-Goethe konnte ihrem Sohn gegen die intellektuelle Übermacht des Vaters nicht beistehen. Aber sie sorgte für sein leibliches Wohl und gab ihm als Kind emotionale Wärme, ehe er sich ihrem erzieherischen Einfluss entzog.

Katia Mann war der stets um Ausgleich bemühte Ruhepol der Familie, der von allen Kindern geliebt wurde. Cosima Wagner impfte ihrem Sohn deutschnationale Parolen und antisemitische Vorurteile ein. In der Familie Freud war die Mutter-Tochter-Beziehung keineswegs friktionsfrei. Martha Freud, die ganz hinter das Werk ihres berühmten Mannes zurücktrat, kam mit ihrer jüngsten Tochter, die sie aus ihrer Rolle als Gattin und Pflegerin verdrängte, nur schwer zurecht, die dominante Alma Mahler-Werfel verband mit ihrer Tochter eine abwechslungsreiche Hassliebe.

Thematisch passt mein jüngstes Buch gut zu den „Frauen der Genies", die 2001 erschienen sind und bei der Kritik und den Lesern eine erfreulich gute Aufnahme gefunden haben.

Wien, im März 2005
Dr. Friedrich Weissensteiner

AUGUST VON GOETHE

Sohn am Gängelband des Vaters

Christiane Vulpius ist schwanger. Nach ein paar Wochen bangen Wartens ist es endgültig zur Gewissheit geworden. Ängste plagen sie. Sie sorgt sich um die Zukunft. Wie wird er reagieren, wenn sie es ihm mitteilt, der Herr Geheimrat von Goethe? Wird er sich zur Vaterschaft bekennen oder sie im Stich lassen? Ihre Beziehung währt nun schon fast ein Jahr, sie hat oft mit ihm geschlafen. Sexuell passen sie gut zusammen, sie haben viel Spaß miteinander, aber gesellschaftlich und geistig trennen sie Welten. Das weiß sie.

Christiane kommt aus beengten Verhältnissen. Die Mutter lebt schon lange nicht mehr, der Vater, Johann Friedrich Vulpius, der eine miserabel bezahlte Stelle als Kopist in fürstlichen Diensten bekleidet hat, ist vor ein paar Jahren gestorben. Er hat in zwei Ehen je vier Kinder gezeugt. Aus der ersten Ehe sind nur noch sie und ihr Bruder Alfred am Leben geblieben, der sich schriftstellerisch betätigt und sich mehr schlecht als recht durchschlägt.

Christiane wohnt mit ihrer Tante Juliane und einer Stiefschwester in einer armseligen Hütte außerhalb der Stadtmauer. Sie arbeitet vier Tage die Woche in einer Kunstblumenwerkstatt, die im Mansardenraum eines Wohnhauses untergebracht ist. Gemeinsam mit einem Dutzend anderer Frauen und Mädchen näht sie Stoffblumen, die aus Paris importiert werden, auf Hüte, Häubchen, Haarbänder und Frauenröcke, bunte modische Gebilde, die den adeligen Damen gefallen. Auch die Handarbeitskörbchen und die Dekorationselemente für Lampen, die sie mit flinken und geschickten Händen herstellen, sind gefragt. Die

Arbeit ist eintönig, die Frauen verdienen nicht viel. Aber sie bestreiten mit dem kärglichen Lohn den Lebensunterhalt ihrer Familien oder bessern ihn zumindest auf.

Christiane ist ein resolutes, praktisch veranlagtes junges Ding mit einem frischen, vollbackigen Gesicht, einem schmalen Mund und dichtem, braun gelocktem Haar, das über ein Stoffband munter in die Stirn fällt. Sie ist ungebildet, aber keine Analphabetin. Sie kann lesen und schreiben. Vollkommen unorthografisch, aber immerhin. In der zweiten Hälfte des 18. Jahrhunderts ist das keine Selbstverständlichkeit.

Christiane hat einen gesunden Menschenverstand, sie steht mitten im Leben, sie ist tüchtig, sie kann zupacken. Sie kann kochen, mit Schere, Nadel und Zwirn umgehen, sie scheut keine Arbeit.

Die Putzmacherin ist 23 Jahre alt, als sie Johann Wolfgang von Goethe, den engen Freund und einflussreichen Berater Herzogs Carl August von Sachsen-Weimar-Eisenach, näher kennen lernt. Herr von Goethe ist 16 Jahre älter als sie. Der Bürgersohn aus Frankfurt am Main ist auf Einladung des Herzogs 1775 nach Weimar gekommen.

Der 26-Jährige hatte damals bereits einen guten Namen als Dichter. Er hatte eine Reihe von bedeutenden Werken geschrieben oder entworfen: den „Urfaust", die Dramen „Clavigo", „Götz von Berlichingen", „Egmont", den Briefroman „Die Leiden des jungen Werthers", Gedichte, Farcen, Fastnachtsspiele.

Das Städtchen Weimar mit seinen etwa 6000 Einwohnern ist im Vergleich zur freien Reichsstadt Frankfurt am Main ein kleines Kaff. Die mit Stroh oder Schindeln gedeckten Häuser sind größtenteils eng und schmal. Das herzogliche Schloss, das mit seinen Nebengebäuden beinahe ein Drittel der Stadt einnimmt, ist zwei Jahre vor Goethes

Ankunft einem Brand zum Opfer gefallen und gleicht einer Ruine. Die Straßen, auf denen sich Hühner und Schweine tummeln, sind kotig und voller Unrat.

Der junge Dichter kann beim Anblick dieses Agrarnestes seine Enttäuschung nicht verbergen. Er will nur kurze Zeit bleiben. Es werden schließlich 56 Jahre daraus.

Weimar ist eine Residenzstadt, die Hauptstadt eines Herzogtums. Der Herzog ist ein souveräner Landesfürst, einer von vielen im politisch zersplitterten Deutschland. Carl August hat erst kurz vor der Ankunft Goethes im Alter von 18 Jahren die Herrschaft übernommen, blutjung und unerfahren. Er ist klein, stämmig und hat in seinem Auftreten und Gehaben wenig Majestätisches an sich. Der Duodezfürst sieht nicht wie ein Herrscher, sondern wie ein Jäger aus und so derb und simpel sind auch seine Neigungen und Vorlieben. Er raucht unmäßig Pfeife, benimmt sich naturburschenhaft, ist zu allerlei Schabernack aufgelegt, jagt dem Wild und den Weibern nach. Seine Ehe mit der biederen, hageren Louise von Darmstadt wird von allem Anfang an durch seine Untreue getrübt. Carl August liegt nicht nur mit der Herzogin, sondern viel lieber mit Bauernmädchen in den Dörfern seines Kleinstaates im Bett. Für die „Pfaffen", die seinen Lebenswandel missbilligen, hat er nicht viel übrig. Er ist Freimaurer.

Der Herzog hat eine große Stärke: Er ist ein hervorragender Menschenkenner, er hat einen Blick für die Charaktereigenschaften und Geistesgaben anderer, die ihm selbst fehlen. Er zieht interessante Persönlichkeiten an seinen Hof und macht Weimar zum Mittelpunkt des kulturellen und gesellschaftlichen Lebens. Das ist sein großes historisches Verdienst.

Carl August hat Johann Wolfgang Goethe auf einer Reise in Mainz kennen gelernt und erkennt sofort die Originalität, die geistige Spannweite und die vielseitigen Begabungen des um sieben Jahre älteren Dichters.

In Weimar ergötzen sich der Herzog und sein Günstling zum Missfallen der alteingesessenen Hofbeamten zunächst einmal an allen möglichen Vergnügungen. Sie tanzen fröhlich durch den Karneval, fahren Schlittschuh und Schlitten, gehen auf die Jagd, frönen dem Reitsport und tauschen das Du-Wort aus, das sie bei offiziellen Anlässen durch das förmliche „Sie" ersetzen. Der Neuankömmling, der in der Werther-Kleidung – blauer Frack, gelbe Hose und Stiefel – nach Weimar gekommen ist, ist bei Hof nicht gerade beliebt. Er benimmt sich unmanierlich, flucht an der Hoftafel, tritt anmaßend auf.

Carl August stört das nicht. Er verteidigt seinen Freund gegen alle Vorwürfe und trifft alle Anstalten, um ihn an Weimar zu binden. Er schenkt Goethe ein kleines Gartenhaus vor der Stadt, in dem sich der Dichter einquartiert, und nimmt ihn in seine Dienste. Bereits ein Jahr nach seiner Ankunft ernennt er Goethe zum Geheimen Legationsrat, bezahlt ihm ein Jahresgehalt von 1200 Taler und betraut ihn mit wichtigen Aufgaben: mit der Aufsicht über die Feuerwehr, der Leitung der Kriegs- und Wegebaukommission, der Aushebung der Rekruten für die 500 Mann starke Weimarer Armee, der Verantwortung für das stillgelegte Silberbergwerk in Ilmenau, das er revitalisieren soll. Später kommt noch die Oberaufsicht über das Theater und das Bildungswesen hinzu.

Johann Wolfgang Goethe steigt Stufe für Stufe die Rangleiter im herzoglichen Hofdienst hinauf. 1782 wird er Kammerpräsident und zum Leiter der Finanzverwaltung bestellt, Kaiser Joseph II. erhebt ihn in den Adelsstand. In diesem Jahr bezieht er eine neue Wohnung im ersten Stock eines stattlichen Hauses am Frauenplan. In den geräumi-

Johann Wolfgang von Goethe –
ein wichtiger Mann zu Weimar

gen Zimmern kann er seine Kunst- und Naturaliensamm-
lung unterbringen, er richtet sich hier einen privaten Arbeitsbereich ein. Die anderen Räume dienen gesellschaftlichen Zwecken. Er empfängt dort Gäste und lädt zu den
wöchentlichen Teegesellschaften ein.

Im Haus am Frauenplan, das ihm der Herzog später zum
Geschenk macht, schreibt Goethe seine unvergänglichen
späteren Werke, die „Iphigenie", den „Tasso", den „Faust".

Hier treibt er seine naturwissenschaftlichen Studien, hier lebt und liebt er, hier übersteht er Sinnkrisen und lebensgefährliche Krankheiten. Und hier wird er auch im Alter von 83 Jahren sterben.

Johann Wolfgang von Goethe ist Junggeselle. Er beschäftigt zunächst nur eine Köchin und ein Faktotum namens Philipp Seidel, einen treuen Gefährten, den er aus Frankfurt mitgebracht hat und dem sein ganzes Vertrauen gehört. Seidel schreibt seine Diktate nieder, er darf die Briefe öffnen, er führt einen Teil der Korrespondenz und verwaltet die Haushaltskasse. Am Frauenplan kommen noch ein paar Bedienstete hinzu.

Kurz nach seiner Ankunft in Weimar begegnet der junge, ungebärdige Dichter im Stadthaus des herzoglichen Oberstallmeisters Josias von Stein dessen Ehegattin, die ihn unverzüglich in ihren Bann zieht. Die Hofdame Charlotte von Stein ist nicht gerade eine Schönheit. Aber sie hat ein hübsches Gesicht und große dunkle Augen, die Goethe nicht loslassen, fesseln: „Esse mit euch und ruhe an deinen Augen von mancherley aus", schreibt er ihr einmal. Die Mutter von sieben Kindern, von denen vier frühzeitig gestorben sind, ist um sieben Jahre älter als Goethe. Sie ist eine kühle, spröde Frau. Aber sie verkörpert für ihn alles das, was ihm damals noch fehlt: die Kunst des höfischen Benehmens, Würde, Anstand, innere Ordnung.

Johann Wolfgang Goethe trifft Frau von Stein beinahe jeden Tag. Er speist häufig bei ihr, bespricht mit ihr seine dichterischen Pläne, liest ihr aus seinen Werken vor, verbringt viele Abende mit ihr. Trotz dieser räumlichen und geistigen Nähe schreibt er ihr fast täglich Billette und Briefe, grüßt sie zu allen Tages- und Nachtzeiten, teilt ihr irgendeine Belanglosigkeit mit, beteuert ihr immer wieder und von neuem seine Liebe. „Ich bin immer dein und bey dir, leibeigner als sich denken lässt", gesteht er ihr, und: „Meine Seele ist fest an die deine angewachsen, ich mag keine Worte machen, du weißt, daß ich von dir unzertrennlich bin und daß weder hohes noch tiefes mich zu scheiden vermag ...“

Er ist unglücklich, wenn er nicht in ihrer Nähe sein kann, er verzehrt sich nach ihr, wenn er sie nicht sieht.

Im Verlauf ihrer engen Beziehung, die länger als zehn Jahre dauert, schreibt Goethe Frau von Stein 1700 Briefe, die alles enthalten, was in einem Menschen vor sich geht, was er denkt, fühlt und hofft, bezweifelt und beklagt, was ihn bedrängt und erschüttert, wovon er enttäuscht ist, was ihn glücklich und traurig macht, was ihn erfüllt, ihm Zuversicht gibt, ihn freudig stimmt.

Charlotte von Stein ist Goethes Seelentrösterin, seine „Besänftigerinn", auch wenn es zwischen den beiden zu Verstimmungen kommt, zu Missverständnissen und Verdrießlichkeiten.

Im Umgang mit der feinen, taktvollen Hofdame, die auf Anstand und Schicklichkeit bedacht ist, lernt Goethe sich zu bezähmen, seine Leidenschaften zu zügeln. Sie prägt und formt ihn um. Andererseits: Frau von Stein, in deren Ehe es an gegenseitiger Zuneigung fehlt, blüht durch die Begegnung mit dem jungen Dichter geistig und körperlich auf. Goethe reißt sie aus ihrer Vereinsamung, gibt ihr den Lebensmut zurück, der ihr schon zu entgleiten drohte.

Und der Ehemann, die Weimarer Hofgesellschaft, die Klatschbasen in der kleinen Residenzstadt, wie reagieren sie auf die Beziehung, die natürlich nicht unbemerkt bleibt? Josias von Stein scheint es nicht gestört zu haben, dass seine Frau öfter und länger mit Goethe beisammen ist als mit ihm. Er speist großteils bei Hof und ist häufig auf

Dienstreisen unterwegs. Es macht ihm nichts aus, wenn seine Frau mit einem gescheiten Menschen über Dinge spricht, die ihn nicht interessieren oder von denen er nichts versteht. Er hat auch nichts dagegen, dass Goethe sich um seinen jüngsten Sohn Fritz kümmert, für ihn sorgt, ihn zu erziehen versucht, ihn dazu benützt, Charlotte Briefe und Billette zu überbringen. Der herzogliche Oberstallmeister ist zu sehr mit sich selbst und seinem Seelenzustand beschäftigt, um sich mit unnötigen Problemen zu belasten. Seit einem schweren Reitunfall in jüngeren Jahren leidet er an Kopfschmerzen, plagen ihn Depressionen. Badeaufenthalte bringen keine Linderung. Er wird schließlich ein Pflegefall, ehe der Tod seinem leidvollen Leben ein Ende setzt.

Wie der Herr Gemahl weiß die Weimarer Hofgesellschaft natürlich über die enge Beziehung zwischen Geheimrat Goethe und Frau von Stein Bescheid. In dem kleinen Städtchen spielt sich ja alles gewissermaßen in der Öffentlichkeit ab, an Geheimhaltung ist überhaupt nicht zu denken. Jeder kennt jeden, man begegnet einander da und dort täglich.

Hat man zunächst über die Liebelei hinter vorgehaltener Hand geflüstert oder auch gelästert und gemault, so gehört dieses seltsame Liebesspiel mittlerweile längst zum Alltag. Als Skandal ist es nicht empfunden worden und man macht auch keinen daraus. Außereheliche Liebesbeziehungen sind im 18. Jahrhundert in den höchsten Gesellschaftsschichten gang und gäbe. Man denke nur an die Mätressenwirtschaft am französischen Königshof.

Ob Herr von Goethe seine Angebetete nur verehrt, mit ihr nur geplaudert und Händchen gehalten hat, darüber zerbrechen sich die Literaturhistoriker seit 200 Jahren mit unterschiedlichen Schlussfolgerungen, aber unnötig die Köpfe. Die intensivste seelische Bindung an eine Frau im

Leben des Dichters war seine Beziehung zu Charlotte von Stein jedenfalls.

Je länger Wolfgang von Goethe im Dienste des Herzogs von Weimar steht, desto größer wird die Unzufriedenheit, die sich in seinem Herzen eingenistet hat. Er empfindet die Ämter, die er innehat, als Belastung, als Bürde. Die Verwaltungsarbeit verdrießt ihn, er hat das Gefühl, nichts weiterzubringen.

„Denn ich sage immer, wer sich mit der Administration abgibt, ohne regierender Herr zu seyn, der muß entweder ein Philister oder ein Schelm oder ein Narr seyn", bemerkt er Charlotte gegenüber. Im gleichen Sinn hat er sich zu Johann Gottfried Herder geäußert, den er in Straßburg kennen gelernt und den Carl August auf seinen Rat hin nach Weimar geholt hat.

Der Hofdienst behindert seine dichterische Tätigkeit, Bürokratie und Dichtkunst passen nicht zusammen, schließen einander aus. Das Schreiben aber kann er nicht aufgeben, dazu fühlt er sich und ist er berufen. „Wenn ich nicht sinnen oder dichten soll/So ist das Leben mir kein Leben mehr", lässt er seinen Tasso sagen. Goethe sieht seine dichterische Existenz gefährdet. Er will frei sein, ungebunden. Langsam reift in ihm der Entschluss, Weimar zu verlassen und eine Italienreise anzutreten. Im Bildungsprogramm des Vaters war ein Rombesuch als krönender Abschluss vorgesehen gewesen, aber es war nicht dazu gekommen. Jetzt will er das nachholen. Er wartet nur noch einen günstigen Zeitpunkt ab.

Goethe hält sein Vorhaben geheim. Er spricht mit niemandem darüber, nicht mit dem Herzog, nicht mit Herder und auch nicht mit seiner Geliebten. Nur einer ist eingeweiht: sein Privatsekretär Philipp Seidel. Der getreue Adlatus kennt das Reiseziel seines Herrn und auch den Decknamen, unter dem er reisen will: „Kaufmann Jean Philipp Möller aus Leipzig".

Anfang Juli 1786 reist Frau von Stein zu einem Kuraufenthalt nach Karlsbad, Goethe kommt nach. Er bleibt länger als sie. Bei ihrer Abreise begleitet er sie bis zur böhmischen Grenze. Über seinen Vorsatz verliert er kein Wort. Nach Weimar zurückgekehrt, stellt Charlotte am 28. August, seinem Geburtstag, ein Geschenk auf den Schreibtisch in seinem Gartenhäuschen, zu dem sie Zutritt hat. Auf seine Rückkehr wartet sie vergebens.

Johann Wolfgang von Goethe verlässt am 3. September 1786 um drei Uhr morgens in einer Postkutsche den berühmten böhmischen Kurort. Alleine, ohne Diener. „Jetzt freut mich alles mehr, und ich fang in allem gleichsam wieder von vorne an", notiert er bereits zwei Tage später in seinem „Tagebuch der Italiänischen Reise für Frau von Stein". Darin hält er die Ankunfts- und Abfahrtszeiten an den Poststationen fest, seine Eindrücke von den Landschaften, durch die er fährt, den Sehenswürdigkeiten in den Städten, die er aufsucht, seine Stimmungen und Gefühle. Dieses Brieftagebuch ist an die ferne Geliebte in Weimar gerichtet, aber die schriftliche Beziehung ist ein Monolog. Antworten darauf gibt es nicht.

Italien wird für Johann Wolfgang von Goethe zum Wendepunkt seines Lebens, die Antike zum unvergesslichen Erlebnis. In Venedig, in Rom, in Neapel, am Vesuv, in Pompeji und Herculaneum erlebt er so etwas wie eine geistige Wiedergeburt. „Ich werde als neuer Mensch zurückkommen und mir und meinen Freunden zu größerer Freude leben", schreibt er der Mutter nach Frankfurt.

Er kehrt am 18. Juni 1788 als Verwandelter nach Weimar zurück. Darüber gibt es keinen Zweifel. Zur größeren Freude seiner Freunde allerdings nicht, zumindest nicht für

Charlotte von Stein. Schon das erste Wiedersehen mit ihr macht es ihm deutlich. Die zutiefst gekränkte Hofdame tritt ihm mit eisiger Ablehnung entgegen, widmet ihrem Hund größere Aufmerksamkeit als ihm. Seine vorsichtigen Versuche, sich ihr wieder zu nähern, weist sie zurück. Der Bruch zwischen den beiden ist nicht mehr zu kitten. Johann Wolfgang von Goethe und Charlotte von Stein werden nach Jahren des Schweigens einander nur noch mit freundlicher Distanz begegnen.

Von der Ankunft Goethes in Weimar, seinem Leben bei Hof, seiner Beziehung zur standesbewussten Hofdame, den Details seiner Italienreise, seiner Beschäftigung mit der Dichtkunst und den Naturwissenschaften, von all dem weiß Christiane Vulpius nur vom Hörensagen. Das alles liegt außerhalb ihres geistigen Gesichtskreises. Sie lebt in einer anderen gesellschaftlichen Welt. Zum Herzogshof haben Menschen wie sie keine Beziehung. Sie kommen, wenn überhaupt, mit ihm nur als Bittsteller in Berührung. Dass Johann Wolfgang von Goethe wieder in Weimar ist, hat sich herumgesprochen, dass sein Wort beim Herzog Gewicht hat, weiß sie längst. Sie hat schon vor ein paar Jahren einmal um ein Gnaden-Gehalt für ihren kranken Vater angesucht, dem stattgegeben wurde.

Jetzt, Mitte Juli 1788, will sich Christiane bei Herrn von Goethe für ihren Bruder August verwenden, der dringend Hilfe braucht. August fühlt sich als Schriftsteller. Er schreibt Gedichte, er hat Lustspiele und Ritterromane veröffentlicht. Aber vom Schreiben kann er nicht leben, er benötigt eine fixe Anstellung. Ob Herr von Goethe etwas für ihn tun könnte? Vielleicht ließe sich sogar in Weimar ein Posten für ihn finden?

Christiane Vulpius tritt eines schönen Sommertages, als

der hohe Herr einen Spaziergang im Park an der Ilm unternimmt, an ihn heran und überreicht Geheimrat von Goethe mit Hofknicks ein Bittgesuch. Die Lebenslinien zweier Menschen kreuzen sich und werden bald ineinander fließen.

Goethe setzt sich für August Vulpius ein, schickt Empfehlungsbriefe aus, verabredet sich mit Christiane zu einer weiteren Besprechung und macht sie zu seiner Geliebten.

Es ist ein kühler, regenreicher Sommer. Der Herr Geheimrat zeigt sich nicht sehr häufig in der Öffentlichkeit, lebt „wie eine Schnecke eingezogen" in seinem Gartenhaus im Park, in das er jetzt wieder zurückgekehrt ist. Er speist gelegentlich am Herzogshof zu Mittag, macht kurze Ausflüge in die Umgebung, korrespondiert mit Freunden und schreibt Liebesgedichte, die „Römischen Elegien" und die „Erotica", die von der Liebe zu Christiane inspiriert sind.

Aus der ersten sexuellen Begegnung ist eine Liebesbeziehung geworden. Christiane kommt heimlich zu nächtlichen Besuchen in das Gartenhaus. Sie erfreut ihren 40-jährigen Liebesgefährten mit ihrer jugendlichen Wärme und ihrer natürlichen Lebenslust. „Uns ergötzen die Freuden des echten nacketen Amors/Und des geschaukelten Betts lieblicher knarrender Ton", formuliert er.

Der Liebesbund bleibt lange Monate unbemerkt, nur Goethes Vertrauter Philipp Seidel und Christianes Tante scheinen davon gewusst zu haben.

Wie sich die Blumenbinderin an so vielen Sommer-, Herbst- und Winterabenden bei Goethe einfinden konnte, ohne bemerkt und erkannt zu werden, ist schlichtweg unerklärlich. Wie viel Vorsicht muss da gewaltet haben, wie viel Zittern und Bangen muss es gegeben haben, vor allem auf Seiten der jungen Frau. Denn sie trägt ja das ganze Risiko des Liebesabenteuers. Wenn es publik wird, wird man auf sie zeigen, über sie herfallen mit Schmähungen und Beschimpfungen. Man wird sie wie eine Aussätzige behandeln, möglicherweise wird sie ihre Arbeit in der Kunstblumenwerkstatt verlieren.

Auf die Dauer kann die Romanze natürlich den neugierigen Blicken der Mitmenschen nicht verborgen bleiben. Fritz von Stein, der im Goethe-Haus aus und ein geht, bringt den Stein ins Rollen. Er trifft Anfang März 1789 ein „kleines korpulentes Frauenzimmer" im Haus an. Er erzählt es der Mutter und Frau von Stein ist sofort im Bild. Sie hat es längst geahnt, dass Goethe, dem sie sich weitgehend entfremdet hat, eine Liebesbeziehung unterhält. Es ist für sie nicht schwer herauszufinden, mit wem. Geheimrat Johann Wolfgang von Goethe, der in Weimar hohes Ansehen genießt, ist mit einem Frauenzimmer aus der Unterschicht, mit einer gewissen Christiane Vulpius, liiert. Sie ist entrüstet, zutiefst gekränkt, in ihrer Standesehre verletzt. Sie fühlt sich kompromittiert, lächerlich gemacht, gedemütigt. Ihre Meinung wird von einem Großteil der Hofgesellschaft geteilt. Es übersteigt ihre Fassungskraft, dass ein Mann von so reichen Geistesgaben, so hoher Bildung und so genialer Schöpferkraft mit einem so unkultivierten Geschöpf zusammenlebt. Das kann doch nur eine vorübergehende Leidenschaft sein, ein Spleen. Herrn von Goethe muss in Italien jemand einen Sparren in den Kopf gesetzt haben.

Die Aufregung, die Empörung am Weimarer Hof, und nicht nur dort, ist groß. Und die feinen Herrschaften nehmen sich auch kein Blatt vor den Mund. In solchen Fällen sind sie mit vorschnellen Urteilen nicht zimperlich, vergessen sie ihre guten Manieren. Eine Hure ist sie, diese Vulpius, eine elende Schlampe, ein ganz gemeines Weib.

Der Herr Geheimrat reagiert auf diese Vorwürfe und

Anschuldigungen mit ostentativer Gelassenheit. Für die Meinung dieser adeligen Spießer hat er nur Verachtung übrig. Sie sind für ihn „Kröten" und „Basilisken". Sollen sie hinter seinem Rücken nur die Köpfe zusammenstecken und über ihn klatschen, es kümmert ihn nicht.

Zwei bis drei Monate nach dem Ausbleiben der Menstruation, als sie sich ihrer Schwangerschaft ganz sicher ist, teilt Christiane ihrem Liebhaber mit, dass sie im Dezember (1789) ein Kind von ihm erwartet. Johann Wolfgang von Goethe bekennt sich zur Vaterschaft. Christiane ist erleichtert, aber wie wird es weitergehen? Unehelicher Beischlaf gilt als Unzucht. Es stehen strenge Strafen darauf. Eine Mutter, die ein uneheliches Kind zur Welt bringt, muss in der Kirche Bußgeld zahlen oder bei der Eintragung des Kindes in das Taufregister mit erhobener Schwurhand den Namen des Mannes angeben, der sie geschwängert hat. Auch eine öffentliche Zurschaustellung der Missetäterin ist keine Seltenheit.

Christiane erschauert, wenn sie daran denkt. Aber der Herr Geheimrat tröstet sie. So weit wird es nicht kommen. Für ihn als Mitglied der Hofgesellschaft gelten diese strengen Moralgesetze nicht. Er wendet sich an einen Amtskollegen mit der Bitte, ihm in seiner Privatsache eine Gefälligkeit zu erweisen. Das kostet nur einen Federstrich und schon ist die Angelegenheit erledigt.

Geheimrat Goethe bekennt sich nicht nur zu seiner Vaterschaft. Er geht einen Schritt weiter. Er entschließt sich, mit Christiane eine Familie zu gründen. Allerdings ohne sich kirchlich trauen zu lassen. Er hat eine Aversion gegen eine feste Bindung und er glaubt nicht an den Gott der Christen. Er will mit der Mutter seines Kindes in aller Öffentlichkeit in freier Ehe leben. Das freilich ist eine Provokation, die der Hof nicht stillschweigend hinnimmt. Die Herzogin und die anderen adeligen Damen, auch Frau von Stein, empören sich. Sie wollen auf keinen Fall zulassen, dass Goethe seine Konkubine in das repräsentative Haus am Frauenplan aufnimmt. Herzogin Louise lässt ihm ausrichten, „sie fände es sonderbar, dass er ihr sein Kind alle Tage vor der Nase herumtrage". Das ist mehr als deutlich. Geheimrat Goethe muss mit einem neuen Domizil vorlieb nehmen, wenn er Christiane und das Kind bei sich aufnehmen will. Der Herzog weist ihm zwei Wohnungen außerhalb der Stadt in den so genannten Jägerhäusern zu. Kein Zweifel: Diese Maßnahme kommt einer Demütigung gleich und Goethe mag sie auch als solche empfunden haben. Aber er macht gute Miene zum bösen Spiel. Es bleibt ihm gar nichts anderes übrig.

Der Umzug ist langwierig und nimmt Wochen in Anspruch. Zwei Haushalte müssen aufgelassen werden. Christiane bringt ihre wenigen Habseligkeiten auf einem Karren selbst in das neue Quartier, Teller, Kaffeekannen, Bettgestelle mit Bettzeug, Kissen, ein paar Möbelstücke. Goethes „Hausrat" umzuquartieren, die umfangreichen Sammlungen, die Bibliothek, die naturwissenschaftlichen Geräte, die Möbel, kostet wesentlich mehr Mühe. Carl August stellt dafür Soldaten zur Verfügung. Auch Neuanschaffungen sind notwendig, Gardinen und Vorhänge müssen genäht, ein neuer Ofen muss gesetzt werden.

Der Herr Geheimrat geht seinen Geschäften nach, macht kurze Ausflüge in die Umgebung und sieht ab und zu auch einmal nach, wie die Übersiedlung vorangeht.

Anfang Dezember 1789 sind die Wohnungen beziehbar. Für Johann Wolfgang von Goethe beginnt ein neuer Lebensabschnitt. Das Junggesellenleben ist zu Ende. Er lebt in den nächsten drei Jahren in einem Sieben-Personen-

Haushalt. Christiane nimmt ihre Tante und ihre Stiefschwester mit, Goethe zwei Diener und den Schweizer Maler und Kupferstecher Johann Heinrich Lips, den er in Italien kennen gelernt und dem er soeben einen Posten als Professor an der Weimarer Akademie verschafft hat. Philipp Seidel, der ihm 13 Jahre lang treue Dienste geleistet hat, und seine Köchin entlässt er. Den Haushalt wird in Zukunft Christiane führen.

Johann Wolfgang von Goethe, der daran gewöhnt ist, viel Platz für sich allein zu beanspruchen, fühlt sich beengt, aber er mimt Zufriedenheit. „So oft ich ins neue Quartier komme, freue ich mich der anmuthigen freyen Lage, des schönen Raums und mancherlei Bequemlichkeit, und freue mich Ihnen auch das verdancken zu können", streut er dem Herzog Rosen.

Je näher der Geburtstermin rückt, desto größer wird die Spannung im Haus. Christiane hat Schwangerschaftsprobleme, der Liebhaber ängstigt sich, fühlt sich nicht wohl. Ein paar Wochen verstreichen. Schließlich nimmt er eine Einladung zu einer botanischen Diskussion in Jena an und verbringt dort auch den Heiligen Abend. Am 25. Dezember wird er nach Hause zurückgerufen. Christiane hat einen Sohn geboren.

Johann Wolfgang von Goethe ist mit 40 Jahren Vater geworden. Das Kind wird zwei Tage nach der Geburt auf Wunsch der Mutter in der Sakristei der St. Jakobskirche auf den Namen August Walter getauft. Der Vorname August ist wohl als kleine Verbeugung vor dem Herzog gedacht. Als Taufpatin fungiert Christianes Tante. Der Vater ist beim Taufakt nicht dabei. Goethe beteiligt sich nicht an kirchlichen Zeremonien.

Das Leben im neuen Domizil fällt ihm schwer. Das Babygeschrei stört ihn. Mit dem „Tasso", der nur langsam wie ein „Orangenbäumchen" wächst, kommt er nur mühsam voran. Um in Ruhe arbeiten zu können, richtet er sich in den unteren Zimmern des Hauses ein. Das Essen lässt er sich, wahrscheinlich aus der Hofküche, bringen, die Leibwäsche bei einer Wäscherin waschen. Ich nehme an, aus Rücksichtnahme auf Christiane. Die Mutter ist mit dem Neugeborenen und dem großen Haushalt voll beschäftigt.

Kümmert sich der Vater um seinen kleinen Sohn? Um dessen Körperpflege gewiss nicht. Aber er sorgt sich um August. Als das Baby etliche Wochen nach der Geburt noch recht schwächlich aussieht, schreibt er an den Herzog: „Der kleine Pathe (möglicherweise war der Herzog der zweite Taufpate, Anm. d. Verf.) wird mager, die Frauen sagen aber: bey dieser Diät geschehe es so. Biß in die zwölfte Woche müße man Geduld haben." Einige Wochen später zeigt er sich über die Nachricht der Mutter – er befand sich auf einer Reise –, dass es dem Kleinen „sehr übel" geht, beunruhigt.

Zu Beginn des Jahres 1790 übernimmt Goethe neue Aufgaben. Der Herzog überträgt ihm die Aufsicht über den Neubau des Schlosses, die Steuerangelegenheiten und zieht ihn auch als Berater in politischen Fragen heran. In Frankreich ist die Revolution, die im Juli 1789 ausgebrochen ist, in vollem Gang. Man muss sich vorsehen. Mit dem Herzog tauscht der Geheimrat aber auch Intimitäten aus. „Mit Vergünstigung der Göttin Lucina hat man auch die Liebe wieder zu pflegen angefangen", teilt er Anfang Februar 1790 seinem Herrn und Gebieter mit.

Einen Monat später, am frühen Morgen des 10. März, verlässt Goethe Weimar, um der Herzogmutter, die in Italien weilt, bis nach Venedig entgegenzureisen und sie dann nach Hause zu begleiten. Bereits in Jena wird er von der Fürsorge für die Familie übermannt. „Da man gegen das

Ende weich und sorglich zu werden anfängt", schreibt er an Herder, „so fiel mir ein, dass nach meiner Abreise mein Mädchen und mein Kleiner ganz und gar verlassen, wenn ihnen irgend etwas zustieße, worin sie sich nicht zu helfen wüsste. Ich habe ihr gesagt, sich in einem solchen äußersten Falle an dich zu wenden."

In Italien, wo er ein Vierteljahr auf Herzogin Anna Amalia warten muss, überfällt ihn das Heimweh. Er sehnt sich nach Christiane und August. „...Sie liegen mir sehr nahe und ich gestehe gern, dass ich das Mädchen leidenschaftlich liebe", schüttet er wieder bei Herder sein Herz aus. „Wie sehr ich an sie geknüpft bin, habe ich erst auf dieser Reise gefühlt ..., unter anderen löblichen Dingen die ich auf dieser Reise gelernt habe ist auch das: dass ich auf keine Weise mehr allein seyn, und nicht außerhalb des Vaterlandes leben kann ... Mein sehnlichster Wunsch ist Weimar bald wiederzusehen."

Seine Italiensehnsucht ist ein- und für alle Mal gestillt. „Das ist das Italien nicht mehr, das ich mit Schmerzen verließ", tönt es in ihm.

Nicht lange nach seiner Rückkehr ruft ihn der Herzog, der in Schlesien ein Feldlager aufgeschlagen hat, zu sich. Es wird September, ehe er sich in Weimar der herbeigesehnten Häuslichkeit widmen kann. „Ich sehne mich nach Hause", schreibt der Autor des „Faust" an das Ehepaar Herder, „...ich habe gewiß keine eigentlich vergnügten Stunden, bis ich mit Euch zu Nacht gegessen und bei meinem Mädchen geschlafen habe. Wenn ihr mich lieb behaltet, wenige Gute mir geneigt bleiben, mein Mädchen treu ist, mein Kind lebt, mein großer Ofen gut heizt, so hab ich vorerst nichts weiter zu wünschen."

In den nächsten eineinhalb Jahren bleibt er in Weimar und genießt das Familienleben. Christiane sorgt für gutes

Christiane Vulpius mit ihrem kleinen Sohn August

Essen, auf das er großen Wert legt, und kredenzt ihm er-
lesene Weine, die er durch seine Kehle rinnen lässt. Zwei
bis drei Liter konsumiert er nicht selten pro Tag. Herr von
Goethe diniert zu Mittag bei Hof, beschäftigt sich mit der
Farbenlehre, Botanik und Geologie und schaukelt ab und
zu am Abend auch einmal seinen kleinen Sohn.

Am 14. Oktober 1791 kommt ein zweites Kind, ein Knabe, tot zur Welt. Die Trauer ist groß, aber Goethe verliert

in seinen Aufzeichnungen darüber kein Wort. Ein weiterer Sohn, der 1795 geboren wird, und zwei Töchter (1793 und 1803) überleben die ersten Wochen nicht. Dem Kinderfreund Goethe bleibt der Wunsch nach einer großen Familie versagt.

August wächst geschwisterlos auf. Die Mutter ist oft und viel allein mit ihm. Sie pflegt und hegt ihn, sie sorgt für sein leibliches Wohlergehen, sie ängstigt sich, wenn er krank ist. Als der Kleine im Alter von knapp dreieinhalb Jahren die Blattern bekommt, reist sie mit ihm nach Jena, wo er medizinisch versorgt wird. August kommt glimpflich davon, Blatternnarben bleiben ihm erspart. „Du wirst Dich sehr freuen wenn Du wieder zurückkömmst und ihn gar nicht von Blattern verändert siehst", benachrichtigt die Mutter ihren Gefährten, der wieder einmal in der Ferne weilt, „er hat nicht viel und sie schwären nicht tief und er ist auch recht wohl."

Christiane lässt sich bei der Erziehung des Sohnes ausschließlich von ihrem gesunden Menschenverstand und ihrem sicheren pädagogischen Instinkt leiten. Der Herr Geheimrat macht ihr diesbezüglich überhaupt keine Vorschriften. Der Vater nimmt Anteil an der Entwicklung des Kindes, erkundigt sich während seiner monatelangen Abwesenheiten von Zuhause nach seinem Befinden, sendet ihm Grüße und Küsse und schickt ihm Spielsachen. Nicht immer stößt seine Wahl auf die Zustimmung der Mutter. Die Spielzeug-Guillotine, die er zum Beispiel für den Knaben in Frankfurt bestellt, passt gar nicht in ihre pädagogischen Vorstellungen.

August wächst frei und ungezwungen auf. Er sieht der Mutter bei der Arbeit zu und spielt mit seinen Haustieren, einer Katze, aber auch einem Eichhörnchen an der Kette, das ihm die Eltern kaufen. Als es sich nach ein paar Tagen aus dem Staub macht, ist er traurig. In seinem kleinen Garten mit eigenen Bäumen betreut er Pflanzen und Blumen. Die Mutter nimmt ihn nach Jena mit, wo er auf der zugefrorenen Saale Schlittschuh fährt.

Im Haus am Frauenplan, das umgebaut wird und wohin die Familie 1792 übersiedelt, unterhält er sich mit einem Schattentheater.

Den Vater vermisst er sehr. In den Briefen Christianes ist immer wieder davon die Rede. Der Dreijährige blättert in einem ABC-Buch und möchte schon die Buchstaben lesen lernen, dass er etwas kann, wenn der Vater wiederkommt. Auch die ersten Zähne, die er bald verliert, will er sich alle ausreißen lassen, damit ihn der Vater bei seiner Wiederkehr recht lieb hat. Das kindliche Verlangen nach väterlicher Präsenz und Liebe könnte deutlicher nicht artikuliert werden.

August ist überglücklich, als ihn der Vater im Sommer 1795 nach Ilmenau mitnimmt, wo Silber und Kupfer abgebaut werden. „Der Kleine ist gar zu artig und freut sich über die vielen Sachen und Arbeiten, die er sieht, er behält alles recht gut und fragt gar vernünftig", berichtet Goethe an Christiane. Sie besuchen den Bergwerksschacht, der Sechsjährige steht staunend vor den Verarbeitungsmaschinen, in der Fabrik, in der Marmorkugeln für Kinder erzeugt werden, leuchten seine Augen, die Mineraliensammlung im Bergwerk begeistert ihn. Schon in dieser Zeit legt der Vater das Fundament für die Liebe des Sohnes zur Mineralogie. Der kleine August freundet sich mit den Bergleuten an, die den hübschen Knaben mit den dunkelbraunen Augen und dem dunkelblonden Haar, das bis zu den Schultern herabfällt, in ihr Herz schließen. Die Harmonie zwischen Vater und Sohn ist perfekt. „Gustel grüßt Dich

31

recht schön; er sitzt eben auf dem Canapee, ich habe ihn ausgezogen, und wir sind die besten Freunde. Lebe wohl, behalt uns lieb, Ilmenau, den 29. August 1795", schreibt der stolze Vater der Mutter nach Weimar.

Goethe sieht seinen Erziehungsgrundsatz bestätigt, dass praktische Anschauung in der Pädagogik mehr bewirkt als theoretische Überlegungen und Erörterungen.

Über den kleinen August knüpfen Goethe und Frau von Stein nach Abbruch ihrer Beziehungen wieder erste, zaghafte Kontakte. Charlotte schenkt dem Jungen, der oft ins Haus kommt, um mit dem kleinen Carl Schiller zu spielen, der im Frühjahr 1796 mit seinen Eltern nach Weimar gekommen ist, Spielsachen. Der Goethe-Sohn, findet sie, ist nett und possierlich, er hat gute Manieren. Sie mag August, er ist ihr „kleiner Favorit". Der Groll auf den Vater legt sich. Die Mutter schließt sie adelsstolz aus ihrem Gesichtskreis aus, sie verspottet und verachtet sie.

Ende Oktober 1796 nimmt der Vater den Sohn wieder nach Ilmenau mit, aber diesmal läuft alles weniger erfolgreich ab als beim Besuch im Jahr zuvor. Das Wetter ist kühl und regnerisch, das Quartier schlecht, August lässt den Vater nachts nicht schlafen und stört ihn morgens bei der Arbeit.

Der Siebenjährige erhält noch immer keinen geregelten Unterricht. Endlich entschließt sich Goethe dann doch, einen Hauslehrer zu engagieren, einen gewissen Albert Eisert. Er lässt ihm einen verhältnismäßig großen pädagogischen Freiraum, besteht aber dann doch darauf, den Knaben auch in der Freizeit zu beaufsichtigen, mit ihm Spaziergänge zu unternehmen und allzu lebhafte Vergnügungen zu unterbinden.

Im Sommer 1797 packt Goethe wieder das Reisefieber. Er hält es zu Hause nicht mehr aus. Christiane und August

Goethes Haus am Frauenplan

begleiten ihn nach Frankfurt, wo Mutter Goethe ihren Enkel zum ersten Mal sieht. Nach ein paar Tagen treten sie die Heimreise nach Weimar an, der Herr Geheimrat reist in die Schweiz weiter, um dort seinen hoch geschätzten Kunstberater Heinrich Meyer zu treffen.

August muss den Vater wieder monatelang entbehren. Wird er deshalb unpässlich? Die Augen schmerzen ihn, ein Ausschlag plagt ihn, er muss sechsmal am Tag einen Trank einnehmen, der sehr garstig schmeckt. Den Brief, in dem er das alles dem Vater mitteilt, unterzeichnet er mit August Göthe. Bald darauf klagt er ihm altklug: „Lieber Vater! Ich bin ein rechter geplagter Mensch, ich habe 2 böse Finger, die mir so viel Schmerzen machen, dass ich mit meiner lieben Mutter des Nachts gar nicht gut schlafen kann." Er hat schon viel gelernt und kann schon recht artig schreiben, der kleine Goethe.

Der Herbst zieht ins Land und der Vater ist noch immer unterwegs. August verbringt seine Tage damit, Kastanien mit einem Bindfaden zusammenzuschnüren und den Körper damit zu behängen, er wird zu Kindergeburtstagen eingeladen, Herr Eisert bringt ihm die deutsche Rechtschreibung bei. Endlich, im November 1797, kehrt der Vater heim. Er bleibt jetzt bei seiner Familie. Wenn er Stille braucht und Konzentration, um eine literarische Arbeit weiterzubringen oder fertig zu stellen, geht er nach Jena. Jena ist um die Wende vom 18. zum 19. Jahrhundert mehr als Weimar das geistige Zentrum Deutschlands. Die Universität, deren „Oberaufsicht" Goethe innehat, ist berühmt. In Jena begegnet der Dichter den Philosophen Schelling, Fichte und Hegel, den Brüdern Friedrich und August Wilhelm Schlegel, Wilhelm von Humboldt, Clemens Brentano.

Den Kontakt mit der Familie hält er durch Briefe aufrecht, Christiane und August besuchen ihn gelegentlich. Die Gefährtin versorgt ihn mit Lebensmitteln, Boten gehen hin und her, bringen Bücher und Akten.

August, den Geheimrat Johann Wolfgang von Goethe noch immer nicht legitimiert hat, der noch immer der Sohn der Mamsell Vulpius ist, wächst heran. Er lernt jetzt Latein und erreicht allmählich das Bildungsniveau der lebenslustigen, arbeitswütigen Mutter, die gerne tanzt und reichlich dem Wein, vor allem dem Champagner, zuspricht. August, der immer vernünftiger wird, wie die Mutter feststellt, und ihr langsam entwächst, darf mittrinken. Hat Christiane damit den Grundstein für die spätere Trunksucht ihres Sohnes gelegt? Diese Frage muss man stellen.

August löst sich aus dem mütterlichen Erziehungseinfluss, wird ungehorsam. Als der Zehnjährige ohne ihre Erlaubnis mit dem Sohn Schillers nach Jena fährt, ist sie ernstlich auf ihn böse. „Denn ich darf mir nicht denken, dass so etwas in einem anderen Falle geschehen könnte, wenn er älter wäre. Das könnte mich sonst sehr betrüben", schreibt sie dem Vater, der 1801 lebensgefährlich erkrankt. Die Gattin ist ständig um ihn, pflegt ihn aufopfernd. Der Sohn, der wahrnimmt, wie es um den Vater steht, wird von Frau von Stein freundlich aufgenommen.

Nach seiner Genesung unternimmt Herr von Goethe einen Schritt, den er schon längst hätte tun sollen. Er ersucht um die Legitimierung seines Sohnes. Für den Herzog, der das Dokument am 15. Mai 1801 unterschreibt, ist es lediglich ein Formalakt. Für August, der sich jetzt auch formell Goethe nennen darf, bedeutet es viel, auch wenn er die Tragweite der Amtshandlung noch nicht versteht. Er ist als legitimer Sohn Johann Wolfgang von Goethes jetzt erbberechtigt. Aus dem Mutterkind ist ein Vatersohn geworden, mit all den Schwierigkeiten und Problemen, die sich daraus ergeben werden. Den frühen Alkoholkonsum des Sohnes nimmt der Herr Geheimrat nicht zur Kenntnis oder er bagatellisiert ihn. Schwer anzunehmen, dass er nicht sieht, wie viele Gläser Champagner August hinunterspült.

Charlotte von Stein hat einen schärferen Blick. „Der Bube kommt mir vor, als könnte er auch nicht lange leben", orakelt sie. „Gebe der Himmel, dass er nicht vor ihm (seinem Vater, Anm. d. Verf.) stirbt." Eine geradezu gespenstische Prophetie.

Im Jahr 1801 nimmt Goethe seinen Sohn zur Kur nach Bad Pyrmont in Niedersachsen mit. Die Fahrt in der „Chaise", einer Reisekutsche mit Verdeck, ist mühsam. Die Straßen sind holprig, man kommt nur langsam voran. Aber für August ist es ein kleines Abenteuer. Er sieht neue Landschaften, fremde Städte.

Das Leben im Kurort läuft gemächlich ab, August ist glücklich, beim Vater zu sein. Gemeinsam suchen sie in der Umgebung nach seltenen Steinen, der Vater unterweist seinen Sohn in der Botanik. Die beiden kommen ausgezeichnet miteinander aus. August lernt eine Menge. Für ihn ist es eine Bildungsreise. Aber die väterlichen Hinweise und Anregungen können eine systematische Ausbildung, an die Goethe noch immer nicht denkt, natürlich nicht ersetzen.

Zurück in Weimar muss der kleine Goethe seine „Schulbildung" bei Herrn Eisert wieder aufnehmen. Er nimmt jetzt auch schon an den Veranstaltungen der höfischen Gesellschaft teil und stellt im großen Maskenumzug zum Geburtstag der Herzogin den Amor dar, was in Weimar übel vermerkt wird. Frau von Stein ist darüber sehr indigniert.

Im Alter von zwölfeinhalb Jahren wird August konfirmiert. Der Freidenker Goethe will, dass der Sohn in die Kirche aufgenommen wird. Er ersucht Herder, der das Kirchen- und Schulwesen im Herzogtum leitet, die hierfür notwendigen Vorkehrungen zu treffen. Herder lädt den Knaben, den er persönlich nicht kennt, mit seinem Lehrer zu einem Gespräch ein und nimmt ohne lange Vorbereitung die kultische Handlung vor. Nachher gibt es eine kleine Familienfeier, zu der der Vater extra aus Jena anreist.

Ein paar Tage später fahren die Goethes nach Bad Lauchstädt zur Eröffnung des neuen Theaters. August sieht, wie der berühmte Vater von den Honoratioren der Stadt und den Theaterbegeisterten geehrt wird, welche Hochachtung man ihm entgegenbringt. Er wird als Erwachsener damit noch seine Probleme haben. Dem Theater bleibt er zeitlebens verbunden.

Wenn Goethe zu Hause ist, was jetzt selten genug vorkommt, verbringt August die Abende beim Vater. Sie blättern miteinander Bücher durch, schauen Bilder an und der Herr Papa weiht den Knaben auch bereits in seine literarischen Pläne ein.

August bedarf allerdings noch der weiteren Ausbildung. Da trifft es sich gut, dass eines Tages Friedrich Wilhelm Riemer in Weimar auftaucht. Riemer ist ein feinsinniger, gebildeter Altphilologe, der bei Wilhelm von Humboldt Hauslehrer gewesen ist. Jetzt soll er August geistig betreuen und bildungsmäßig voranbringen. Dieser Aufgabe widmet er sich zwar, aber bald ist er als Mitarbeiter Goethes unentbehrlicher denn als Lehrer des Sohnes. Der Herr Geheimrat holt bei vielen wichtigen Entscheidungen seinen Rat ein, er legt letzte Hand an Goethes Werke. Riemer gehört gewissermaßen zum Inventar im Goethe-Haus. Für die Ausbildung Augusts bleibt da nicht viel Zeit.

Ende August 1805 schickt der Vater den Knaben auf das Weimarer Gymnasium. August soll nun einen regulären Unterricht erhalten, pünktlich zur Schule kommen, konsequent lernen und arbeiten. Aber der Goethe-Sohn denkt gar nicht daran. Wie seine Altersgenossen aus der Weimarer Oberschicht betrachtet er die Schule als lästige Pflicht. Er kommt und geht, wann es ihm beliebt, er schwänzt den Unterricht, und wenn er anwesend ist, treibt er Schabernack und Späße mit den Lehrern.

Christian Ludwig Lenz, der 1806 die Leitung der Schule übernimmt, ist ein heillos überforderter Pädagoge ohne Autorität. Die Schüler hänseln ihn, stören den Unterricht, essen während des Vortrages, lachen ihn aus, geben freche Antworten. August Goethe ist an vorderster Stelle mit dabei.

Der Vater, der sich oft in Jena aufhält, kümmert sich wenig um den Schulbesuch seines Sohnes. August nutzt seine pädagogischen Freiräume. Seine schulischen Leistungen sind bestenfalls Durchschnitt, von überragendem Talent auf irgendeinem Gebiet keine Spur.

Die Herren Gymnasiasten, unter ihnen der junge Goethe,

treiben es bunt. Über ein Schuljahrsabschlussfest berichtet Direktor Lenz der kirchlichen Aufsichtsbehörde. „Nicht nur haben sich Primaner in Wein und Branntwein und Likörs betrunken und abscheulich wild und wüst betragen; nicht nur, obgleich ich kurz vorher sie in einer mehr als stundenlangen Vorlesung gewarnt hatte, unter meinen Augen hingesetzt und Karten gespielt; sondern auch auf der Eremitage drei Herzogliche Stühle zerbrochen und den einen zwei bis drei Stock heruntergeworfen, dass er in Stücken dalag."

August Goethe hat auf dem Weimarer Gymnasium sein Wissen und seine Bildung nicht wesentlich vertieft.

Wir schreiben das Jahr 1806. Im Goethe-Haus gibt es bereits zu Beginn des Jahres einen Todesfall. Am 7. Januar stirbt Christianes Schwester Ernestine, ihre Tante wird ein Pflegefall. Sie scheidet am 1. März aus dem Leben. Der Tod der beiden Frauen, die viele Jahre im Haushalt mitgeholfen haben, ist für Christiane ein schwerer Verlust. Sie hat jetzt kaum noch einen Gesprächspartner, denn der Geheimrat geht seine eigenen Wege und der Sohn hört nicht mehr viel auf die Mutter. „Wenn sie August einmal sehen sollten", schreibt Christiane einem Bekannten, „da werden Sie sich sehr verwundern, der ist sehr groß und stark geworden ..." Der junge Mann geht seinen Interessen nach, Mutter und Sohn mögen sich, aber sie leben zunehmend nebeneinander her.

Die Zeiten sind ernst. Seit Napoleon Bonaparte 1796 den Oberbefehl über die französische Armee übernommen hat, haben Österreich, Russland und Großbritannien, die sich zu einer Koalition gegen das revolutionäre Frankreich zusammengeschlossen haben, alle Schlachten und Kriege gegen das Feldherrngenie verloren. Die Landkarte muss jedes Jahr neu gezeichnet werden. Das Heilige Römische Reich existiert nicht mehr, der Korse, der seit dem Jahr 1804 Kaiser der Franzosen ist, hat die fürstliche Staatenwelt Deutschlands zerschlagen und neu gestaltet.

Preußen hat sich seit 1792 aus den Kriegswirren herausgehalten und seine eigene Politik verfolgt. Aber jetzt, im Herbst 1806, muss es sich, politisch völlig isoliert, dem eroberungslüsternen Gegner militärisch stellen. Das Herzogtum Weimar, Preußen eng verbunden, wird in den Krieg hineingezogen. Die preußische Armee erleidet am 14. Oktober in der Doppelschlacht bei Jena und Auerstedt eine vernichtende Niederlage. Der Kanonendonner ist bis Weimar zu hören. Die geschlagene preußische Armee zieht sich zurück, die Sieger stoßen nach. In Weimar gehen Häuser in Flammen auf, Fensterläden und Türen werden eingeschlagen, Wohnungen geplündert. Kaum ein Haus, auch nicht das Domizil Goethes, bleibt verschont. Ein Dutzend elsässischer Kavalleristen quartieren sich am Frauenplan ein. Christiane schafft für sie im Zimmer der Bediensteten Platz, versorgt sie mit Speis und Trank, packt an, gibt Anordnungen, während sich Goethe in das Schloss begibt und sich bei seiner Rückkehr in seine Räume zurückzieht.

August hat Gelegenheit, seine Eltern zum ersten Mal in seinem Leben in einer Extremsituation zu beobachten. Die furchtlose Mutter meistert die Situation vortrefflich, der Vater verhält sich nicht gerade mannhaft.

Eines Nachts dringen zwei betrunkene französische Marodeure in das Gebäude ein, durchstöbern die Räume und bedrohen Goethe mit dem Tod. Christiane schreitet ein und verhindert das Ärgste. So wird es berichtet. Am nächsten Morgen wird das Goethe-Haus unter Bewachung gestellt. Einer Begegnung mit dem Kaiser der Franzosen geht der Dichterfürst aus dem Weg. August ist tief enttäuscht.

Er hätte den Schlachtenlenker gerne gesehen. Der Sohn Goethes verehrt Napoleon.

Napoleon hält sich nicht lange in Weimar auf. Nach einem Gespräch mit der Herzogin, die im Gegensatz zu einigen amtierenden Ministern im Land geblieben ist, bricht er nach Berlin auf. Das Herzogtum Weimar bleibt bestehen, es muss sich aber dem Rheinbund anschließen, zwei Millionen Taler Kontributionen zahlen und Truppen für die französische Armee stellen.

Der Staatsminister Geheimrat Johann Wolfgang von Goethe ist erleichtert. Seine Position bei Hof, die er bereits gefährdet sah, ist gesichert.

Am 17. Oktober 1806, dem Tag, an dem der siegreiche Feldherr Weimar verlässt, setzt er einen überraschenden Schritt, eine Wegmarke in seinem Leben. Er fasst den Entschluss, seine langjährige Gefährtin zu heiraten. Christiane hat es längst verdient, dass das Verhältnis legalisiert wird. Sie hat lange genug unter dem Makel der Unebenbürtigkeit und der Verachtung seitens der Stadtbewohner im standesbewussten Weimar gelitten.

Herr von Goethe richtet ein Schreiben an Wilhelm Christian Günther, den Weimarer Hofprediger, mit dem Ersuchen, die Trauung vorzunehmen. Und zwar unverzüglich. Die Formalitäten, die einer raschen Heirat entgegenstehen, werden von seinem Amtskollegen Christian Gottlieb von Voigt aus dem Weg geräumt. Bereits zwei Tage später, am Sonntag, dem 19. Oktober 1806, nimmt der Hofprediger in der Sakristei der St. Jakobskirche die Zeremonie vor. Als Trauzeugen fungieren Riemer und August, der 17-jährige Sohn des Brautpaares. Die Trauringe lässt der 57-jährige Bräutigam auf den 14. Oktober datieren. Die ganze Angelegenheit ist rasch erledigt, aber sie hat vor allem für die Ehegattin und den Sohn erfreuliche Konsequenzen. Christiane ist nun, zumindest formell, die Frau des Geheimrates von Goethe, August muss sich nicht mehr seine uneheliche Geburt zum Vorwurf machen lassen.

Goethe berichtet dem Herzog über das Ereignis. „Da man der bösen Tage sich oft erinnert; so ist es eine Erheiterung auch der guten zu gedenken ... so fiel mir auf, dass heute vor siebzehn Jahren mein August mich mit seiner Ankunft erfreute. Er lässt sich noch immer gut an und ich konnte mir Ew. Durchl. Einwilligung aus der Ferne versprechen, als ich, in den unsichersten Augenblicken, durch ein gesetzliches Band, ihm Vater und Mutter gab, wie er es lange verdient hatte ..."

War Goethe mehr um die Zukunft seines Sohnes besorgt als um seine eigene Ehe?

Die Weimarer Hofgesellschaft, allen voran Charlotte von Stein, rümpft über die Verehelichung Goethes die Nase. Die Frau Geheimrat bleibt weiterhin eine gesellschaftliche Außenseiterin, wird nur widerwillig oder mit ostentativer Herablassung akzeptiert. Lediglich Johanna Schopenhauer, die Mutter des Philosophen, gewährt ihr in ihrem Haus vorurteilslose Gastfreundschaft. „Wenn Goethe ihr seinen Namen gegeben hat", erklärt sie, „können wir ihr wohl eine Tasse Tee geben."

Im Haus am Frauenplan zieht wieder der Alltag ein. Das Leben geht seinen gewohnten Gang. Die urwüchsige Christiane, die Frau Geheimrat Goethe, bleibt die Person, die sie ist. Sie führt mit geübter Hand den Haushalt, besucht Theatervorstellungen, spricht dem Wein zu, frönt ihrem geliebten Tanzvergnügen.

Der Sohn besucht weiter das Weimarer Gymnasium, aber er nimmt die Schule nach wie vor nicht ernst. Er bleibt oft dem Unterricht fern, wenn auch, um dem Vater schon einmal in Karlsbad einen Besuch abzustatten. Er lernt reiten und fechten und verliebt sich zum Missfallen der Mutter in ein Mädchen aus einfachen Verhältnissen.

Das Urteil des Schuldirektors fällt dementsprechend abfällig aus: „v. Goethe", formuliert er, „ist weder unfähig, noch ganz unaufmerksam; weiß aber wegen seines unverantwortlich häufigen Versäumens der Schulstunden viel weniger als sich von ihm erwarten und fordern lässt. Demungeachtet kann man ihn nicht ganz unwissend nennen." Den Vater stört dieses Urteil nicht sonderlich. August wird auch ohne gymnasiales Abschlusszeugnis die Universität beziehen, Jus studieren und dann in den Dienst des Herzogs von Weimar treten. Der Herr Geheimrat braucht jemanden, der ihm einen Teil seiner vielfältigen Aufgaben abnimmt. Will August das überhaupt? Er wird nicht gefragt. Er ist jetzt zwar schon erwachsen, aber er hängt noch immer an der Leine des Vaters, auch wenn er ab und zu ein wenig aufbegehrt. Es ist ihm nicht bestimmt, ein selbstständiges Leben zu führen. Der Übervater bevormundet ihn, spannt ihn vor seinen Karren, führt ihn am Zügel. Sich freizuspielen ist da nur schwer möglich.

Im Frühjahr 1808 beginnt August von Goethe ein Jurastudium in Heidelberg. Er wohnt bei einer befreundeten Familie, besucht die vorgeschriebenen Vorlesungen und studiert verhältnismäßig fleißig. Aber noch eifriger betätigt er sich in der Studentenverbindung „Guestphalia", wo er bei den Kommersen fröhlich mitzecht. Er unternimmt zahlreiche Reisen, von denen er dem Vater ausführlich berichtet, gibt großzügig Geld aus und häuft Schulden an. Geheimrat von Goethe gibt schriftliche Anweisungen. Ferngesteuerte väterliche Briefregie könnte man das nennen.

August will nicht in Heidelberg bleiben. Das Klima behage ihm nicht, klagt er. Der Vater beordert ihn zurück nach Weimar und nimmt ihn wieder strenger in die Pflicht. August muss in Jena weiterstudieren. Dort kann er sich keine Burschenschaftsherrlichkeit und keine Eskapaden leisten. Der Herr Geheimrat verbietet ihm jedwede politische Betätigung und jede Kontaktnahme mit Studentenvereinigungen. Er isoliert damit den Sohn von seinen gleichaltrigen Kommilitonen und bindet ihn noch stärker an sich. Schließlich drängt der Weimarer Staatsminister den willenlosen August in die vollständige Abhängigkeit, als er ihm einen zunächst provisorischen Posten als Kammer-Assessor im Dienst des Herzogs verschafft. Carl August kommt dem

Der erwachsene August von Goethe

diesbezüglichen Ersuchen unverzüglich nach. Der Goethe-Sohn erwirbt zwar noch einige Kenntnisse in der Kameralistik, der Landwirtschaft und in der Chemie, aber zu einem formellen Studienabschluss kommt es nicht.

Am 21. Oktober 1810 nimmt August von Goethe zum ersten Mal in Beamtenuniform an einem Diner bei Hof teil. Die entscheidende Weichenstellung in seinem Leben ist damit vollzogen.

Der Sohn hängt nun fest am Gängelband des Vaters. Goethe schreibt dem Herzog: „Nach all diesem wünsche ich nunmehr meinen Sohn einige Jahre bey mir zu behalten, um die Zeit die mir noch gegönnt ist auch zu seinem Vortheil zu benutzen und sowohl durch Umgang als durch zweckmäßige Lecktur ihn immer weiter ausgebildet zu sehen."

Ein paar Tage vor seinem 22. Geburtstag erhält August eine Anstellung im Weimarer Staatsdienst. Er erledigt die Aufgaben, die ihm gestellt werden, durchaus zur Zufriedenheit des Herzogs und des Vaters. Er ist fleißig und zuverlässig, ein tüchtiger Beamter, der vor allem in ökonomischen Fragen bewandert ist. Er führt Verhandlungen mit Geschäftsleuten und Handwerkern und vertritt den Vater häufig bei repräsentativen Anlässen. Für Kunst, Literatur und Musik hat er nicht allzu viel übrig. In die Fußstapfen des Vaters als Dichter wird er nicht treten.

Europa steht noch immer im Banne Napoleons. Der Kaiser der Franzosen hat allerdings mit dem missglückten Russlandfeldzug den Höhepunkt seiner Machtentfaltung überschritten, seine Grande Armée wird beinahe völlig aufgerieben. Von den 600.000 Mann, die er aus aller Herren Länder rekrutiert hat, kehrt nur ein kleines Häuflein in die Heimatländer zurück. Aber der größenwahnsinnige militärische Abenteurer gibt sich nicht geschlagen. Noch einmal stampft er eine Armee aus dem Boden. Jetzt aber verbünden sich die Preußen mit den Russen. Kriegsbegeisterung flammt auf, lodert hoch in Deutschland. Freiwilligenverbände werden zum Kampf gegen den Korsen aufgeboten, auch in Weimar. Auch der junge Goethe lässt sich in die Listen eintragen, obwohl sein Herz für Napoleon schlägt. Er kann im allgemeinen Begeisterungstaumel nicht abseits stehen. Aber was tut der Vater? Er brauche den Sohn, er benötige ihn im Amt wie im Hause, interveniert er beim Herzog. Er darf nicht in den Kampf ziehen. Ein behördlicher Ausweg wird gefunden. Augusts Name soll auf den Freiwilligenlisten stehen bleiben, aber der Goethe-Sohn soll mit einem Weimarer Kammerrat nach Frankfurt reisen, um dort Verhandlungen zu führen. Die Entscheidung wird über den Kopf des Betroffenen hinweg gefällt und August fügt sich. Er hat nicht die Kraft, sich aus dem Bannkreis des Vaters zu lösen, eine eigene Existenz aufzubauen. Immer entscheiden andere für ihn und er gehorcht. Das ist die Tragik seines Lebens.

Die Entscheidung des Vaters, ihn am Befreiungskampf gegen Napoleon nicht mittun zu lassen, schadet dem Ansehen Augusts schwer. Er wird verspottet, verhöhnt, er gilt als Feigling, als Drückeberger, geradezu als Vaterlandsverräter. Der Makel bleibt an ihm lange haften. Das hat auch seelische Auswirkungen. Er leidet unter dieser Missachtung, die Schwermut zieht in seinem Herzen ein.

1815 ist der Napoleon-Spuk endgültig vorüber. Das Herzogtum Sachsen-Weimar-Eisenach wird auf dem Wiener Kongress zum Großherzogtum erhoben, August von Goethe zum „Kammerrat" befördert. Der Vater bindet ihn verstärkt in seine Arbeit ein. August ist als Weimarer Staatsbeamter Mitarbeiter Goethes, er übernimmt häufig dessen Repräsentationsaufgaben. Zugleich verwaltet er auch das

Haus am Frauenplan, kümmert sich um die umfangreichen Sammlungen und führt die Verhandlungen mit Friedrich Johann Cotta, dem Verleger von Goethes Werken. Eine Grenze zwischen diesen Tätigkeitsbereichen ist schwer zu ziehen. 1815 wird August über Veranlassung des Vaters in die Weimarer Freimaurerloge aufgenommen, ein Jahr später zieht ihn der Vater zur Arbeit in der Hoftheater-Intendanz heran. Der Sohn ist pflichtbewusst, ordnungsliebend, gewissenhaft, ein Pedant. Loyal und ergeben verrichtet er seine Arbeit.

Über seine Beziehung zur Mutter in diesen Jahren ist wenig bekannt. Christiane Goethe geht unbeirrt ihrer Arbeit nach. Sie hat auch 1813, als es wieder eine Einquartierung im Haus am Frauenplan gab, die Situation bravourös gemeistert, die Soldateska versorgt, das Schlimmste von der Familie abgewendet.

Goethe geht seinen Weg und sie fügt sich in ihr Schicksal, putzt das Haus, reinigt die Zimmer, wäscht und bügelt, verrichtet Gartenarbeit und findet ab und zu auch Zeit, sich zu vergnügen, ihrer Tanzlust zu frönen. Freilich, so unverwüstlich wie in ihrer Jugend und ihren besten Frauenjahren ist sie längst nicht mehr. Körperliche Beschwerden plagen sie, sie ist oft unpässlich, hat Magenkrämpfe, muss das Bett hüten. Zu Beginn des Jahres 1816 erleidet sie einen Schlaganfall, Ende Mai einen zweiten.

Goethe weilt wieder einmal in Jena. Bei der Nachricht vom lebensgefährlichen Zustand seiner Frau kehrt er nach Weimar zurück. Christiane macht einen furchtbaren Todeskampf durch, leidet unerträglich, schreit sich vor Schmerzen die Seele aus dem Leib. Ein paar Frauen versuchen, ihre Pein zu lindern. Der Gatte und der Sohn meiden das Totenbett. Herr von Goethe hütet mit einem Fieberanfall das Bett, der Sohn findet kein tröstendes Wort

Ottilie von Pogwisch als junges Mädchen

für die Mutter. Kann man den beiden Herzlosigkeit vor-
werfen? Vater und Sohn können nicht anders. Sie fliehen
vor Krankheit und Tod, können damit nicht umgehen. In
diesem Fall gleichen sie einander wie ein Ei dem andern.

Um die Mittagszeit des 6. Juni 1816, an ihrem 52. Ge-
burtstag, wird Christiane Goethe von ihren Qualen erlöst.
Am frühen Morgen des nächsten Tages wird sie begraben.
Vater und Sohn bleiben dem Friedhof fern.

Wie hielt es August mit den Frauen? Man weiß nicht viel
darüber. Ein paar Flirts sind bekannt, ehe sich der 22-jäh-

rige, gut aussehende junge Mann 1811 in eine Fünfzehnjährige mit allen Fasern seines Herzens verliebt.

Sie heißt Ottilie von Pogwisch und ist uradeliger Abstammung. Die Mutter, Henriette von Pogwisch, ist eine geborene Henckel von Donnersmarck, der Vater, Wilhelm Julius Baron von Pogwisch, ist Gutsbesitzer und steht bei Ottilies Geburt am 31. Oktober 1796 als Offizier in preußischen Diensten.

Die Eltern trennen sich nach ein paar Ehejahren. Ottilie und ihre jüngere Schwester Ulrike finden mit ihrer Mutter Unterschlupf bei Verwandten, erhalten eine unsystematische Ausbildung und lernen, sich den wechselnden Lebensverhältnissen anzupassen.

Im April des Jahres 1806 schlägt Henriette über Veranlassung ihrer Mutter, die Obersthofmeisterin der Erbherzogin von Sachsen-Weimar-Eisenach Maria Paulowna ist, mit ihren Töchtern ihre Zelte in Weimar auf. Man wohnt in einer Mansarde der herzoglichen Residenz und ist beileibe nicht auf Rosen gebettet. Aber die Ausbildung der Kinder ist gewährleistet. Ottilie liest viel, erwirbt Fremdsprachenkenntnisse (Englisch, Französisch), erhält Musikunterricht und lernt höfisches Benehmen. 1811, als die Mutter in den Rang einer Hofdame bei der Herzogin aufsteigt, kommt ihr das sehr zustatten. Ihre Liebenswürdigkeit und ihr tadelloses Benehmen werden mit Genugtuung zur Kenntnis genommen. Im Sommer 1811, zu Goethes Geburtstag, sind die Pogwisch-Töchter zum ersten Mal Gäste im Haus am Frauenplan. Dem alten Herrn gefällt das lebendige, junge „Persönchen". August verliebt sich in das zierliche, hübsche Ding mit den lebhaften blauen Augen und dem schönen Haar. Auf Einladung des Herrn Geheimrates kommt Ottilie öfters in das Goethe-Haus zum Tee und zu kleinen Konzertveranstaltungen. August trifft seinen Schwarm bei Redouten, beim Eislaufen und Schlittenfahren. In Weimar werden die beiden bereits als künftiges Ehepaar gehandelt. Aber es kommt anders. Ottilie von Pogwisch, preußenfreundlich und patriotisch gesinnt, verliebt sich in den Tagen der nationalen Aufbruchstimmung gegen Napoleon in einen preußischen Offizier namens Ferdinand Heinke, der nach der Schlacht bei Leipzig verwundet nach Weimar gekommen ist. Zu ihm blickt sie auf. Er ist ein Mann von Schrot und Korn, ein Kriegsheld, in den sie sich schwärmerisch verliebt. August von Goethe ist im Vergleich zu ihm ein Tintenkleckser, ein Feigling, der sich vor den Franzosen aus dem Staub gemacht hat.

August vergeht vor Eifersucht, steigert seinen Alkoholkonsum, wird heftig, hegt Selbstmordgedanken. Was hilft es? Ottilies Herz schlägt für einen anderen Mann. Aber das Schicksal ist ihm gnädig. Heinke ist bürgerlicher Herkunft und verlobt. Er reißt sich von Weimar los.

Nach dem Ende der napoleonischen Kriegswirren und dem Tod seiner Mutter nimmt August einen zweiten Anlauf um die Gunst Ottilies. Er liest ihr jeden Wunsch von den Lippen ab, wirbt um sie nach allen Regeln der Kunst. Ottilie gibt nach, ihre Familie handelt einen günstigen Ehevertrag aus. Am 31. Oktober 1816 wird zunächst Verlobung gefeiert. Bald darauf beginnt man im Haus am Frauenplan mit dem Ausbau der Mansardenwohnung, in der das junge Paar wohnen wird. August von Goethe hat die letzte Chance vertan, sich aus der letztlich tödlichen Umarmung durch den Vater zu befreien.

Am 17. Juni 1817 werden August von Goethe und Ottilie von Pogwisch vom Generalsuperintendenten Wilhelm Christian Günther getraut. Der Vater des Bräutigams, der seinem Sohn bei der Werbung um Ottilie beigestanden hat, kommt zur Trauung aus Jena angereist. Am nächsten Tag schon verlässt er Weimar wieder.

Die Hochzeitsreise geht in das Saaletal. Der Schwiegervater ersucht Ottilie um eine Skizze der „Begebenheiten und Abenteuer". Sie entledigt sich dieser Aufgabe vorbildlich. Der Herr Geheimrat hat eine neue Helferin gefunden.

Nach drei Tagen kehren die Neuvermählten nach Weimar zurück. Ottilie macht sich mit ihrer neuen Rolle als Hausfrau vertraut, was ihr keine besondere Freude bereitet. Den Goethe-Haushalt zu führen beansprucht viel Zeit und Energie. Mehr als zehn Personen beim Mittagstisch sind keine Seltenheit. Es gibt Arbeit in Hülle und Fülle. Ottilie kann Christiane nicht ersetzen, aber sie versteht es zu repräsentieren, sie hat Geist, ein lebhaftes Temperament und sie strahlt eine frohgemute Natürlichkeit aus. Der Herr Geheimrat, der familiäre Geselligkeit schätzt, weiß das zu würdigen. Dem Gemahl, der Ordnung liebt und Pflichtbewusstsein, gefallen die kostspieligen Extravaganzen und der lockere Umgang seiner Gattin mit dem Geld ganz und gar nicht.

Ottilie und August sind zwei grundverschiedene Menschen, die von ihrer charakterlichen Veranlagung und Wesensart überhaupt nicht zusammenpassen. Ottilie ist ungestüm und fantasiebegabt, geistig vital. Sie ist eine Romantikerin, sie hat hochfliegende Pläne und Träume. August ist ein biederer, treuer Ehemann und Familienvater, ein trockener, pedantischer Bürokrat.

Die Ehe ist von allem Anfang an auf Sand gebaut. „Herr von Göthe steht nicht hoch genug über mir", schreibt Ottilie an ihre Seelenfreundin Adele Schopenhauer und in diesem Satz liegt die Erklärung für die Brüchigkeit dieser Verbindung.

Ottilie bewundert und verehrt den Schwiegervater. Für ihren Ehemann hat sie wenig übrig, sie schätzt weder seine Gutmütigkeit noch seine väterliche Fürsorglichkeit für die beiden Söhne, die sie in den ersten drei Jahren ihrer Ehe zur Welt bringt: Walter Wolfgang, geboren am 9. April 1818, und Wolfgang Maximilian, dem sie am 18. September 1820 unter schwierigsten Umständen das Leben schenkt. Sieben Jahre später, am 29. Oktober 1827, wird noch eine Nachzüglerin geboren: Alma Henrietta. In Weimar sind sie nicht die Kinder Augusts und Ottilies, sondern die Goethe-Enkel. Auch das ist bezeichnend für die Position des Sohnes, der im familiären Dreigespann Vater-Ehefrau-Gatte das schwächste Glied ist.

Ottilie, die ihre Haushaltspflichten vernachlässigt und die Erziehung der Kinder großteils anderen überlässt, langweilt sich, fühlt sich unausgelastet und unerfüllt.

August verbringt den Großteil seiner Zeit im Amt oder ist auf Dienstreisen, Ottilie, der in Weimar das Stimulans fehlt, geht auf Reisen, hält sich bei Verwandten auf, fährt zur Kur. Sie braucht und sucht die Abwechslung. Auch in der Liebe. Ein Flirt jagt den anderen. Einmal ist es ein Kunstreiter, in den sie sich vergafft, dann wieder schwärmt sie für einen in der Schweiz geborenen Mineralogen, der am Weimarer Hof als Erzieher wirkt. Ein irischer Jüngling namens James Sterling verdreht ihr so den Kopf, dass ganz Weimar davon spricht. Zu einem Schriftsteller Charles Des Vœux entbrennt sie in stürmischer Leidenschaft.

Der Ehemann nimmt die Amouren seiner Gattin nicht ernst, spielt sie herunter. Gram staut sich auf in seinem Gemüt und macht sich bald in Eifersuchtsszenen Luft. Er ertränkt seinen seelischen Kummer im Alkohol. August von Goethe ist längst zum stadtbekannten Trinker geworden, er leidet an Depressionen und wird unförmig dick.

Die Ehegattin, ohnehin von zarter Konstitution, hat einen Reiterunfall, der Narben in ihrem Gesicht zurücklässt und ihrem Selbstbewusstsein einen schweren Schlag versetzt. Sie klagt über Kopfschmerzen, Gesichtsneuralgien und Leberschmerzen, von denen sie in Kurbädern Linderung sucht.

In der neun Räume umfassenden Mansardenwohnung im Haus am Frauenplan gibt es längst kein gemeinsames Schlafzimmer mehr. Ottilie denkt an Trennung. Das Einzige, was ihr den Seelenfrieden zurückgeben könnte, schreibt sie ihrer Schwester Ulrike, wäre, „dass sich August von mir scheiden ließe und ich in einen ruhigen Winkel zöge. Das will er nicht, und doch ist das Leben nicht zu ertragen." Ihrem Tagebuch vertraut sie an: „Allein mit August – nichts war recht, und mit unendlicher Trauer ging ich in mein Zimmer" (14. Juli 1828). Und einen Tag später, ein bisschen zu wenig selbstkritisch: „...Das Unglück ist, dass er sich immer einbildet, ich habe einen herrschsüchtigen Charakter. Wollte Gott, es wäre."

Den alten Herrn kümmern die Eheprobleme des Sohnes wenig. Er spannt ihn weiter vor seinen Karren, betraut ihn mit immer mehr Aufgaben. August ist sein Literaturagent, der kaufmännisch die Gesamtausgabe seines Werkes betreut, mit den Verlegern und Buchhändlern Verhandlungen führt, Verträge abschließt. Und das alles muss er neben seinen sonstigen Aufgaben erledigen. Für sich selbst bleibt ihm kaum Zeit. August hat es versäumt, sich von seinem berühmten Vater geistig und räumlich abzunabeln, aus seinem Schatten herauszutreten. Er hat seine eigene Identität nicht gefunden, den Sinn des Lebens für sich selbst nicht entdeckt. „Der Name Goethe war Augusts Fluch", brachte ein Freund des Hauses seine Misere auf den Punkt.

August ist krank, sein Verhalten nimmt immer auffälligere selbst-destruktive Züge an, seine Lebensenergie wird von Jahr zu Jahr schwächer. Er hat es satt, immer nur der Diener, der Stellvertreter des Vaters zu sein, an ihm gemessen zu werden. Er ist ein Vatersohn, der nie Gelegenheit hatte, sich zu entfalten. Als er endlich einmal dagegen aufbegehrt, sich seinen Frust aus dem Leib schreit, ist es zu spät. Der alte Goethe grollt und der Sohn gibt klein bei. Aber auf die Dauer kann es so nicht weitergehen. Immer stärker und drängender wird der Wunsch in Augusts Brust, sich von Weimar zu lösen.

Ich will nicht mehr am Gängelbande
Wie sonst geleitet sein,
Und lieber an des Abgrunds Rande
Von jeder Fessel mich befrein.

So gießt er seine Verzweiflung in Verse.

Er will einen Befreiungsakt setzen, zu einer großen Reise aufbrechen. Und zwar nach Italien. In Italien hofft er seelisch und körperlich zu gesunden.

Am 22. April 1830 ist es dann so weit. August von Goethe tritt die lang ersehnte Italienreise an. Am frühen Morgen verlässt er mit der Schnellpost Weimar. Sein einziger Begleiter ist Johann Peter Eckermann, der seit etlichen Jahren der unentbehrliche Helfer des alten Goethe ist. August fühlt sich nicht wohl, er ist an Leib und Seele krank. Zufällig ist auch ein Arzt in der Kutsche, der nach Paris reist. Das tröstet ihn. Wenn ihm etwas zustößt, wird er medizinisch versorgt werden.

In Frankfurt muss er vier Tage das Bett hüten. Er kann kaum kauen und schlucken, die Fußsohlen sind wund. Sichtlich erholt fährt er dann über Basel und Lausanne nach

53

Mailand weiter. Die Reise ist anstrengend, man ist jeden Tag von fünf Uhr morgens bis sieben Uhr abends unterwegs. Aber der Goethe-Sohn fühlt sich wohler und wohler, seine Gesundheit bessert sich. „Seit ohngefähr 8 Tagen bessert es sich von Tag zu Tag, alle Systeme kommen ins Gleichgewicht und ich habe die beste Hoffnung ohne Arzney ganz hergestellt zu werden", schreibt er Ottilie am 13. Mai 1830. Er findet versöhnliche Töne für sie, trägt ihr Grüße und Küsse an die Kinder auf, kauft Geschenke für die Familie, Kupferstiche, Münzen und Medaillen für den Vater.

August hält seine Reise-Eindrücke mit akribischer Genauigkeit in einem Reisetagebuch fest, das der „treue Sohn" den Briefen an den „lieben Vater" in Weimar beifügt. Der alte Goethe lobt den Sohn, spendet ihm für seine Kenntnisse in künstlerischen Dingen Anerkennung. Die Ehefrau ist unversöhnlich. „Augusts Rückkehr droht mir wie eine unheilbringende Wolke", vertraut sie ihrer Freundin Adele Schopenhauer an. „... Alles was die Kette gerissen hätte, würde mir willkommen sein ... Wenn ich mir denke, dass ich August wieder sehen könnte, so empfinde ich nicht die leiseste Bewegung." Gut, dass der Ehemann davon nichts erfährt.

Nach dreiwöchigem Aufenthalt geht es über Brescia, Verona und Padua weiter nach Venedig. August besichtigt Kirchen, Paläste und Museen, die Seeluft bekommt ihm gut. Dann reist er nach Mailand zurück und von dort weiter nach Genua. Der Weimarer Kammerrat trifft dort polnische Freunde. Erinnerungen werden ausgetauscht, der Wein fließt durch die Kehlen. Der getreue Eckermann bleibt August nicht treu. Er hat von der Reisebegleitung genug. Nach einem Konflikt kehrt er nach Weimar zurück. Der alte Herr benötigt dringend seine Mitarbeit am „Faust".

Die Sonne brennt heiß vom strahlend blauen italienischen Sommerhimmel. August setzt seine Reise allein fort. „Ich stehe allein in der fremden Welt, wie wird es mir vorkommen?", fragt er sich selbst verwundert und setzt fort: „Doch ich muß durch, es koste, was es wolle, doch ich hoffe, nicht das Leben." Eine Todesahnung?

Ein paar Tage nach der Abreise aus Genua geschieht ein Unglück. Der Kutscher ist während der Fahrt offenbar eingeschlafen, die Kutsche kippt um. August von Goethe bricht sich das Schlüsselbein. Er wird ärztlich versorgt, die rechte Hand bleibt unverletzt, er kann sein Tagebuch weiterführen. Wundfieber bewirkt drei Wochen Zwangsaufenthalt. Dem Vater gegenüber spielt er die Verletzung herunter, um ihn nicht zu ängstigen.

Weiter geht es nach Florenz. August verweilt vom 23. August bis zum 3. September in der Arnostadt. Ausführlich und mit großem Kunstverständnis berichtet er über seine Eindrücke und vergisst nicht, am 28. August dem Vater Geburtstagswünsche zu übermitteln.

Von Livorno aus geht es dann mit dem Dampfschiff nach Neapel. Es ist Augusts erste Schiffsreise, das Meer ist stürmisch, zahlreiche Passagiere werden seekrank. Er stärkt sich mit „einigen Viertelchen ächten Sicilianer" und spürt nichts von Übelkeit.

Vier Wochen Aufenthalt in Neapel. Er genießt den Blick auf den Vesuv, das geschäftige Leben und Treiben in der Hafenstadt, besucht Sorrent und Pompeji, schreibt unermüdlich an seinem Tagebuch, vergnügt sich in Kneipen, spricht dem Wein zu. Einem Briefpartner gegenüber äußert er Todesahnungen. „Ich werde keinem Menschen fehlen. Glauben Sie mir, hinter meinem närrischen Treiben verbirgt sich ein ernsteres Herz als man denkt", orakelt er. Und dessen Abschiedsgruß „Auf Wiedersehen in Rom!"

55

beantwortet er mit dem Satz: „Ja, in Rom oder dort!" und zeigt auf das Firmament.

Am 15. Oktober bricht er nach Rom auf, das er in 26-stündiger Eilfahrt erreicht. August in seinem Tagebuch: „Die Kuppel von St. Peter glänzte in der Morgen-Sonne und das neue Rom breitete sich vor meinen Blicken aus ... Ich that die Mütze ab und dankte Gott HIER zu seyn." Er trifft ein paar Künstler, unter anderen den dänischen Bildhauer Bertel Thorvaldsen. Sie zeigen ihm die Sehenswürdigkeiten der Ewigen Stadt und machen mit ihm gemeinsam Ausflüge. Dem Vater in Weimar ruft er den aufschlussreichen Satz zu: „Es ist das erste mal, im 40. Jahre, dass ich zum Gefühle der Selbständigkeit gekommen und unter fremden Menschen." In Rom sind dem bedauernswerten Sohn des größten deutschen Dichters nur noch zehn Lebenstage gegönnt.

Nach einer fiebrigen Erkältung bringen ihn die Freunde zu Bett. Ein rasch herbeigerufener Arzt vermutet einen Ausbruch der Pocken. In der Nacht vom 26. auf den 27. Oktober 1830 stirbt August von Goethe in seinem Quartier im Haus Nr. 17 der Via di Porta Pinciana. Sein Leichnam wird ein paar Tage später auf dem protestantischen Friedhof an der Cestius-Pyramide beigesetzt. Die deutschen Künstler, die in Rom weilen, geben ihm das letzte Geleit.

Der Vater in Weimar erfährt die Todesnachricht erst zwei Wochen später. Er nimmt sie äußerlich gefasst, beinahe unbewegt auf. Er untersagt alle Kondolenzbesuche, in seinem Haus darf niemand über den Todesfall reden. Der alte Herr flüchtet sich in die Arbeit. Der Schmerz, den er verdrängt hat, entlädt sich am Abend des 25. November 1830 in einem lebensgefährlichen Blutsturz, von dem er sich erstaunlich schnell wieder erholt.

Ottilie trägt Witwenkleidung, aber ihre Trauer reicht nicht in Seelentiefen. Die Kinder vermissen den Vater kaum.

Im Jahr nach seinem Tod wird für August von Goethe ein Monument mit einem von Thorvaldsen gestalteten Relief errichtet. Die Inschrift, vom Vater konzipiert, lautet: „Goethe filius patri antevertens obiit annor XL." (Der Goethe-Sohn, dem Vater vorangehend, starb im 40. Lebensjahr).

Johann Wolfgang von Goethe verweigerte seinem Sohn selbst nach dessen Tod die Anerkennung als eigenes, selbst bestimmtes Wesen.

Der von Thorvaldsen gestaltete Grabstein
August von Goethes in Rom

SIEGFRIED WAGNER

Der kompositorische Schattensohn

In der Pause nach dem zweiten Akt der Generalprobe zur „Götterdämmerung" erlitt Siegfried Wagner auf der Bühne einen Herzinfarkt. Er wurde an Ort und Stelle medizinisch versorgt und dann ins Krankenhaus gebracht. Seine Gattin Winifred, die ihn aufopfernd pflegte, wehrte alle Besucher ab, ließ niemanden an das Krankenbett. Nicht einmal seine geliebte Tochter Friedelind, die aus England herbeieilte, wurde von den Ärzten zum Vater vorgelassen.

Während der Patient im Bayreuther Krankenhaus um sein Leben kämpfte, eröffnete Arturo Toscanini mit einer „Tannhäuser"-Inszenierung, die Siegfried Wagner in harter, Kräfte raubender Probenarbeit einstudiert hatte, die Festspiele. Der von Toscanini dirigierte „Tannhäuser" war ein Riesenerfolg. Er markierte einen Wendepunkt in der starren, musealen Aufführungspraxis von Bayreuth, einen musikdramaturgischen Neubeginn. Siegfried Wagner hatte jahrelang um ihn gekämpft, nun war er da. Der Festspielchef hatte die Wahnfriedideologie überwunden. Ein Lebenstraum hatte sich erfüllt. Er konnte ihn nicht mehr auskosten. Der einzige Sohn des Musik-Genies Richard Wagner starb am 4. August 1930 im 62. Lebensjahr. Er hinterließ eine junge Witwe und vier minderjährige Kinder.

Die Festspiele gingen weiter, der Leichnam wurde am 8. August auf dem Bayreuther Stadtfriedhof nach einem Gedenkkonzert im Festspielhaus im Beisein zahlreicher Künstler und Freunde des Verstorbenen beigesetzt. Die Witwe, die Hitler-Verehrerin und Nazi-Sympathisantin Winifred

Wagner, führte das Erbe weiter. Die Bayreuther Festspiele hatten eine neue Chefin, die drei Jahre später ihr Idol bereits als Reichskanzler begrüßen konnte. In Deutschland war eine neue Ära angebrochen.

Richard Wagner und seine pangermanistische Gedankenwelt, die sich in seinen Musikdramen widerspiegelt, wurden von den Nationalsozialisten zum kulturideologischen Leitbild erhoben. Der Wagner-Sohn und sein Werk wurden beinahe vollständig von der Bildfläche verdrängt. Daran hat sich bis heute, was die Spielpläne der Opernbühnen anlangt, kaum etwas verändert. Siegfried Wagner war als Komponist eine Schattenfigur und er ist es geblieben. Der Vater war ein kompositorisches Genie, der Sohn ein begabter Musiker mit einem Sinn für Klangfarbe und originelle Instrumentation. Das ist allerdings keine hinreichende Erklärung dafür, warum der Sohn sich nicht aus dem Schatten des Vaters lösen konnte. Den Grund für die geringe Rezeption des Musikschaffens Siegfried Wagners sehen die Musikwissenschaftler in dessen Unzeitgemäßheit.

Richard Wagner war ein musikalischer Revolutionär, ein kühner Erneuerer des Musiktheaters, er war modern, er wies neue Wege. Sein Sohn war im Grunde seines Wesens „prachtvoll unmodern". Er lehnte die geistigen und kulturellen Entwicklungen seiner Zeit im Wesentlichen ab. Sein Schöpfertum blieb der Vergangenheit verhaftet, es war anachronistisch.

Er selbst sah das naturgemäß anders. „Es gibt Menschen, die gern aus mir eine tragische Figur machen möchten", schreibt er in seinen Erinnerungen. „Mit mitleidigem Lächeln sehen sie mich an und was sie denken, dürfte vielleicht folgendermaßen lauten: Du armer Mensch, wie muß dich die Last des Ruhmes deines gewaltigen Vaters niederdrücken! Wie bemitleiden wir dich. Und daß du die Verwegenheit besitzest, selbst noch als Opernkomponist aufzutreten und so naiv bist, zu glauben, daß du damit durchdringst! Armer, mitleiderregender Mensch! Ich antworte darauf: Sehe ich wirklich so niedergedrückt und zerquetscht aus? Es täte mir sehr leid, wenn ich solchen Eindruck erweckte, denn ich fühle mich sehr wohl und gesund. Allerdings gebe ich gern zu, daß es mir nicht gerade leicht gemacht wird." Und weiter: „Es bedarf schon der Geduld, bis man wenigstens eine kleine Anzahl der Vorurteile beseitigt hat, die gegen den Sohn eines großen Mannes feststehen. Ich weiß nicht, wie sich das in anderen Ländern verhält; in Deutschland besteht jedenfalls ein Dogma, daß solch ein Sohn mindestens ein halber Esel, wenn nicht gar ein kompletter Idiot sein muß. Kommt nun einer, auf den dieses Dogma nicht ganz paßt, entsteht Verwirrung. Gottlob habe ich mir im Laufe der Jahre die Anerkennung und das Vertrauen erworben, auf die es einem ernsten Künstler ankommt, der nicht der Mode des Tages huldigt ..." Er fühle sich durchaus nicht als tragische Gestalt, meinte er abschließend, er freue sich, einen solchen Vater und eine solche Mutter zu haben und von seinen Eltern ein reichliches Quantum Humor mitbekommen zu haben.

Eine tragische Gestalt war Siegfried Wagner nicht. Aber zweifellos litt er darunter, dass sein Schaffen nicht die Anerkennung fand, die er sich wünschte. Mit Verbitterung registrierte er das Ansehen und die Wertschätzung, die Richard Strauss in der zeitgenössischen Musikwelt genoss. „Er wandelt unausgesetzt im Lichte! Der Triumphator! Sein Ruhm kennt keine Grenzen! Was ist unsereiner daneben!", stellte er indigniert fest. „Ich bin froh, wenn ich hier und da mein Öllämpchen anzünden ... meine Opern vorführen darf. Es ist eine Art Katakombenexistenz!"

Siegfried Wagner wurde außerehelich geboren. Als er am 6. Juni 1869 in der zweistöckigen Villa in Tribschen bei Luzern am Vierwaldstättersee zur Welt kam, war Cosima noch mit Hans von Bülow verheiratet. Von Richard Wagner, mit dem sie seit fünf Jahren liiert war, hatte sie bereits zwei Töchter: Isolde, die am 10. April 1865 das Licht der Welt erblickte, und Eva, die am 17. Februar 1867 ihren ersten Schrei ausstieß.

Die Geburt des Sohnes wurde bejubelt, die Eltern waren überglücklich. Der Vater hatte endlich einen Stammhalter – seine erste Ehe mit Minna Planer war kinderlos geblieben –, die Mutter notierte nachträglich in ihrem Tagebuch: „Das Geschenk, welches uns das Schicksal durch die Geburt eines Sohnes machte, erschien mir sogleich von unermesslich tröstendem Werte. Ein Sohn Richards ist der Erbe und einstige Vertreter des Vaters seiner Kinder; er wird der Schützer und Geleiter seiner Schwestern sein." Die künstlerische Zukunft des berühmten Vaters schien über den eigenen Tod hinaus gesichert. Da machte es auch nichts aus, dass der Stammhalter zunächst Siegfried von Bülow hieß.

Der Ehemann Cosimas wurde erst nach vierzehn Tagen von der Geburt des Kindes unterrichtet. Gleichen Atems ersuchte sie ihn, einer Scheidung der Ehe zuzustimmen und ihr die Erziehung der gemeinsamen Töchter Daniela und Blandine zu überlassen. Der schwierige Ehemann und wagnerhörige Dirigent, der eine diesbezügliche Bitte zuvor energisch zurückgewiesen hatte, willigte nun in ein Scheidungsverfahren ein, das sich dann lange hinzog. Eine Woche nach dem Ende des Gerichtsverfahrens, am 25. August 1870, gaben einander Cosima von Bülow, geborene Liszt, und Richard Wagner in der protestantischen Kirche von Luzern das Jawort. Der Bräutigam war 57, die Braut 33

Jahre alt. Aus Siegfried von Bülow wurde Siegfried Wagner. Der Knabe, der bereits ein paar Wochen nach seiner Geburt von einer englischen Gouvernante den Spitznamen „Fidi" erhalten hatte, wurde am 4. September 1870 getauft. Als Taufpaten fungierten eine mit der Familie befreundete Gräfin aus Luzern und Wagners Mäzen, König Ludwig II. von Bayern, der aber bei der Zeremonie natürlich nicht zugegen war und sich vertreten ließ.

Schon früh beschäftigten die Eltern Erziehungsfragen, die zu Kontroversen Anlass gaben. Während der Vater einem großzügigen Erziehungsstil das Wort redete, plädierte die Mutter für Strenge. Beide Elternteile träumten aber selbstverständlich davon, dass der Sohn einmal das musikalische Erbe des Vaters fortsetzen würde. „Wenn dieser Junge nicht besser und größer wird als ich, dann lügt alle Physiognomik", erklärte der Herr und Gebieter der Familienidylle in Tribschen. Die Mutter gab sich bescheidener. „Ich will froh sein, wenn unser Sohn ein fester Charakter ist und eine geweckte Intelligenz", bemerkte sie. Cosima hatte feste Erziehungsgrundsätze, die sie gegenüber dem Gatten durchsetzte. Sie drückte ihr pädagogisches Credo in einem schönen Gleichnis aus. Der Erzieher müsse wie ein Gärtner das Wachstum des Kindes fördern und dafür sorgen, dass es nicht durch parasitäre Einflüsse beeinträchtigt wird. In diesem Erziehungskonzept war für eine kindliche Unart ab und zu auch eine Züchtigung nicht ausgeschlossen.

Fidi spielte unterdessen im Garten der elterlichen Villa mit kindlicher Unbekümmertheit. Er durfte noch unbeschwert sein, er verstand noch nicht, was sich in seiner frühen Kindheit in Tribschen abspielte. Die Eltern nahmen 1870/71 begeisterten Anteil am militärischen Sieg Preußens über Frankreich und an der Gründung des Deutschen Rei-

Richard Wagner mit seinem Sohn Siegfried

ches. Ein nationaldeutscher Begeisterungssturm durch-
wehte das Familienleben. Fotos aus dieser Zeit zeigen den
Wagner-Sohn in Siegfried-Heldensagengewandung. Die ersten deutsch-völkischen und antisemitischen Samenkörner

wurden in Fidis Seele gelegt. Er konnte damit nichts anfangen. Die Saat ging erst viel später auf. Vorderhand war der kleine Mann vollauf damit beschäftigt, sich der Bevormundung durch seine vier älteren Schwestern zu erwehren. Auf einem Bild, das ihn in ihrer Mitte zeigt, macht er einen verschreckten, trotzigen Eindruck.

Ende April 1872 übersiedelte Cosima mit ihren fünf Kindern und Bergen von Gepäck nach Bayreuth. Der Abschied von Tribschen fiel ihr schwer. „Das Aufgeben unserer idyllischen Existenz fällt uns schwerer als mancher ahnen mag und mit einem unaussprechlichen Gefühl, von welchem der Himmel abwenden möge, dass es Ahnung sei ertrage ich die Last der davoneilenden Tage", schrieb sie einer Freundin.

Die Großfamilie bezog zunächst Quartier in einem Hotel im Bayreuther Vorort Donndorf, ein halbes Jahr später schlug man ein Domizil in der Stadt auf.

Richard Wagners alter Traum, ein Festspielhaus zu errichten, wo er seine Musikdramen nach eigenen Vorstellungen aufführen konnte, begann Gestalt anzunehmen. Am 22. Mai 1872 fand auf dem „grünen Hügel", der höchsten Erhebung auf der Nordseite der Stadt, die Grundsteinlegung des Festspielhauses statt. Auf einem Bauplatz, den der Komponist zu einem Preis von 12.000 Gulden erwarb, entstand sein Wohnhaus, die Villa „Wahnfried", welche die Familie am 30. April 1874 bezog.

Der fünf Jahre alte Siegfried vergnügte sich im Garten des neuen Wohnsitzes mit den Haustieren, besuchte den öffentlichen Kindergarten, spielte mit der Eisenbahn, lernte schwimmen und wurde abwechselnd von der Mutter, einer Gouvernante oder einer der Schwestern befürsorgt. Kein Wunder, dass er sich schon in jungen Jahren

gegen dieses Weiberregiment sträubte und eine Abneigung gegen das weibliche Geschlecht entwickelte. Der stolze Vater konnte sich nur wenig um seinen Sohn kümmern.
Seine Zeit war angefüllt mit den aufreibenden Vorbereitungen und Proben für die Eröffnung des Festspielhauses und die ersten Bayreuther Festspiele, die im August
1876 mit allen Anzeichen eines kulturellen Jahrhundert-
ereignisses über die Bühne gingen. Noch verstand der Siebenjährige die Größe des Ereignisses nicht, die prachtvollen Aufführungen der Musikdramen des Vaters werden ihn aber wohl in bewunderndes Erstaunen versetzt
haben.
Auf der Italienreise, die die Familie nach dem Ende der
Festspiele unternahm, beeindruckten den Wagner-Sohn vor
allem die Baudenkmäler. „Damals erwachte in mir die Leidenschaft für Architektur", erinnerte er sich später.
Wieder zurück in Bayreuth, bemühten sich die Eltern,
einen Lehrer für Siegfried zu finden, der bislang von der
Mutter in die Anfangsgründe des Schreibens, Lesens und
Rechnens eingeführt worden war. Das gelang vorerst nicht.
Das Anforderungsprofil des Vaters für einen geeigneten Pädagogen war zu hoch. Erst im Herbst 1879, als Fidi bereits
zehn Jahre alt war, fand man in der Person eines jungen
Philosophen namens Heinrich von Stein den idealen Leh-
rer. Stein, der in Heidelberg auch Theologie studiert hatte, entwickelte zu seinem nur um zwölf Jahre jüngeren
Schüler ein pädagogisches Freundschaftsverhältnis. Sein er-
zieherisches Konzept, das er dem Vater ausführlich dar-
legte, sprach einer Synthese von geistiger und handwerk-
licher Ausbildung das Wort. Dr. Stein stellte bei seinem
Schüler Lesedefizite und ein besonderes zeichnerisches
Talent fest. Er betrieb mit ihm Sprachstudien (Griechisch,
Latein, Englisch), führte ihn in die euklidische Geometrie

ein und bot ihm botanischen Anschauungsunterricht. Er gab den Hauslehrerjob jedoch bald wieder auf, da er eine akademische Karriere einschlug. Der Familie Wagner blieb er bis zu seinem frühen Tod verbunden. Seine Stelle nahm Erich Hausberg ein. Dieser legte als musikalischer Assistent der „Parsifal"-Uraufführung den Schwerpunkt der Ausbildung Siegfrieds auf die Musik, was diesem jedoch keine besondere Freude bereitete. Für die Opern des Vaters bekundete der Sohn jedoch Interesse.

Dem häufig kränkelnden Knaben machte das Zeichnen riesigen Spaß. Die Skizzenbücher Fidis sind voll gefüllt mit Ansichten italienischer Bauwerke, die er auf den Reisen mit seinen Eltern kennen lernte. Der Dreizehnjährige schrieb aber auch Possen und Ritterschauspiele, die im Familienkreis aufgeführt wurden, und entwickelte eine Vorliebe für das Theater.

Im Leben Siegfried Wagners kam es im Jahr 1883 zu einer einschneidenden und nachhaltigen Zäsur. Nach dem Premierentriumph des „Parsifal" bei den Festspielen 1882 war Richard Wagner mit seiner Familie nach Venedig abgereist und hatte sich im Palazzo Vendramin am Canale Grande eingemietet. Er las viel, komponierte, dachte intensiv über Kunstfragen nach und schrieb Aufsätze. Zuletzt arbeitete er an einem Manuskript mit dem Titel: „Über das Weibliche im Menschlichen". In der Nacht vom 12. auf den 13. Februar 1883 schlief er unruhig und hatte wirre Träume. Am Morgen des 13. Februar arbeitete er am Manuskript weiter. Da er sich nicht wohl fühlte, blieb er dem Mittagessen fern. Am Nachmittag erlitt er einen Herzschlag. Cosima spielt am Klavier gerade Schubert, als sie plötzlich einen Aufschrei des Dienstmädchens hört. Sie stürzt zur Tür hinaus. Siegfried in seinen Erinnerungen: „... Nie werde ich vergessen, wie meine Mutter zur Tür hinausstürzte. Eine Gewalt leidenschaftlichsten Schmerzes drückte sich darin aus; dabei stieß sie sich so stark an dem halb geöffneten Türflügel, dass dieser fast zerbrach ..."

Ihre Eile kommt zu spät. Als sie in das Arbeitszimmer hineinstürmt, sitzt ihr Mann zusammengebrochen hinter dem Schreibtisch. Es gibt keine Rettung mehr. Richard Wagner ist tot, sein Herz hat aufgehört zu schlagen. Siegfried und seine Geschwister sind Halbwaisen geworden.

Der Leichnam des Musikgenies wird in einem Sonderzug nach Bayreuth gebracht und in der Gruft im Garten des Hauses Wahnfried beigesetzt. In Bayreuth bricht unter der Leitung Cosimas eine neue Ära, im Leben Siegfrieds ein neuer Abschnitt an.

Der 14-jährige Siegfried erhielt einen Vormund und bezog auf eigenen Wunsch im Herbst 1883 das Bayreuther Gymnasium. Er wollte mit Gleichaltrigen die Schule besuchen, nicht länger von Privatlehrern unterrichtet werden. In der neuen pädagogischen Umgebung fand er sich allerdings zunächst nur schwer zurecht und hatte Probleme, wissensmäßig mit seinen Schulkollegen Schritt zu halten. Das gab sich aber bald.

Welche bleibenden Einflüsse das Gymnasialstudium auf ihn gehabt hat, ist nicht eindeutig nachweisbar. Die pedantische Ordnungsliebe, die er zeitlebens an den Tag legte, dürfte er sich vom Direktor der Anstalt abgeschaut haben, zu dem er aufblickte und der für den zum jungen Mann heranreifenden Schüler eine Vaterfigur verkörperte.

Seiner Vorliebe für die Architektur blieb Fidi treu. Er hielt mit großem Talent weiterhin alle seine Reise-Eindrücke zeichnerisch fest. In die Zeit seines Gymnasialstudiums fielen eine schwere Krankheit, deren Ursache die Mutter in den Dokumenten verschweigt, der Tod seines geliebten Großvaters Franz Liszt und eine beginnende antisemitische Grundhaltung, die sich unter dem Einfluss der Mutter in Briefen an seine Schwestern zunächst zaghaft äußerte.

Die Gymnasialzeit ging im August 1889 mit der Ablegung des Abiturs zu Ende. Cosima freute sich wohl über den Schulabschluss, aber sie bangte um ihren mütterlichen Einfluss. „Was mit mir wird, wenn Fidi das Gymnasium absolviert hat – ich weiß es nicht, kann mich weder von ihm getrennt, noch ihn fern von Wahnfried denken", jammerte sie.

Welchen Berufsweg würde Siegfried einschlagen? Er selbst tendierte zur Architektur, die Mutter dachte vordringlich an Bayreuth. Sie wollte das Erbe des Vaters zur geeigneten Zeit auf den Sohn übertragen. Dazu bedurfte es allerdings einer gründlichen musikalischen Ausbildung, die Siegfried bislang nicht erhalten hatte. Zur Besprechung der Berufsentscheidung wurde ein Familienrat einberufen. Er fasste mit Zustimmung des Betroffenen den Entschluss, dass Fidi seinen Neigungen entsprechend Architektur studieren, zuvor aber bei Engelbert Humperdinck auf den Komponisten- und Dirigentenberuf vorbereitet werden sollte. Eine salomonische Lösung für eine Doppelbegabung, aber keine entscheidende Weichenstellung.

Der Wagner-Sohn übersiedelte nach Frankfurt am Main, wo er im Haus seiner um neun Jahre älteren Halbschwester Daniela, die mit dem Kunsthistoriker Henry Thode verheiratet war, Aufnahme fand.

Etwa ein Jahr lang fuhr Siegfried zwei- bis dreimal pro Woche nach Mainz zum Unterricht. Humperdinck führte seinen Schüler in die Harmonielehre ein, lehrte ihn das Partiturlesen und den Kontrapunkt und analysierte mit ihm die Werke alter Meister wie Robert Schumann und zeitgenössischer Komponisten wie Richard Strauss. Siegfried über seinen Lehrer: „Mit seinem Schüler Siegfried war er zufrieden, ja so zufrieden, dass er meiner Mutter schrieb, er glaube bestimmt, dass die Musik die Architektur verdrängen werde." Diese Prophezeiung sollte sich erfüllen. Das Jahr in Frankfurt (1889/90) war auch für die weltanschauliche Prägung Siegfrieds wichtig. Im nationalistischen Haus Thode verstärkte sich sein Antisemitismus. „Das Judentum hier hat jeden germanischen Keim erstickt", schrieb er einer seiner Schwestern. Andererseits machte er in der Bankiersfamilie Edward Spencer die Bekanntschaft eines jungen Engländers namens Clement Harris, der homosexuell veranlagt war und zu dem er sich auf der Stelle hingezogen fühlte. Der Kosmopolit Harris öffnete dem noch unreifen und ungefestigten Wagner-Sohn ideologisch den Blick in die Welt über die engen Grenzen nationalstaatlichen Denkens hinaus.

Ende Oktober 1890 begann Siegfried sein Architekturstudium in Berlin, wo er in den Häusern der Freunde seiner Mutter verkehrte, unter anderem beim Pianisten und Klavierlehrer Karl Klindworth, der später noch eine wichtige Rolle in seinem Leben spielen sollte, und auch Hans von Bülow kennen lernte, mit dem er sich gut verstand. Nebenbei setzte er seine musikalischen Studien fort. Bereits Ende Juni 1891 verließ er vorzeitig die Berliner Hochschule, um an den Festspielen teilzunehmen, denen zum ersten Mal auch Clement beiwohnte. Bald danach immatrikulierte er sich am Polytechnikum in Karlsruhe, wo er bei einem anderen homophilen Freund, dem Grafen Goetzen, wohnte. Auch Clement fand sich dort häufig ein. In Karlsruhe vollzog sich unter dem Einfluss der Dirigierkunst Felix Mottls, der die Werke des Vaters „mit ebenso hinreißendem Schwung wie Mozart und Weber" zur Aufführung

brachte, der Durchbruch Siegfried Wagners zum Musiker-
beruf.

Der endgültige Entschluss, „der Architektur Valet zu sagen und sich ganz der Musik zu widmen", erfolgte auf einer halbjährigen Reise nach Indien und China, die er mit
seinem Freund Clement Harris Ende 1891 unternahm. In
seinem Reisetagebuch, in dem er sich auch als ausdrucks-
starker Maler erweist, macht er aus seiner intimen Beziehung zu Harris kein Hehl. „Mein lieber Clement begleitete mich an Bord der Otruba, wo wir Abschied nahmen",
schreibt er abschließend, „äußerlich möglichst englisch, da
wir von Vielen umringt waren, innerlich aber so herzlich
und innig, wie wir uns jetzt lieben gelernt haben!"

Siegfried kehrte nach Bayreuth zurück. Die Mutter war
froh, ihn wieder bei sich zu haben. Jetzt, da sich der
23-Jährige endgültig dazu entschlossen hatte, sein Leben
der Musik zu widmen, konnte sie ihren Plan verwirklichen,
ihn behutsam in den Festspielbetrieb ein- und als Nachfolger aufzubauen. Er wirkte zunächst als musikalischer
Assistent bei Julius Kniese, erledigte die Korrespondenz
der Mutter, eröffnete die von Cosima und Kniese gegrün-
dete Bayreuther Stilbildungsschule, zu der Juden keinen
Zutritt hatten, bildete sich musikalisch weiter, lernte Horn-
blasen und Geige, vertonte Gedichte von Ludwig Uhland
und Nikolaus Lenau und schuf kleine musikdramatische
Werke.

Am 5. August 1893 feierte er am Markgräflichen Opern-
haus sein Dirigentendebüt. Die Mutter war von seiner
Darbietung begeistert, Richard Strauss brachte brieflich
zum Ausdruck, dass er „voll innigster Bewunderung und
aufrichtigster Freude der unvergesslichen Stunde" dieses
Konzertes gedenke.

In den folgenden Jahren dirigierte der Wagner-Sohn in Leipzig, Berlin, Frankfurt, Brüssel, Amsterdam, Prag, Paris und London. Er führte den Dirigentenstab mit der linken Hand, erzog sich dann aber über Wunsch der Orchestermusiker zum Rechtshänder. Hans Richter, dessen Dirigiertechnik er viel verdankte, sprach ihm sein Lob aus. „Es freut mich", schrieb er ihm, „dass du die Partitur im Kopf hast und nicht den Kopf in der Partitur." Lob kam auch von ungewohnter Seite. George Bernard Shaw, damals junger Musik- und Theaterkritiker, rühmte nach dem Besuch eines Konzertes die Dirigierkunst Siegfried Wagners überschwänglich: „… er besitzt nicht nur vollkommenes Verständnis für das Poetische an der Musik seines Vaters und Großvaters", konstatierte er, „sondern auch instinktive Zartheit und kraftvolle Geduld … ich kann nur hinzufügen, dass das Konzert seine Begabung zur Interpretierung von Tonpoesie außer allen Zweifel stellte. Er wusste alles zu erfassen. Es war eine Freude zu sehen, wie er das Allerbeste aus den Spielern herausholte … er ließ einfach dem Orchester reichlich Zeit, mitzugehen, und vertraute ohne Zagen und Befangenheit der Richtigkeit seiner Lesart." Ein schöneres Lob aus dem Mund des irischen Spötters kann man sich schwer vorstellen.

Sein Dirigentendebüt im Rahmen der Bayreuther Festspiele gab Siegfried Wagner 1896. Es war ein Ereignis, dem die Wagner-Gemeinde mit großer Erwartung entgegensah. Wie würde der Sohn das Werk des Vaters interpretieren? Siegfried hatte zuvor in der Öffentlichkeit mit einem Schreiben Aufsehen erregt, in dem er feststellte, dass es in Bayreuth weniger auf den Dirigenten ankomme als auf die Dramaturgie. Diese Auffassung habe schon der Vater vertreten. „Mein Streben steht daher weniger auf das Dirigieren als auf das Bühnenleiten. Gute Kapellmeister wird man hoffentlich immer finden", erklärte er abschließend. Die „Rheingold"-Aufführung unter seiner Leitung war ein Erfolg, obwohl ein kleiner Lapsus die Gesamtleistung ein wenig trübte. Kein Geringerer als Gustav Mahler, der unter den Zuhörern war, attestierte dem Wagner-Sohn in einem Schreiben an Cosima hohe Begabung. „Ich kann immer nur wieder mein Erstaunen ausdrücken und meine freudige Bewunderung", formulierte er, „daß es ihm möglich gewesen ist so ohne alle Routine seine Aufgabe zu lösen. – Da muß wirklich eine Vereinigung von ‚Begabung' und ‚Naturell' zusammenwirken, um es verständlich zu machen." Siegfried Wagner hatte die Probe bestanden. Es war ein erster Schritt auf dem langen Weg zur Festspielleitung.

Bereits im Jahr zuvor, am 6. Juni 1895, hatte sich Siegfried Wagner in London offiziell zum ersten Mal als Komponist präsentiert. Der Wagner-Sohn dirigierte in der Queens Hall Beethovens Achte, Webers Ouvertüre zum „Freischütz" und seine symphonische Dichtung „Sehnsucht" nach einem Gedicht von Friedrich Schiller. Hans Richter, der wieder im Publikum saß, klang das Werk zu wenig wagnerisch. Aber Siegfried distanzierte sich bewusst vom Vorbild des Vaters. Er wollte einen eigenen, eigenständigen Weg gehen.

Das Jugendwerk stand nur noch einmal auf dem Konzertprogramm, ehe es in der Versenkung verschwand. Es wurde erst von ein paar Jahrzehnten wieder entdeckt.

Mit einem modernen symphonischen Musikstil hätte Siegfried Wagner aus dem Schatten des Vaters treten und möglicherweise Musikgeschichte schreiben können. Aber dafür war er nicht geschaffen, das Schicksal hatte ihn dazu nicht ausersehen. Es drängte ihn zum Musikdrama. Da er kein Neutöner war, konnte er in diesem musikalischen

Programmzettel der Uraufführung von Siegfried Wagners
„Bärenhäuter" in Wien

Genre keine durchschlagende schöpferische Leistung mehr
erbringen. Er selbst wusste das natürlich. „Ein harmloses,
sinniges, deutsches Lustspiel, das ist, was uns eigentlich
noch übrig bleibt", schrieb er an seinen Lehrer Engelbert
Humperdinck. Und: „Von meinem Vater muß man lernen:

Stil, Deklamation, Instrumentation, Knappheit, dramaturgischen Aufbau. Wohlgemerkt, aber sich hüten, je auf den Kothurn zu steigen, sonst werden wir jammervolle Epigonen. Seine Grenzen kennenlernen, das ist Wagnerianer sein."

An seinem 29. Geburtstag, am 6. Juni 1898, vollendete Siegfried Wagner seine erste Oper, die nach zwei Märchen der Gebrüder Grimm gestaltet ist. „Der Bärenhäuter", am 22. Januar 1899 im Königlichen Hof- und Nationaltheater München uraufgeführt, war ein voller Publikumserfolg.

Siegfrieds Opus 1 war der Spitzenreiter der Saison und wurde in den folgenden beiden Jahren auf zahlreichen Bühnen des In- und Auslandes gespielt, unter anderem in Wien, wo der Direktor der Hofoper, Gustav Mahler, eine gekürzte Fassung zur Aufführung brachte. Der Komponist wurde nach dem Ende der Vorstellung 18-mal vor den Vorhang gerufen und stürmisch gefeiert. Die „Neue Freie Presse" schrieb: „Das Bemerkenswerteste aber war, daß dieses Applaus-Finale nicht etwa von den Galerien und vom Stehparterre allein ausging. Es geschah dies in der Wiener Hofoper ganz ungewöhnliche Ereignis, daß nicht das ganze Parkettpublikum sofort in die Garderoben hinauseilte, sondern daß ein großer Teil zurückblieb und lange am Applaus teilnahm."

Zwischen Wagner und Mahler, der insbesondere dessen Regie-Einfälle und sein inszenatorisches Geschick schätzte, hätte es zu einer fruchtbaren Zusammenarbeit kommen können. Aber da Mahler Jude war, war eine solche Kooperation für Cosima und ihren Kreis undenkbar und wurde mit allen Mitteln hintertrieben.

Der Erfolg seiner ersten Oper erfüllte Siegfried Wagner mit stolzer Zuversicht: „... wenn ich bei der Fortsetzung des Parsifal angefangen hätte, wo mein seliger Vater aufgehört, wäre ich natürlich kläglich gescheitert", äußerte er sich. „In mir stand es fest, daß ich weder die Wege meines Vaters noch die anderer großer Meister gehen dürfte, sonst hätte man gerufen: Ah, er ahmt seinen Vater nach, dieser Zwerg! Und ich wäre ein Zwerg geblieben, was ich auch geleistet hätte. Die großen Meister der Tonkunst waren und sind stets mein Ideal; aber ich habe mir meinen eigenen Stil, mein eigenes Genre zurechtgelegt: die Volksoper ..."

Der Erbe von Bayreuth ging den eingeschlagenen musikalischen Weg weiter. Bereits am 23. März 1901 wurde, wiederum in München, seine zweite Oper, „Herzog Wildfang", uraufgeführt. Dabei kam es nach dem dritten Akt zu einem handfesten Skandal. „Trotz Tücherwedelns und begeisterten Händeklatschens und Fußtrampelns der Bayreuther Gemeinde, die sich vollständig zur Premiere im Hoftheater eingefunden hatte, wurde Siegfried Wagner nach allen Regeln der Kunst ausgepfiffen und ausgezischt. Als Dichter wie als Komponist hat Siegfried Wagner sich als krasser Dilettant gezeigt", übten die „Dresdner Neuesten Nachrichten" scharfe Kritik. Und die „Norddeutsche Allgemeine Zeitung" schrieb: „Meistersingerparodie murrte man im Parkett. Großartig, genial, brüllten die Jünglinge im Parterre, Ruhe, Ruhe, mahnten der Inspektor und die Bediensteten." Selbst wohlmeinende Kritiker waren der Meinung, dass Werk und Aufführung einiges zu wünschen übrig ließen.

Cosima und ihre deutschtümelnden Freunde machten die jüdische Presse für das Debakel verantwortlich. Dass auch so manche Wagnerianer an der Meistersinger-Parodie Anstoß nahmen, kümmerte sie nicht.

Für Siegfried Wagner war die ungünstige Aufnahme seiner zweiten Oper ein Schockerlebnis, das er aber bald wegsteckte. Er unternahm Konzertreisen, profilierte sich als

Dirigent und Regisseur und setzte seine kompositorische Arbeit fort. Ein durchschlagender Erfolg als Opernkomponist blieb ihm versagt, einige seiner späteren Werke kamen gar nicht zur Aufführung. Eine öffentliche Auseinandersetzung mit seinem Gesamtwerk steht bis heute aus.

Am 9. Dezember 1906 erlitt Cosima Wagner, unter deren Leitung Bayreuth zum völkischen Nationalheiligtum mit Kultcharakter und zum Mittelpunkt germanentreuer elitärer Kunstauffassung und -ausübung geworden war, einen schweren Herzanfall. Sie musste nun wohl oder übel daran denken, die Festspielleitung in andere Hände zu legen. Als ihr Nachfolger kam selbstverständlich nur Siegfried in Frage. Der Vater hatte sich ein halbes Jahr vor seinem Tod darauf festgelegt. „Die Erziehung meines Sohnes, seine spätere Anleitung zu meiner Vertretung nach meinem Tode usw. dünken mich jetzt das Wichtigste, was mir zu besorgen übrig bleibt", meditierte er ahnungsvoll.

Cosima fühlte sich natürlich an dieses Vermächtnis gebunden. „Auch hast Du eine Bestimmung, die sich wie durch Gnade offenbart hat, und die du jetzt ... zu bekunden hast", hatte sie ihm vor Jahren einmal geschrieben. Nun war es so weit.

Für die neue Position als allein verantwortlicher Leiter der Bayreuther Festspiele war Siegfried Wagner bestens geeignet und vorbereitet. Er kannte den Betrieb in- und auswendig, er brachte Erfahrung mit, Kompetenz und Sachkenntnis. Vor allem aber konnte Fidi durch sein gewinnendes Wesen und seinen Humor mit Menschen umgehen. An die Stelle strenger Unnahbarkeit und Unduldsamkeit, wie sie unter Cosima geherrscht hatten, setzte er einen lockereren, aber zielbewussten Führungsstil. Die bedeutende Wagner-Sängerin Anna Bahr-Mildenburg urteilte über ihn:

„Er ist der geborene Regisseur, unermüdlich in seinem Eifer, unerschöpflich in seiner Energie. Er verliert nicht die Geduld. Kein Nachlassen der Aufmerksamkeit, keine Zerstreutheit, keine Halbheit duldet er je; er fordert von jedem, dass er sein Bestes gebe, und dieser unerbittlichen Strenge, zusammen mit einer ungemein liebenswürdigen Art, Menschen zu nehmen und zu leiten, gelingt es, sie in seine Zwecke und Ziele zu fügen."

Siegfried Wagner wollte das Werk des Vaters lebendig erhalten, es nicht im Inszenierungsstaub der Zeit ersticken lassen. Vorsichtig und behutsam löste er es aus Verkrustungen, erneuerte das Regiekonzept, setzte mit Lichteffekten neue Akzente, modernisierte das Bühnenbild, engagierte neue Sänger, nutzte die Freiräume für eigenständige Interpretationen. Mit dreidimensionalen Bauten oder dem „Rundhorizont" erzielte er eine perspektivische Tiefenwirkung der Bühne. Er behielt das bewährte Alte bei und ergänzte es mit vernünftigen, einleuchtenden Neuerungen.

Seine erste Inszenierung des „Lohengrin" im Jahre 1908 fand mit Ausnahme einiger hartgesottener Traditionalisten uneingeschränkte Zustimmung. Drei Jahre später erwies er sich mit den „Meistersingern", von Hans Richter am Dirigentenpult kongenial unterstützt, als ein an Max Reinhardt geschulter, großer Regisseur. Die „Neue Freie Presse" prägte den Satz: „Bayreuth ist nicht gewesen, Bayreuth fängt erst an zu sein." Auch Albert Schweitzer schätzte Siegfried als Mensch wie als Künstler. „Ich habe selten einen so natürlich und von Grund aus so gütigen und edlen Menschen angetroffen wie ihn", urteilte er. Und er setzte hinzu. „Als Spielleiter war er großartig. Er kümmerte sich um alle Einzelheiten der Inszenierung, wie auch die des Gesanges und des Verhaltens der Mitwirkenden auf der Bühne. Er verstand es, diese nicht nur anzuweisen, sondern auch anzuregen. Was ihnen nicht lag, verlangte er nicht von ihnen."

Am 22. Mai 1913, dem hundertsten Geburtstag seines Vaters, verlieh die Stadt Bayreuth Siegfried Wagner die Ehrenbürgerschaft und zeichnete ihn mit der goldenen Bürgermedaille aus. In der Begründung hieß es: „Dem Sohne des Meisters von Bayreuth, Herrn Siegfried Wagner, der das Erbe seines großen Vaters mit Geist und Kraft verwaltet ... in dankbarer Würdigung seiner Verdienste um die Entwicklung der Festspiele." Das war es: Nicht der schöpferische Künstler wurde geehrt, sondern der nachschöpferische Sohn des Meisters. Dem Schatten des Vaters entkam Siegfried Wagner nicht. Das war sein Schicksal, an dem er schwer zu tragen hatte.

Im Jahr 1913 war Siegfried Wagner 44 Jahre alt und noch immer Junggeselle. Cosima machte sich längst Sorgen um das Erbe. Wer sollte es weiterführen, wenn Fidi kinderlos blieb? Ihre Töchter aus erster Ehe waren verheiratet und nicht in den Festspielbetrieb integriert. Isolde, die erstgeborene Wagner-Tochter, war mit dem Dirigenten Franz Beidler verheiratet, der seit 1896 als musikalischer Assistent bei den Festspielen arbeitete. Als Cosima Siegfried zum alleinigen Festspielleiter bestimmte, stellte Beidler für seinen damals 12-jährigen Sohn Ansprüche auf das Erbe. Cosima, die den Schwiegersohn nicht mochte, wies das zurück und behauptete, Isolde sei eine Tochter Bülows. Sie löste damit einen Familienskandal aus, der vor Gericht ausgetragen wurde. Isolde konnte die Vaterschaft Wagners natürlich nicht beweisen – sie kam zur Welt, als die Ehe mit Bülow noch nicht geschieden war – und verlor den Prozess, der von der Presse genüsslich ausgeschlachtet wurde und dem Ansehen der Familie schweren Schaden zufügte.

Blieb noch Eva, die jüngere der Wagner-Töchter. Sie hatte 1908 im Alter von 41 Jahren den um zwölf Jahre älteren englischen Schriftsteller Houston Stewart Chamberlain geheiratet. Chamberlain, ein glühender Wagner-Verehrer, hatte 1899 das Buch „Die Grundlagen des 19. Jahrhunderts" veröffentlicht, das ihn weltberühmt machte. Er vertrat darin die kühne These, dass die kulturschöpferische „arische" Rasse durch das kulturzerstörerische, minderwertige Judentum in seiner Existenz bedroht sei. Man müsse durch „Zuchtwahl" die „Reinheit des arischen Blutes" wiederherstellen und bewahren.

Seine Wahnideen und sein rabiater Antisemitismus fielen in Bayreuth auf fruchtbaren Boden. *Diesen* Schwiegersohn mochte Cosima.

Chamberlain spielte nach der Heirat mit Eva Wagner in Bayreuth im antisemitischen Konzert die Primgeige. Ein arisches Kind war von ihm allerdings nicht zu erwarten. Und so ruhten alle Nachwuchshoffnungen Cosimas letztendlich auf Siegfried. „Es wäre wohl Zeit für Fidi, an die Ehe zu denken", schrieb sie an eine Freundin. „Ich habe ihm erklärt, mir würde jede willkommen sein, aus welchem Stande, aus welcher Nation, von welchen Eigentümlichkeiten sie sei, mein einziger Wunsch wäre Freundlichkeit." Das war wohl ein bisschen zu viel an Bescheidenheit, aber Fidi dachte ohnehin nicht im Entferntesten daran zu heiraten. Er verliebte sich wohl dann und wann einmal in eine Frau, aber einen homosexuellen Freund zog er einer Partnerin entschieden vor.

Knapp vor Ausbruch des Ersten Weltkrieges geriet Siegfried dann in das Schussfeld des einflussreichen Publizisten Maximilian Harden, der als Homosexuellenjäger bereits dem Ansehen des Diplomaten Fürst Philipp Eulenburg, eines engen politischen Beraters Kaiser Wilhelms II., schwer geschadet hatte. Schon zuvor waren gelegentliche Erpressungsversuche gegen Siegfried mit Schweigegeldern aus der Welt geschafft und Gerichtsverfahren durch Vergleiche hintan gehalten worden.

Nach der Harden-Attacke bliesen Mutter und Geschwister zum Sturmangriff auf Siegfrieds Junggesellenbastion. Das Wagner-Erbe in Bayreuth war in Gefahr. Der homosexuelle Fidi musste heiraten und für Nachwuchs sorgen. Was blieb Siegfried anderes übrig, als diesem Wunsch im Interesse der Familie, wenn auch zögerlich, nachzukommen?

Was zunächst noch fehlte, war eine passende Partnerin, die sich dann aber bald fand. Nennen wir es Schicksal, was sich im Juli 1914 in Bayreuth anbahnte und am Morgen des 22. September 1915 in die Ehe Siegfried Wagners mit Winifred Klindworth einmündete.

Die 18-jährige Winifred war eine geborene Engländerin. Sie kam am 23. Juni 1897 in Hastings (Sussex) als Tochter des Schriftstellers John Williams und der Schauspielerin Emily Florence zur Welt. Sie verlor ihre Eltern im Kleinkindalter. Das Waisenkind wurde von einer Hand zur anderen gereicht und machte viel durch, ehe es im Alter von zehn Jahren vom kinderlosen Ehepaar Karl und Henriette Klindworth aufgenommen wurde, mit dem es entfernt verwandt war.

Der Pianist Klindworth, ein Schüler Franz Liszts und begeisterter Wagner-Verehrer, war zu diesem Zeitpunkt bereits 77 Jahre alt, seine kränkelnde Frau 70. Aber die beiden alten Leute erfüllten sich offenbar im hohen Alter einen Lebenswunsch. „Nun muss man wieder wünschen zu leben", schrieb der Musikfreund an die von ihm bewunderte Cosima, „lang genug, bis das kleine Wesen die Selbständigkeit gewonnen, sich allein weiter zu helfen."

Klindworth gab seinem Pflegekind Deutsch- und Klavierunterricht und ließ es an verschiedenen höheren Töchterschulen und Internaten ausbilden. Der deutschtümelnde, antisemitisch gesinnte Wagner-Enthusiast übte auf sein „Kindchen" auch ideologisch große Wirkung aus. Winifred wurde mit Wagner-Musik und Hassparolen auf den zersetzenden Einfluss des Judentums in Kultur und Politik gefüttert.

Für die 17-Jährige war es daher ein Erlebnis besonderer Art, als sie 1914 mit ihrem „Großvater" über Einladung Cosimas zu den Generalproben der Bayreuther Festspiele kommen durfte. Im Haus Wahnfried brachten ihr Siegfrieds Schwestern großes Wohlwollen entgegen und auch Cosima kümmerte sich sehr um sie. Sie unternahm mit der jungen Dame Spaziergänge, bei denen sich im Gespräch eine große Übereinstimmung in ihren Ansichten zeigte.

In einer der Probenpausen wurde Winfried dann mit dem Festspielchef bekannt gemacht und verliebte sich stante pede in den um 26 Jahre älteren Gentleman. „Für mich bedeutete dieses Treffen mit Siegfried Liebe auf den ersten Blick", erinnerte sie sich Jahrzehnte später. „Es war seine schöne warme Stimme, die mich am meisten beeindruckte, seine ganze Erscheinung, seine wundervollen blauen Augen bezauberten mich ..."

Auch Siegfried war von dem jungen Mädchen entzückt. Der Funke war übergesprungen. Karl Klindworth reiste mit seinem Pflegekind, das er bald danach adoptierte, nach Berlin zurück.

Am 28. Juli 1914 brach nach der Kriegserklärung Österreich-Ungarns an Serbien der Erste Weltkrieg aus. Die Bayreuther Festspiele mussten abgebrochen werden. Ein schweres Finanzdebakel war die Folge. Eine stürmische

81

Kriegshysterie erfasste alle Bevölkerungsschichten und machte auch vor den Kulturschaffenden nicht Halt. Berühmte Dichter und Möchtegern-Schriftsteller verfassten Kriegsgedichte und Heldenlieder, Musiker komponierten Kriegsgesänge. Siegfried Wagner schrieb einen Fahnenschwur für Männerchor, Orgel und großes Orchester, den er „Dem deutschen Heer und seinen Führern in begeisterter Dankbarkeit" widmete. Bei der Uraufführung des Werkes im Oktober 1914 in der Berliner Philharmonie sah Siegfried Winifred wieder, die der Veranstaltung beiwohnte.

In den folgenden Monaten reiste er mehrmals zu Konzerten in die Hauptstadt und stattete den Kindworths jedes Mal einen Besuch ab. Die Beziehung zu Winifred vertiefte sich. Zwischen Bayreuth und Berlin entwickelte sich ein reger Briefwechsel mit Liebesbeteuerungen. Im Juni 1915 entschloss sich der Wagner-Sohn zum entscheidenden Schritt. Er machte Winifred, die 18 Jahre alt und ehemündig geworden war, einen schriftlichen Heiratsantrag. Winifred wähnte sich im siebenten Himmel. „Mit Leib und Seele vertraue ich mich Dir an, leite Du mich durch's Leben – forme mich so, wie Du es haben möchtest! – Ich habe mich so nach Liebe gesehnt, mich nach jemand gesehnt, den ich mit jeder Faser meines Herzens lieben könnte und lieben dürfte – Du solltest es sein! Ich kann das Glück kaum erfassen! Gute Nacht, mein herzinniggeliebter Siegfried", schrieb sie ihm. Liebesergüsse eines Teenagers.

Der raschen Verheiratung standen behördliche Hindernisse im Weg. Winifred war eine „feindliche Ausländerin" und musste erst eingebürgert werden. Das nahm Zeit in Anspruch.

Schließlich und endlich war es dann aber doch so weit. Am 22. September 1915 wurde in Wahnfried im Familienkreis standesamtlich Hochzeit gefeiert. „Frau Cosima saß in grauem Seidengewand mit betend gefalteten Händen. Die Braut Winifred ... in schlichtem weißen Kleid mit mächtigem Schleier, groß und schön", schildert einer der Trauzeugen die schlichte Zeremonie. Cosima frohlockte. Sie hatte ihr Ziel erreicht. Der Ehegatte fand, dass ihm wirklich der Himmel das Winifredchen gesandt habe.

Nach der Trauung fuhr das frisch gebackene Ehepaar nach Dresden, wo Siegfried seinen „Bärenhäuter" dirigierte. Die Hochzeitsreise war kurz. Schon nach ein paar Tagen hielt die junge Braut Einzug im Wagner-Domizil. Sie musste lernen, sich in eine Großfamilie einzufügen, die aus einem halben Lazarett bestand. Cosima litt unter krampfartigen Anfällen und Kopfschmerzen, die nicht selten zu Bewusstlosigkeit führten, Chamberlain hatte eine schwere Nervenkrankheit und auch Siegfried war keineswegs eine robuste Natur. Er hatte eine Kopfneuralgie und benötigte täglich Kopfbäder, die ihm Winifred verabreichte. Der Arzt empfahl ihm auch Heilwässer und Spaziergänge. Mit ihrer Schwägerin Daniela kam der Wagner-Neuling nur leidlich aus. Rückblickend erinnerte sie sich, dass sie häufig Heimweh nach den „Großeltern" in Berlin hatte.

Winifred hatte keinen fest umrissenen Aufgabenbereich. Sie betätigte sich als Siegfrieds Sekretärin, erledigte seine Korrespondenz, las Cosima, die ein schweres Augenleiden hatte, aus Büchern vor und unterhielt sich oft und gerne mit ihrem Schwager Chamberlain, dessen krause Rassentheorien bei ihr auf fruchtbaren Boden fielen. Wie die übrigen Familienmitglieder verfolgte auch das junge Ehepaar die militärischen Ereignisse mit großem Interesse, freute sich über die Erfolge der deutschen Armeen und betrauerte deren Niederlagen.

Mit der Fortdauer des Krieges verschlechterte sich die

Ernährungslage. Auch Wahnfried machte da keine Ausnahme. Die Nahrungsmittel wurden knapp. Der lebenstüchtigen Winifred, die schon bald die Haushaltsführung übernahm, gelang es, die Familie mit dem Nötigsten zu versorgen.

Am 5. Januar 1917 gebar sie im Bayreuther Städtischen Krankenhaus ihr erstes Kind, einen Sohn, der auf den Namen Wieland getauft wurde. Die Freude war groß, die Mutter stolz. Ihre Beschreibung des Neugeborenen fiel ungeschminkt und nüchtern aus. „Er hat ellenlange Arme und Beine (nach Liszt und Mama), einen Mordsschädel – unverkennbar die Form vom Meister, ein Gesicht wie der Fidi", berichtete sie einer Bekannten.

Kurz nach der Taufe übersiedelten Winifred und Siegfried mit Kind und Kinderfrau in das Siegfriedhaus, das leichter zu beheizen war. Aber selbst dort wurde das Brennmaterial knapp.

Die militärische Lage verschlechterte sich. Der Wagnerclan glaubte trotz allem an ein siegreiches Kriegsende. Es war nicht mehr als ein schöner Traum. Siegfrieds Schaffenskraft und Lebenswille blieben trotz der widrigen Zeitumstände ungebrochen. Er schrieb weitere Opernwerke („An allem ist Hütchen schuld", Stuttgart 1917, „Schwarzschwanenreich", Karlsruhe 1918, „Sonnenflammen", Darmstadt 1918) und sorgte für die Vergrößerung der Familie. Auf Wieland folgten noch drei Geschwister: Friedelind, die am 29. März 1918 das Licht der Welt erblickte, Wolfgang, der am 30. August 1919 geboren wurde, und Verena, die am 2. Dezember 1920 aus dem Mutterleib kam.

Die Kinder Winifred und Siegfried Wagners wuchsen im geistigen Ambiente von Bayreuth auf. Ihre Kindheit und Jugend waren davon geprägt. Sie liefen im Garten in

Siegfried und Winifred Wagner mit ihren vier Kindern

Wotan-, Freia- und Brunhild-Miniatur-Kostümen umher, schwangen Speere, stießen germanische Schlachtrufe aus und veranstalteten Aufführungen des „Rings". Der Vater öffnete ihnen das Festspielhaus. Sie wohnten den Theaterproben bei und sahen von der Familienloge den Aufführungen zu. Der Vater beschäftigte sich mit seinen Kindern und nahm an ihrer geistigen und körperlichen Entwicklung regen Anteil. Seine Erziehungsmethoden waren nach damaligen Maßstäben fortschrittlich. Die Mutter war wesentlich strenger. Sie teilte, wenn es ihr zu bunt wurde, auch Ohrfeigen und Schläge aus.

In den frühen Novembertagen des Jahres 1918 ging der Erste Weltkrieg mit der militärischen Niederlage Österreich-Ungarns und des Deutschen Reiches zu Ende. In Bayreuth stand das Stimmungsbarometer auf Null. Siegfried und seine Gattin, die bei jeder Gelegenheit ihr strammes Deutschtum bekundete, waren völlig niedergeschlagen. Der Wagner-Sohn schämte sich, ein Deutscher zu sein, er und seine Frau ließen es an antisemitischen Äußerungen nicht fehlen. „Jehova hat sein Volk zum Siege geführt, und wir sind geknechtet", schrieb Siegfried an seinen Lehrer Humperdinck und Winifred spie Galle, als am 28. Juni 1919 der „Schandfriede von Versailles" unterzeichnet wurde. „Ich hätte nie eine Unterzeichnung für möglich gehalten! – Pfui Teufel – wo sind die Deutschen hingekommen. – Kein Ehrgefühl! Kein Schamgefühl! – Grausig – daß wir nach 40 Jahren so abgewirtschaftet haben!", schrie sie auf.

Im Haus Wahnfried betrachtete man die Weimarer Republik als eine staatliche Missgeburt. Man setzte alle politischen Zukunftshoffnungen auf die völkischen Gruppierungen und die antidemokratischen Freikorps, deren Führer bei den Wagners gern gesehene Gäste waren.

Die politische und desaströse wirtschaftliche Situation Nachkriegsdeutschlands behagte Winifred und Siegfried ganz und gar nicht, aber auch familiär klappte nicht alles zur Zufriedenheit.

Winifred ertrug nur zähneknirschend das machthaberische Gehabe der Schwiegermutter, Siegfried fühlte sich in dem kleinen Haus beengt und in seiner Konzentration beim Komponieren gestört. Da die Inflation die Ersparnisse auffraß, musste er Konzertreisen unternehmen, um Geld zu verdienen. „Daß ich zehn Monate des Jahres mich mit Konzerten abrackern muß", schrieb er an einen Freund, „in den beschissensten Städten herumdirigieren, um Geld zu verdienen, mit dem das jährlich größer werdende Defizit am Ende des Jahres ausgeglichen werden muß, ein Defizit, hervorgerufen durch Vermögensabgabe, Steuern, Hausstand usw., ist eine Zumutung, über die man sich nicht ärgern kann, sondern über die man nur lachen muß ..."

In seiner Abwesenheit ließ Winifred vor der Rückkehr nach Wahnfried eine neue Gasheizung installieren, Fließwasser einleiten und Reparaturen durchführen, die viel Geld verschlangen und das Familienbudget überforderten. Sie erledigte weiter Siegfrieds Korrespondenz und versorgte ihn, so gut es ging, mit Lebensmitteln. Über die homosexuellen Neigungen des Gatten, der schon bald nach der Eheschließung seine alten Junggesellengewohnheiten wieder aufnahm, sah sie großzügig hinweg.

Zu den wortgewaltigsten politischen Agitatoren in der deutschen Nachkriegszeit, die gegen die Weimarer „Judenrepublik" und den „Schandfrieden von Versailles" wetterten, gehörte der österreichische Staatsbürger Adolf Hitler. Hitler hatte ein Sensorium für die Volksstimmung und verstand es glänzend, den Sorgen und Ängsten der Menschen Ausdruck zu verleihen. Seine Versammlungen erfreuten sich in Bayern großen Zulaufs und auch die Familie Wagner wurde bald auf ihn aufmerksam. Winifred gefielen Hitlers Hassparolen. Sie sah in diesem Mann den „Retter Deutschlands".

Die fanatische Deutschtümlerin machte schon bald Bekanntschaft mit ihrem Idol. Am 30. September 1923 hielt die NSDAP in Bayreuth einen „Deutschen Tag" ab, zu dem natürlich auch Hitler anreiste. Am Morgen dieses Tages marschierten die Teilnehmer „strammen Schrittes und in schmucken Uniformen" am Haus Wahnfried vorbei zu einem Feldgottesdienst. Siegfried Wagner stand am Garteneingang, wo er von den Vorbeimarschierenden mit Heilrufen begrüßt wurde, Chamberlain winkte ihnen von einem Fenster seines Hauses freundlich zu. Nach einem bunten, pompösen Veranstaltungsreigen hielt Hitler eine öffentliche Rede und stattete dann, vom Bayreuther Partei-vorsitzenden Christian Ebersberger begleitet, dem kranken, an den Rollstuhl gefesselten Chamberlain einen Besuch ab. Der völkische Vordenker bedankte sich für die schöne Geste mit einem enthusiastischen Brief. „Daß Deutschland in der Stunde seiner höchsten Not sich einen Hitler gebiert", formulierte er ungelenk, „das bezeugt sein Lebendigsein."

Am nächsten Tag kam der „Führer" in die Villa Wahnfried. Ehrfurchtsvoll durchwanderte der Wagner-Fan die Räume, tätschelte die Wangen der Kinder und besprach mit Winifred und Siegfried die Probleme, die einer Wiederaufnahme der Festspiele entgegenstanden. Der Besucher machte auf den Komponisten großen Eindruck. Gegenüber einem Freund äußerte er: „Als der Führer zum erstenmal nach Bayreuth kam, gewann er sich als Mensch und deutscher Helferich in Wahnfried alle Herzen."

Schon eine Woche später kreuzten sich die Wege Hitlers und des Ehepaares Wagner abermals. Siegfried reiste mit seiner jungen Frau am 8. November 1923 nach München zur Generalprobe seiner symphonischen Dichtung „Glück", deren Uraufführung für den 10. vorgesehen war, dann aber nicht zustande kam. Denn als die beiden am Morgen des 9. November die Straße betraten, wurden sie Zeugen des „Marsches zur Feldherrnhalle". Adolf Hitler und seine Anhänger, unter ihnen Erich Ludendorff, der bekannte Generalfeldmarschall des Ersten Weltkrieges, putschten gegen die Berliner Reichsregierung.

Die „nationale Revolution" brach im Gewehrfeuer der bayerischen Landespolizei zusammen. Hitler wurde am Armgelenk leicht verletzt und konnte flüchten. Zwei Tage später wurde er verhaftet und in die Festung Landsberg am Lech eingeliefert.

Die Villa Wahnfried

Siegfried Wagner begab sich auf eine Konzertreise, Winifred fuhr nach Bayreuth zurück. Ab nun trat sie leidenschaftlich und mit voller Kraft für Adolf Hitler und seine Ideen ein. Sie hielt ihn für den kommenden Mann Deutschlands.

Nach dem gescheiterten Putsch musste sich Winifred vorerst freilich damit begnügen, ihm Briefe zu schreiben und sich mit „Liebesgaben" wie Decken, Strümpfen, Büchern und Lebensmitteln immer wieder in Erinnerung zu rufen. Sie richtete in Wahnfried für den Gefängnisinsassen sogar eine Sammelstelle ein.

Der Gatte, der ebenfalls mit den Nazis sympathisierte, stand voll hinter ihren Aktivitäten. „Meine Frau kämpft wie eine Löwin für Hitler! Großartig!", meinte er. Mit seiner Gesinnung hielt er nicht hinter dem Berg. „Wir lernten den herrlichen Mann im Sommer hier bei dem deutschen Tag kennen und halten treu zu ihm, wenn wir auch dabei ins Zuchthaus kommen sollten. Gesinnungslumpen waren wir ja nie in Wahnfried", schrieb er einer Bekannten.

Siegfried Wagner wollte nach dem Ersten Weltkrieg die Bayreuther Festspiele so bald wie möglich wieder beleben. Aber er stieß in der schweren Nachkriegszeit auf riesige Schwierigkeiten. Es fehlten buchstäblich alle materiellen Voraussetzungen. Brennstoff und Lebensmittel waren knapp, die Bahnverbindungen ließen zu wünschen übrig, es war kein Geld da, um eine Produktion auf die Beine zu stellen. Im Juni 1921 wurde die „Deutsche Festspiel-Stiftung Bayreuth" ins Leben gerufen, die Patronatsscheine zu je 1000 Mark auflegte. Sie und andere Quellen spielten ein paar Millionen ein, die von der rasanten Geldentwertung jedoch aufgefressen wurden. Der Festspielleiter war verzweifelt. „Es wird ja alles noch viel schlimmer", rief er im Sommer 1923 aus. Der gähnende Abgrund öffnet sich jetzt erst! Und da soll man Festspiele halten! Schon das Wort ist eine Ironie!"

Da es unmöglich war, in Deutschland das nötige Geld für die Wiedereröffnung des Bayreuther Festspieltempels aufzutreiben, ventilierte er die Idee einer Konzertreise durch die Vereinigten Staaten. Sie kam im Januar 1924 dann auch zustande. Von seiner Frau begleitet, bestritt Siegfried Wagner, „his father's son", in zahlreichen großen amerikanischen Städten eine Reihe von Konzerten, gab Interviews, nahm Fototermine wahr und war Gast bei reichen Familien, unter anderem beim Autokönig Henry Ford. Es war alles sehr mühsam. Die Proben mit den fremden Orchestern verlangten viel Geduld und Spannkraft, die amerikanische Presse, die von seiner Nähe zu Hitler Wind bekommen hatte, nervte ihn gehörig. Unter diesen Umständen war er froh, nach etwa zwei Monaten wieder die Heimreise antreten zu können.

Die finanzielle Ausbeute war mager. Statt der erhofften zwei Millionen Mark blieben für die Festspiele nur 800 Dollar übrig. „Für mich persönlich habe ich nur die Reise und den Aufenthalt erhalten. Dafür haben wir uns gut genährt, gut unterhalten, viele liebe neue Freunde gewonnen, eine sehr interessante Stadt kennen gelernt, für die Kinder reichlich Kleider und Schuhe geschenkt bekommen", bilanzierte er sarkastisch.

Zurück in Europa, wurden Siegfried und Winifred in Rom von Benito Mussolini, der in Italien die Macht übernommen hatte, zum Mittagessen in den Palazzo Venetia eingeladen. Der Nazisympathisant urteilte über den Faschistenführer: „Alles Wille, Kraft, fast Brutalität. Fanatisches Auge, aber keine Liebeskraft darin wie bei Hitler und Ludendorff. Romane und Germane!"

Der „Führer" saß noch in Landsberg ein, wie Winifred betrübt feststellen musste. Sogleich begann sie, ihn wieder mit Hilfsgütern zu versorgen.

Siegfried widmete sich in Bayreuth der Arbeit für die Wiederaufnahme der Festspiele. Er wusste um die Schwierigkeiten, die zu überwinden waren. Aber er wollte nicht mehr länger zuwarten. Da ein viel zu geringes Budget zur Verfügung stand, musste allerorten gespart werden: beim Bühnenbild, bei den Kostümen, den Künstlergagen. Winifred unterstützte ihren Gatten mit vollen Kräften. Sie zog die Organisationsfäden, traf alle unpopulären Entscheidungen und hielt unliebsame Gesprächspartner und Gespräche von ihm fern.

Die Festspiele des Jahres 1924, die am 22. Juli mit den „Meistersingern" eröffnet wurden, wurden zu einer Demonstration völkisch-alldeutschen Germanenwahns. Siegfried selbst hatte dazu den Ton angeschlagen. Er rief in seiner Eröffnungsansprache den Mitwirkenden zu, die Aufführungen als „Befestigungsspiele des deutschen Geistes" zu begehen. Auf der Titelseite des Festspielprogramms hielt eine Faust das Nothung-Schwert, mit dem die Gralsritter in den großen deutschen Befreiungskampf ziehen sollten. Ein paar Wochen zuvor hatte Adolf Hitler über Bayreuth gesagt, sie sei die Stadt, „wo das geistige Schwert geschmiedet wurde, mit dem wir heute fechten". Für den Eingeweihten war der Zusammenhang nicht zu übersehen und unüberhörbar waren auch die schrillen antisemitischen und rassistischen Töne, die die Lokalblätter anschlugen.

Am Eröffnungstag wehte die Kaiserflagge vom Mast, an den Zäunen und Mauern rund um die Villa Wahnfried klebten Hakenkreuzzettel.

Am Abend glich das Festspielhaus einem völkischen Versammlungslokal. „Das Parkett: Feierlich, geschniegelt, Frack, große Toilette, national und konservativ bis ins (Haken-)Kreuz hinein, kritiklos jubelnd ...", stellte ein Teilnehmer fest. Der Schluss der Aufführung wurde zur nationalen Kundgebung, als das Publikum nach Jubelstürmen das Deutschlandlied sang.

Der Festspielleiter distanzierte sich von dieser Aufwallung nationaler Leidenschaften und bat, in Hinkunft „das so gut gemeinte Singen zu unterlassen". Er konnte es sich nicht leisten, es sich mit seinen jüdischen Geldgebern und Hitler-kritischen Publizisten zu verderben. Hitler, der es ungeheuer bedauerte, dass er persönlich an den Festspielen nicht teilnehmen konnte, ihnen aber im Geiste beiwohnte, zeigte für die politische Ängstlichkeit Siegfried Wagners Verständnis. „Persönlich war er mir befreundet", erzählte er 1942 im Führerhauptquartier in Ostpreußen, „politisch war er passiv. Die Juden hätten ihm das Genick abgedreht, er konnte nicht anders."

Siegfried Wagner war nicht nur kompositorisch, sondern auch wesensmäßig ein mattes Abbild seines Vaters. Die innerlich gefestigtere Winifred war von seiner Weichheit enttäuscht. Sie hätte sich ihren Gatten „männlicher und kampffähiger" gewünscht.

Adolf Hitler wurde nach einem Hochverratsprozess, den er für seine Zwecke propagandistisch weidlich und geschickt nützte, zu fünf Jahren Festungshaft verurteilt. Vor Weihnachten 1924 durfte er das Gefängnis mit Bewährungsfrist verlassen. Bereits Anfang des nächsten Jahres wollte er den Wagners in Bayreuth einen Dankesbesuch abstatten, wozu es jedoch nicht kam, da sich Siegfried dagegen aussprach. Der Festspielleiter ermahnte seine Gattin zur Vorsicht. Winifred machte sich nicht viel daraus. Sie nahm Ende Februar 1925 im Münchener Bierbräukeller an einer Massenveranstaltung teil, bei der ihr Idol die NSDAP wiederbegründete. Anschließend fuhr sie mit Hitler nach Bayreuth, wo der „Führer" insgeheim übernachtete. Siegfried bereitete unterdessen in Plauen eine Aufführung seiner Oper „Schwarzschwanenreich" vor. Einige Zeit später stattete er mit seiner Frau Hitler in seiner Münchener Wohnung einen Besuch ab, bei dem die Du-Freunde Gelegenheit hatten, wieder einmal miteinander zu plaudern.

Bei den Festspielen des Jahres 1925 gab es ein paar technische Verbesserungen, das Programm wurde hingegen nicht verändert. Hitler besuchte anonym, aber nicht unerkannt, zum ersten Mal die Aufführungen und war hellauf begeistert. „Bayreuth war für mich von einer schimmernden Schönheit!", jubelte er. „Es war eine sonnige Zeit, ich war sechsunddreißig Jahre alt, kannte noch keine Sorgen, und der Himmel hing voller Geigen! ..." Winifred zeigte ihm an einem spielfreien Tag das Festspielhaus und erhielt bei dieser Gelegenheit den ersten Band von „Mein Kampf" mit handschriftlicher Widmung überreicht, worauf sie mächtig stolz war. 1926 bekam sie den zweiten Band zum Geschenk, den sogar Fidi las, was sie mit Überraschung und Entzücken erfüllte. Mit Zustimmung des Gatten trat sie der NSDAP bei. Siegfried scheute vor diesem Schritt zurück. Für seine politische Reserve hatte Joseph Goebbels, der im Mai 1926 Gast in der Villa Wahnfried war, lediglich Verachtung übrig. In seinem Tagebuch bezeichnete er ihn als feminin, gutmütig, etwas dekadent und als so etwas wie einen feigen Künstler. Später wurde er sogar noch deutlicher: „Siegfried ist ein feiger Hund. Kriecht vor den Juden", notierte er.

1926, im 50. Jubiläumsjahr der Bayreuther Festspiele, veranstalteten Siegfrieds Freunde in Weimar „Siegfried-Wagner-Festspiele", die jedoch mit einem finanziellen Fiasko endeten und den Komponisten in eine schwere seelische Krise stürzten.

Nach einem Urlaub in der Schweiz setzte er dann seine Kräfte verzehrende Arbeit wieder fort, komponierte, unternahm Konzertreisen und bereitete den Festspielsommer des Jahres 1927 vor. Die Neuinszenierung des „Tannhäuser", die geplant war, musste er aus Kostengründen zugunsten von „Tristan und Isolde" absagen. Winifred unterstützte den Gatten wie stets nach Kräften, trieb bei allen möglichen Instanzen und Personen Geld auf und fand trotz ihres riesigen Arbeitseinsatzes noch die Zeit, an den verschiedensten Nazi-Veranstaltungen teilzunehmen, bei denen Wolf, wie sie Hitler nannte, seine Hasstiraden gegen die „Weimarer Judenrepublik" losließ. Zu ihrem Leidwesen sagte der von ihr angehimmelte Führer die Teilnahme an den Festspielen der Jahre 1927 und 1928 ab. Er wolle ihr und Siegfried durch seine Anwesenheit nicht schaden, argumentierte er. Außerdem werde er nicht nach Bayreuth kommen, solange ein Jude den Wotan singe (Sieg-

Siegfried und Winifred Wagner

fried hatte 1925 den germanischen Göttervater mit Friedrich Schorr besetzt). Er könne nicht darüber hinwegkommen, erklärte er, „daß ausgerechnet ein Vertreter der Rasse, die uns rassisch, politisch, moralisch, künstlerisch zugrunde richtet ... hier den Wotan singt". Das sei eine Entweihung.

Siegfried kann seiner jungen Frau, die innerlich stärker war als er, ihre völkischen Wahnideen nicht ausreden. Müde und ausgelaugt, fügt er sich in das Unvermeidliche. Seine geringen Erfolge als Komponist machen ihn missmutig. „Es ist ein Skandal, wie die Theater sich gegen mich benehmen!", ereifert er sich. „Nun ja, ich bin kein Jude, bin kein Mischling, bin nicht mit einer Jüdin verheiratet. Für solche ist kein Raum – Auch fallen mir Melodien ein! Nur das ist ja verboten. Es ist ein Genuß ein Deutscher zu sein! – Pfui Teufel!" Auf die Erfolge zeitgenössischer Komponisten reagiert er mit Empörung und Neid. Die Oper „Jonny spielt auf" von Ernst Krenek bezeichnet er abfällig als „Negermusik" und auch mit Leoš Janáčeks „Jenufa", die beim Münchener Operpublikum gut ankommt, weiß er nichts anzufangen.

Den Anschluss an das Musiktheater hat der Wagner-Sohn als schöpferischer Künstler längst verpasst, gar nicht erst in Erwägung gezogen. Aber als Festspielleiter macht er zuletzt doch den zaghaften Versuch, sich aus den Fesseln der Tradition zu lösen und in Bayreuth neue Wege zu gehen. Ein Gastspiel Arturo Toscaninis in Berlin im Frühjahr 1929 beeindruckt ihn so tief, dass er sich dazu entschließt, dem jähzornigen italienischen Dirigenten für die Festspiele des Jahres 1930 die Aufführung eines rundum erneuerten „Tannhäuser" anzubieten. Diesen Tannhäuser wird er freilich nicht mehr erleben. Siegfried Wagner leidet seit längerem an Asthma, Atemnot plagt ihn.

Sein Gesundheitszustand ist zwar nicht Besorgnis erregend, aber er möchte doch zeitgerecht seine Nachfolge regeln. Er bestimmt testamentarisch seine Ehefrau zur Erbin, allerdings mit der Einschränkung, dass sie auf den Pflichtteil gesetzt wird und die Festspielleitung abgeben muss, falls sie sich nach seinem Tod wieder verheiratet. Winifred unterzeichnet den diesbezüglichen Notariatsakt ohne Widerspruch.

Im April 1929 erleidet Siegfried einen Autounfall, bei dem ein Glassplitter der zerbrochenen Windschutzscheibe die Strecksehne des rechten Daumens durchschneidet. Er kann nicht dirigieren. Die erzwungene Ruhepause löst Depressionen und Todesahnungen aus, die von den Feiern zu seinem 60. Geburtstag übertönt und zugedeckt werden.

Körperlich und seelisch kaum genesen, stürzt sich der unermüdlich Schaffende wieder in die Arbeit. Er nimmt das Rollenstudium für den „Tannhäuser" auf, arbeitet an seinem Opus 18, „Das Flüchlein, das Jeder mitbekam",

Siegfried Wagner mit Arturo Toscanini 1930,
kurz vor seinem Tod

unternimmt Reisen und dirigiert Konzerte. Im Februar
1930 geht er auf eine ausgedehnte Konzertreise nach England und fährt anschließend zu einem „Ring"- Zyklus nach
Mailand. Mit Winifred, die ihm nachgereist ist, möchte er

sich dann die „Sehnsucht seines Lebens" erfüllen und in Griechenland Urlaub machen. Aber die Nachricht von einer Verschlimmerung des Gesundheitszustandes der 92-jährigen Cosima ruft sie nach Bayreuth zurück. Als sie dort am 2. April ankommen, ist die Mutter nicht mehr am Leben. Der Tod der Mutter trifft ihn schwer, umso mehr, als er sich selbst matt und elend fühlt. Bereits in England hatte er einen Herzanfall, in Italien hat ihm eine Grippe zu schaffen gemacht.

Gleich nach dem Ende der Bestattungsfeierlichkeiten für Cosima bricht Winifred mit ihrem kranken Mann zu einem Erholungsaufenthalt nach Italien auf, von dem er erfrischt zurückkehrt.

Siegfried Wagner setzt die Probenarbeit in Bayreuth fort. Es gibt Ärger mit einigen Sängern, Meinungsverschiedenheiten über das Bühnenbild und den Inszenierungsstil. Der Festspielleiter ist von morgens bis spät in die Nacht auf den Beinen. Er schläft zu wenig und raucht zu viel. Die Aufregungen, die Hektik und der heiße Sommer setzen ihm schwer zu, überfordern sein krankes Herz. Am 18. Juli 1830 erleidet er beim Mittagessen einen Herzanfall, lässt es sich aber nicht nehmen, der Generalprobe der „Götterdämmerung" beizuwohnen. Während einer Pause bricht er auf der Bühne zusammen. Dort muss er Abschied von Bayreuth nehmen und ein paar Wochen später auch vom Leben.

„Siegfried ward ich von meinen Eltern genannt", schrieb er in seinen Erinnerungen. „Nun, Ambosse habe ich nicht zerhauen, Drachen habe ich nicht getötet, Flammenmeere habe ich nicht durchschritten. Und trotzdem hoffe ich, nicht ganz unwürdig dieses Namens zu sein ..." Der Name des Vaters hat ihm mehr zu schaffen gemacht.

ANNA FREUD

Das Liebkind des Vaters

Sie war das jüngste von sechs Kindern. Als sie am 3. Dezember 1895 zur Welt kam, bevölkerten bereits drei Jungen und zwei Mädchen die elterliche Wohnung in der Berggasse 19 in Wien-Alsergrund. Martha Freud, die Gattin des zu diesem Zeitpunkt noch keineswegs berühmten Seelenforschers, hatte sie knapp hintereinander zur Welt gebracht: 1887 die erste Tochter Mathilde, zwei Jahre später den ersten Sohn Jean-Martin, dann Oliver (1891), Ernst (1892) und Sophie (1893). Sechs Kinder in einem Zeitraum von acht Jahren, das hätte auch einer robusteren Frau als Martha Freud körperlich zugesetzt.

„Annerl ist prächtig, Martha hat lange gebraucht, sich zu erholen", schrieb der Vater an seinen Freund und engsten Vertrauten, den Facharzt für Hals-, Nasen- und Ohrenerkrankungen Wilhelm Fließ, der in Berlin seine Praxis hatte.

Die Gattin Sigmund Freuds, eine geborene Bernays, stammte aus einer vornehmen, streng orthodoxen jüdischen Familie, die in Hamburg ansässig war. Nach der standesamtlichen Trauung am 13. September 1886 und den Flitterwochen gründete der keineswegs begüterte Arzt in Wien einen Hausstand. Das Ehepaar bezog in der Maria-Theresien-Straße Nr. 8 eine Vierzimmerwohnung und übersiedelte von dort 1891 in die Berggasse 19, wo die Familie bis zum 5. Juni 1938 lebte. Martha Freud gefiel diese Mietwohnung, die inzwischen eine berühmte Adresse für Besucher aus aller Welt ist, ganz und gar nicht. Sie war ihr zu klein, obwohl sie ein ganzes Stockwerk umfasste. Noch ein

Jahr vor ihrem Tod machte sie die Bemerkung, sie habe es „dem Sigi" nie verzeihen können, dass sie jahrzehntelang in der Berggasse habe leben müssen. Angesichts der tristen Wohnverhältnisse im damaligen Wien mutet das überheblich an. Aber in dieser Wohnung lebten eine achtköpfige Familie, Minna, eine Schwester Marthas, und ein paar Dienstmädchen. Drei Räume, ein Warte-, ein Arbeits- und ein Behandlungszimmer, waren dem Pater familias vorbehalten, der dort seine Patientinnen und Patienten betreute und seiner wissenschaftlichen und publizistischen Arbeit nachging. Für bürgerliche Begriffe war das Domizil also doch verhältnismäßig eng.

Überheblich war Martha Freud überhaupt nicht. Sie war eine stille, liebenswerte, bescheidene, anspruchslose Frau, die jahrzehntelang tagaus, tagein den großen Haushalt führte, für Mann und Kinder sorgte, den Bediensteten Anweisungen gab, den Speiseplan erstellte, bei der Zubereitung der Mahlzeiten half, stopfte, flickte und strickte. Das Stricken war ihre Lieblingsbeschäftigung.

Martha Freud hielt in der Berggasse mit unwienerischer Effizienz auf Ordnung und Gründlichkeit. Das Tagesgeschehen lief mit der Präzision eines Uhrwerks ab, Pünktlichkeit war Trumpf. Auch der Hausherr fügte sich. An der häuslichen Autorität seiner Frau gab es nichts zu rütteln. „Ich habe ihr im Haushalt immer ihren Willen gelassen", stellte er trocken und nüchtern fest.

Martha Freud war sparsam. Mit dem wöchentlichen Haushaltsgeld, das sie von ihrem Mann bekam, ging sie äußerst sorgsam um. Große Sprünge konnte sie damit ohnehin nicht machen, aber ihre Familie konnte sie auskömmlich versorgen. Sie selbst war genügsam. Sie mied jedweden Aufwand, trug einfache Kleider, verwendete weder Parfüms noch andere Kosmetika. Vergnügungen gönnte sie sich kaum. Ihre einzige Zerstreuung neben dem Stricken war das Lesen, allerdings auch nur am Abend, wenn die Tagesarbeit getan war.

Die Kinder erzog Martha Freud mit sicherem mütterlichen Instinkt. Sie gab ihnen die Liebe, die sie benötigten, und die Fürsorge, die sie brauchten. Sie legte Wert auf gute Manieren und forderte sie ein, wenn dagegen verstoßen wurde, was selten vorkam. Sie war gütig, aber konsequent, erinnerte sich ihr ältester Sohn. Schüchtern oder gar eingeschüchtert waren die Freud-Kinder nicht. Sie wuchsen behütet, aber frei und ungezwungen in einem Milieu auf, in dem elterliche Autorität und menschliche Wärme einander wohltuend ergänzten. Die Fürsorglichkeit, derer sie sich erfreuten, war nicht beengend. Es blieb genug Freiraum für die Entfaltung der eigenen Persönlichkeit.

Es ist immerhin bezeichnend, dass keiner der Freud-Söhne in die Fußstapfen des Vaters trat. Sie wollten nicht im Schatten des Ruhmes leben und bauten sich eine andere berufliche Existenz auf. Oliver wurde Bauingenieur, Ernst Architekt, Martin Rechtsanwalt. Von ihm stammt der lebenskluge Satz: „Der Sohn eines Genies bleibt der Sohn eines Genies."

Die Töchter wurden, wie das in Adels- und bürgerlichen Kreisen damals üblich war, auf ihre Rolle als Hausfrau und Mutter vorbereitet. Mathilde heiratete den Wiener Geschäftsmann Robert Hollitscher, Sophie Max Halberstadt, einen Photographen aus Hamburg. Sie fiel 27-jährig der asiatischen Grippe zum Opfer. Ihr Tod löste in der Familie unsägliche Trauer aus. Nur die Jüngste fiel nicht aus dem Nest. Sie blieb ehe- und kinderlos.

Martha Freud war der Prototyp der Schattenfrau. Ihr Bild verblasste vollständig hinter jenem ihres weltberühmten Mannes. Aber das machte ihr nichts aus. Sie hatte weder den Ehrgeiz noch das Bedürfnis, am gesellschaftlichen Leben teilzunehmen, etwas zu gelten. Sie mied die Öffentlichkeit und begnügte sich mit ihrer Rolle als Frau und Mutter, die sie perfekt verkörperte. Die beste Ehefrau sei die, bemerkte sie einmal einer Verwandten gegenüber, über die am wenigsten gesprochen werde.

An der Arbeit ihres Mannes nahm sie nur wenig Anteil, ihr Interesse für die Psychoanalyse hielt sich in Grenzen. Aber die neuen Wege, die ihr Mann in der Medizin ging, seine Forschungen und seine wissenschaftliche Arbeit unterstützte sie voll und ganz. Sie hielt den Alltag von ihm fern und schuf dafür die Voraussetzungen.

Die Ehe war harmonisch und mündete nach einer stürmischen Liebesbeziehung offenbar in eine jahrzehntelange sexuelle Enthaltsamkeit ein. Es sei in den 53 Jahren ihrer Lebenspartnerschaft kein einziges böses Wort zwischen ihnen gefallen, stellte Martha Freud nach dem Tod ihres Mannes fest. Wenn sie die Erinnerung nicht trog, dann lässt diese Bemerkung auf eine tief reichende seelische Übereinstimmung schließen und auch darauf, dass die beiden Partner einander schätzten und achteten. Möglicherweise liegt sie aber auch in der Nachgiebigkeit der Ehefrau begründet. Martha Freud sah ihrem Mann so manche Schwäche und Unart nach, auch wenn es ihr nicht leicht gefallen sein mag zu schweigen, wenn er die zu Boden gefallene Zigarrenasche mit den Schuhen auf dem Parkettboden austrat. Und auch mit seinen Chow-Chow- Hunden nahm sie vorlieb, obwohl sie Hunde nicht mochte. Zu seiner Sammlung ägyptischer, griechischer und römischer Antiquitäten, die manche Räume der Wohnung wie ein Museum aussehen ließen, hatte sie keine Beziehung.

Ein Konflikt, den die Ehepartner nicht offen austrugen, betraf die Religion. Martha Freud war in der Tradition des

Das Verlobungsfoto von Sigmund Freud und Martha Bernays

orthodoxen Judentums aufgewachsen und hielt zumindest an dessen äußeren Formen fest. Der Gemahl hatte dafür überhaupt nichts übrig, er war Atheist. Er verbot seiner Gattin unmittelbar nach der Hochzeit, am Freitagabend die Sabbatkerzen anzuzünden. Das war für sie, wie sie später einmal einbekannte, „eines der schmerzlicheren Erlebnisse ihres Lebens". Es muss andere gegeben haben, darf man daraus folgern. Frau Freud äußerte sich nie darüber, verdrängte sie ins Unbewusste. Sie begehrte nicht auf, das Beziehungsmuster von Autorität und Unterordnung, das zwischen den Ehepartnern bestand, blieb unangetastet. Aber Martha hielt an ihren „dummen und abergläubischen Ritualen", wie sie der Gatte nannte, unerschütterlich fest. Nach Sigmunds Tod zündete sie an jedem Freitagabend die Kerzen wieder an.

Die Fürsorglichkeit der Gattin für den Ehemann war, mit heutigen Maßstäben gemessen, unbeschreiblich. Sie bereitete jeden Morgen das Badewasser für ihn zu, half ihm, als er schon ein wenig gebrechlich war, beim An- und Ausziehen und drückte sogar die Paste auf seine Zahnbürste. „Sie betreute ihn wie ein Kind", so eines der Dienstmädchen. Auf seinen Spaziergängen begleitete sie ihn selten, an den samstägigen Tarockpartien nahm sie keinen Anteil. Auch seine Reisen, die Sommermonate ausgenommen, wenn die Familie urlaubte, machte sie nicht mit. Seine oftmalige Reisebegleiterin war Marthas jüngere Schwester Minna, die seit 1896 ständig bei den Freuds wohnte.

Minna, die nach dem frühen Tod ihres Verlobten Ignaz Schönberg unverheiratet blieb, hatte ein heftiges Temperament und war von kräftiger Statur. Sie war resolut, selbstbewusst, herrisch. Trotz ihres verschiedenen Naturells vertrugen sich die Schwestern gut, für Freud war Minna „seine nächste Vertraute". Sie fungierte inoffiziell als seine Privatsekretärin und interessierte sich für seine wissenschaftliche Arbeit. Martha überließ ihr die Rolle der intellektuellen Gefährtin gerne. Die jüngste Tochter sollte später einmal bemerken: „Was die Psychoanalyse betraf, so arbeitete meine Mutter niemals mit ... Meine Mutter glaubte an meinen Vater, und nicht an die Psychoanalyse."

Die jüngste Tochter war ein ungewolltes Kind. Anna selbst meinte als Erwachsene einmal, sie wäre nicht geboren worden, hätte es damals ein sicheres Verhütungsmittel gegeben. Zur Empfängnisverhütung befleißigte man sich der sexuellen Enthaltsamkeit und des Koitus interruptus. Geplant war der Familienzuwachs also nicht. Für Annerl, wie sie in der Familie gerufen wurde, wurde eine Kinderfrau engagiert, die sich des Babys und des kleinen Mädchens mit rührender Sorgfalt und Liebe annahm. Josefine Cihlarz behandelte die jüngste Freud-Tochter wie ihr eigenes Kind, sie war Annas „primäre Bezugsperson". Bei ihr fand sie Geborgenheit. Die Kleine hatte zu ihrem Kindermädchen eine engere Beziehung als zu ihrer Mutter, die aber auch für ihre anderen Sprösslinge zu sorgen hatte. Josefine pflegte und fütterte sie, fuhr sie im Kinderwagen spazieren, behütete sie wie ihren Augapfel. Als es eines Nachts in der Wohnung unterhalb zu einer Gasexplosion kam, die das ganze Haus erschütterte, eilte Josefine zuerst in Annerls Zimmer und holte sie aus ihrem Gitterbett, ehe sie nach den anderen Kindern sah. Und auf die Frage von Annas Brüdern, wen sie zuerst retten würde, sollte ein Brand ausbrechen, antwortete sie ohne zu zögern: „Anna". Das Kind war so sehr auf Josefine fixiert, dass es einmal beim Spielen in einem Park das Kindermädchen, das seinen Blicken entschwunden war, zu suchen begann, obwohl sich die Mutter ganz in seiner Nähe befand.

Die Beziehung der Mutter zu ihrer jüngsten Tochter war keineswegs unproblematisch und ungetrübt. Frühe Kindheitserlebnisse dürften dafür maßgebend gewesen sein. Martha Freud war eine dominante Erzieherin, die sich bei der Betreuung ihrer Kinder von ihrem gesunden Menschenverstand leiten ließ und nicht von irgendwelchen wissenschaftlich-pädagogischen Überlegungen.

Das Nesthäkchen entwickelte sich gut. Der Vater registrierte es mit Zufriedenheit. Er fand die Kleine „köstlich frech", ihre Unartigkeit amüsierte ihn. „Annerl wird geradezu schön vor Schlimmheit", schrieb er seinem Freund Fließ und setzte hinzu: „Unlängst berichtete man mir, Annerl hätte zu Minnas Geburtstag geäußert, ‚an Geburtstagen bin ich meistens ein bisschen brav.'" Sigmund Freuds jüngste Tochter war damals drei Jahre alt.

Der große Arzt war ein verständnisvoller Vater. Er ließ es an Zuwendung für seine Kinder nicht fehlen, aber er konnte sich ihnen nicht viel widmen. Seine Praxis, seine Forschungen, seine schriftstellerische Arbeit, seine Vortragstätigkeit und sein umfangreicher Briefwechsel nahmen den Großteil seiner Zeit in Anspruch. In den Sommermonaten hatte er für die Kinder natürlich mehr Zeit. Er nahm sie dann auf Wanderungen oder zum Pilzesuchen mit, beschäftigte sich mit ihren Problemen, gab ihnen Ratschläge, trieb mit ihnen harmlose Scherze. Diese Erlebnisse mit dem Zeus-Vater, um den sich in der Familie alles drehte, blieben ihnen in dauerhafter Erinnerung.

Alle Sorgen der kleinen Anna konnte er natürlich nicht teilen. Sie musste lernen, sich durchzusetzen. Als Jüngste in der Geschwisterriege war das nicht einfach. Ihre Brüder waren stärker als sie, ihre älteste Schwester, die sich fürsorglich um sie kümmerte, achtete sie, mit Sophie, mit der sie das Zimmer teilte, stand sie in einem Rivalitätsverhältnis. Auf Sophie, den Liebling der Mutter, war sie brennend eifersüchtig. Sie fand die Schwester nicht nur schöner und anmutiger, selbst deren Vorname gefiel ihr besser.

Es gibt keinen Hinweis darauf, dass die Eltern die Jüngste in ihrem „Kampf" um Anerkennung in der Familie auffallend unterstützt hätten. Sie verwöhnten das Annerl nicht. Die Kleine musste sogar Zurücksetzungen ertragen,

Die drei Töchter Sigmund Freuds.
V.l.n.r.: Anna, Mathilde und Sophie

die sie schmerzten. So durfte sie einmal, weil sie verkühlt war, nicht in den Zirkus mitkommen und ein andermal eine Bootsfahrt nicht mitmachen, weil sie „zu klein" war. Diese beiden Erlebnisse blieben ihr dauerhaft in Erinnerung.

Das kleine Mädchen machte in seinem Verhalten, wie berichtet wird, eine Wandlung durch. Mit vier Jahren war sie munter, keck und schlimm, die Sechsjährige wird als still und musterhaft brav geschildert. Wie das psychoanalytisch zu erklären ist, überlasse ich dem Fachmann.

Im Alter von sechs Jahren besuchte Anna Freud zunächst eine private Volksschule, ehe sie nach der zweiten Klasse in eine öffentliche Schule in der Grünentorgasse im 9. Gemeindebezirk übertrat. Sie war eine vorbildliche Schülerin, brachte gute Zeugnisse nach Hause und entsprach somit durchaus den Erwartungen, die das Elternhaus in sie setzte. Sie hielt Kontakt zu ihren Mitschülerinnen, auch zu den nichtjüdischen. Eine engere Freundschaft zu irgendeiner von ihnen entwickelte sich nicht. Jüdische Kinder wurden von nichtjüdischen Familien nicht zu Besuchen eingeladen. Es gab soziale Schranken, man lebte neben- und nicht miteinander. Anna konnte dem Schulbetrieb wenig abgewinnen. Er langweilte sie, sie fühlte sich unterfordert. Auch Privatstunden, die ihr die Eltern gemeinsam mit ihrer Schwester Sophie erteilen ließen, fruchteten nicht viel. Sie verstärkten lediglich die Rivalität zwischen den beiden Mädchen. Nach der vierten Klasse Volksschule schickte Sigmund Freud seine jüngste Tochter in das private Cottage-Lyzeum. Er dachte nicht daran, seine Töchter ein öffentliches Gymnasium besuchen zu lassen, nach dessen Abschluss sie ein Universitätsstudium hätten beginnen können. Eine akademische Karriere bot er nur seinen Söhnen.

Anna interessierte sich für Literatur, sie las gerne (Conrad Ferdinand Meyer, Karl May), lernte Gedichte auswendig (Heinrich Heine, Rainer Maria Rilke) und nutzte ihr Sprachentalent zur Erlernung von Fremdsprachen (Englisch, Französisch, Italienisch). In ihrer Freizeit strickte und webte sie viel, um es der Mutter, Tante Minna und den Schwestern gleichzutun. Als Sophie einmal behauptete, dass sie die bessere Strickerin sei, war sie tief gekränkt. Sie vergaß diese Bemerkung ihr Leben lang nicht. Vergeblich versuchten die Eltern, die Strickwut ihrer jüngsten Tochter einzudämmen.

Anna kämpfte mit allen Mitteln um die Gunst vor allem des Vaters, der 1902 zum a. o. Titular-Universitätsprofessor ernannt worden war. Sie war stolz auf ihn und wollte durch Pflichterfüllung seine Achtung und Anerkennung erringen. Sie flüchtete in Tagträume, in denen sie sich mit männlichen Personen identifizierte, und in Fantasien, die sich um einen Knaben rankten, der geschlagen wird. Diese „Schlagephantasien" werden psychoanalytisch als das Begehren um die Erlangung der ausschließlichen Liebe einer dominierenden Person (des Vaters) gedeutet. Anna wollte mehr von ihrem Vater haben, ihn ständig um sich wissen. Als er 1909 eine Reise in die USA unternahm, hätte sie ihn gerne begleitet und sie reagierte mit Eifersucht, als er den Sommer 1910 mit seinen Söhnen Ernst und Oliver in Holland verbrachte und sie nicht mitkommen durfte. Der Vater schrieb ihr einen Brief, in dem er sie bat, sich mit Sophie besser zu vertragen, „denn Liebe und Hass sind gar nicht so sehr verschieden voneinander", argumentierte er.

Im Frühsommer 1912 schloss Anna das Lyzeum ab. Ein Lebensabschnitt war zu Ende. Sie musste nun eine Entscheidung über ihre Zukunft treffen. Welchen Beruf sollte sie ergreifen? Wie würde sich ihr weiteres Leben in der Familie gestalten? Die Familiensituation hatte sich grundlegend verändert. Mathilde war bereits verheiratet, Ernst und Oliver studierten in München und Berlin und verbrachten nur die Ferien zu Hause, Martin, der Jus studierte, war tagsüber an der Universität, Sophie verlobte sich und würde auch das Haus bald verlassen. Der Verlust der Kinder schmerzte die Eltern. Der Vater schrieb an einen seiner Schüler: „So wird das junge Volk allmählich selbständig und man ist plötzlich the old man!"

Anna geriet in eine pubertäre Krise und erkrankte. Der Vater schickte sie zur Erholung nach Meran, wo sie fünf Monate zubrachte. Zu ihrem Leidwesen konnte sie an der Hochzeit ihrer Schwester nicht teilnehmen. Der Vater schrieb ihr einen beruhigenden Brief. Er riet ihr zu faulenzen, das Leben zu genießen und gab der Hoffnung Ausdruck, dass sie „vernünftig und verwandelt" nach Hause zurückkehren werde. Ihr Zustand habe einen psychischen Hintergrund, belehrte er sie. In ihrem Antwortschreiben gestand sie das auch ein. Der Briefverkehr ging weiter. Der Papa machte „seiner lieben Tochter" klar, was er von einer jungen Frau und „normaler Weiblichkeit" erwartete. Sie sei wie ein Kind vor manchen Dingen davongelaufen, vor denen sich ein erwachsenes Mädchen nicht schrecken dürfe, schrieb er ihr und dann wörtlich: „Wir werden die Änderung daran erkennen, daß Du Dich nicht mehr asketisch vor den Zerstreuungen Deines Alters zurückziehst, sondern das gerne thun willst, was anderen Mädchen Vergnügungen macht. Es bleibt daneben kaum genug für ernste Interessen, wenn man aber zu ehrgeizig, zu empfindlich ist und ein Stück des Lebens und seiner eigenen Natur fremd bleiben will, findet man sich in dem gestört, worauf man sich werfen möchte."

Anna benutzte ihren Aufenthalt in Südtirol übrigens dazu, sich psychoanalytische Kenntnisse anzueignen. Sie las einige Bücher des Vaters.

Der Vater kam dann selbst nach Meran, unternahm mit ihr eine Reise nach Venedig, die sie sehr genoss, und brachte sie dann nach Hause. Er wurde von zwiespältigen Gefühlen gepeinigt. Einerseits war er froh darüber, Anna an seiner Seite zu haben. „Mein Verkehr in der nächsten Zeit wird meine kleine Tochter sein, die sich jetzt so erfreulich entwickelt", schrieb er an einen befreundeten Psychoanalytiker. Die kleine Tochter war zu diesem Zeitpunkt 18 Jahre alt. Andererseits wünschte er, dass sie sich, wie die meisten Mädchen ihres Alters, nach einem Mann umsah.

Die Sinnkrise, in die sie geraten war, löste Anna Freud durch den Entschluss, den Lehrberuf zu ergreifen. Im Juni 1914 legte sie den ersten Teil des Lehrerexamens ab. Die

Zeichen der Zeit standen auf Sturm. Am 28. Juni wurde der österreichische Thronfolger, Erzherzog Franz Ferdinand, von einem serbischen Nationalisten in Sarajevo ermordet. Der politisch naive Neurologe Sigmund Freud maß dem Ereignis keine Bedeutung bei. Er gestattete seiner Tochter eine Reise zu den Verwandten nach England. Anna wurde bei ihrer Ankunft von Ernest Jones, einem Bekannten der Familie und späteren Freud-Biografen, mit einem Blumenstrauß begrüßt.

Jones, 35 Jahre alt und unverheiratet, machte Anna den Hof. Als der Vater davon erfuhr, hatte er nichts Eiligeres zu tun, als seiner „kleinen Tochter" inständig von einer näheren Bekanntschaft mit Mr. Jones abzuraten. Er führte zwei Gründe dafür ins Treffen. Sie solle sich nicht in so jungen Jahren binden oder verheiraten, ehe sie etwas mehr gesehen, gelernt, erlebt und an Menschen erfahren habe. Und zweitens passe sie nicht zu ihm. Herr Jones brauche eine ältere, welterfahrenere Frau. Jones selber schrieb er, seine Tochter verlange nicht als Frau behandelt zu werden, sie sei noch weit von sexuellem Verlangen entfernt und lehne Männer ab. Der Vater wollte sein kleines Mädchen eben doch nicht hergeben. Auch in der Familie eines berühmten Psychoanalytikers lief die Vater-Tochter-Beziehung nicht anders ab als anderswo.

Anna Freud kehrte im August 1914 – der Erste Weltkrieg war bereits im Gang – mit Hilfe des österreichischen Botschafters in Großbritannien über Gibraltar nach Wien zurück. Das Haus war leer. Die Brüder waren beim Militär, der Vater sprühte vor patriotischer Begeisterung, die jedoch bald dem Entsetzen über die Gräuel des Krieges wich, und ging mit Eifer weiter seinen Forschungen nach. Und die beiden „Mütter", Martha und Minna Freud, was taten sie? Wir wissen nicht viel darüber. Sie kümmerten sich wohl um den Haushalt, bemühten sich, die immer spärlicher werdenden Lebensmittel herbeizuschaffen oder herbeischaffen zu lassen, und saßen an den langen Winternachmittagen und -abenden strickend in immer weniger beheizten und beheizbaren Räumen. Ihr Pflichtenkreis hatte sich entscheidend verringert. Sie brauchten keine Kinder mehr zu erziehen, aber ihre Sorge galt wohl den Familien der beiden Töchter, den Söhnen an der Front und dem Ehemann und Schwager, der auf das 60. Lebensjahr zuging.

Anna setzte voller Eifer ihre Lehrerausbildung fort, was der Vater, der ihr immer mehr Aufmerksamkeit zuteil werden ließ, mit freudigem Erstaunen registrierte. „Annerl ist wie immer emsig und erfreulich", schrieb er einem Kollegen und in einem anderen Brief urteilte er über sie: „Die Kleine ist aber auch ein besonders liebes und interessantes Geschöpf."

Nach der erfolgreichen Ablegung des Lehrerinnenexamens unterrichtete die kleine (Körpergröße: 160 cm), zarte Freud-Tochter zunächst als Lehramtskandidatin und später als voll geprüfte Lehrerin an ihrer alten Schule. Sie erwarb sich binnen kurzer Zeit die Anerkennung ihrer Vorgesetzten, der Direktorin des Cottage-Lyzeums Dr. Salka Goldmann, und gewann rasch die Zuneigung ihrer Schüler.

Anna Freud besaß eine natürliche Lehrbegabung. Sie strahlte Wärme aus und verstand es, die Kinder zu fesseln und zu begeistern. Die Aufrechterhaltung der Disziplin in der Klasse bereitete ihr überhaupt keine Mühe. „Sie brauchte uns nur fest und ernst anzuschauen, um uns im Zaum zu halten", erinnerte sich später einmal einer ihrer Schüler.

In der Zeit ihrer Tätigkeit als Lehrerin wuchs das Interesse für die psychoanalytische Arbeit ihres Vaters. Der Seelenarzt nahm es mit großer Freude zur Kenntnis. Er gestattete ihr, an seinen „Vorlesungen zur Einführung in die Psychoanalyse" an der Wiener Universität teilzunehmen und ihn zu wissenschaftlichen Kongressen zu begleiten. Anna tippte seine Artikel in die Schreibmaschine und erledigte seine Schreibarbeiten.

Im Jahr 1918 begann sie mit einer Analyse bei ihrem Vater, die bis 1921 dauerte, 1924 weitergeführt und abgeschlossen wurde. Die Freud-Gemeinde – Wissenschaftler, Ärzte, Philosophieprofessoren – stand diesem ungewöhnlichen Unternehmen kritisch gegenüber, was den Meister nicht sonderlich beeindruckte.

Die Tochter war mit Feuereifer bei der Sache. Sie gab den Lehrberuf auf und beschritt langsam den Weg in einen neuen Beruf. Nach ersten Analyseversuchen mit den Söhnen ihrer Schwester Sophie schrieb sie eine psychoanalytische Abhandlung über Schlagefantasien, die sich teilweise auf ihr eigenes Innenleben bezog. Sie hielt in der

Die junge Anna Freud am Schreibtisch ihres Vaters

Wiener Psychoanalytischen Vereinigung einen Vortrag darüber und wurde als Vollmitglied aufgenommen. Damit war ihr sehnlichster Wunsch in Erfüllung gegangen.

Anna Freud erkannte schnell, dass sich bei der Arbeit mit Kindern für die Psychoanalyse neue Betätigungs- und Wirkungsmöglichkeiten eröffnen konnten. Sie machte die Anwendung psychoanalytischer Erkenntnisse in der Pädagogik, bei der Betreuung und Erziehung sozial benachteiligter und milieugeschädigter Kinder und in der Sozialarbeit zu ihrer wissenschaftlichen Haupt- und Lebensaufgabe. Mit dieser betont pragmatischen, auf das Pädagogische ausgerichteten Arbeit begründete sie in Wien eine eigene Schule: die Kinderpsychologie.

Der Vater ermutigte und förderte die beruflichen Bestrebungen seiner Lieblingstochter vorbehaltlos. Ihr Privatleben bereitete ihm allerdings Sorgen. Es betrübte ihn, dass sie unverheiratet war und keine Anstalten machte, ihr Leben zu ändern. „Anna ist bei ausgezeichneter Gesundheit", schrieb er seinem Neffen am 4. Dezember 1921, „und wäre ein reiner Segen, hätte sie nicht ihren 26. Geburtstag (gestern) noch zu Hause erlebt." Die Lieblingstochter Freuds hing mit zärtlicher Hingabe an ihrem Vater, sie hatte einen „Vaterkomplex". Die Bindung war so stark, dass sie sich davon nicht befreien konnte oder wollte. „Ich habe die Furcht", klagte Freud einer Bekannten der Familie, „daß ihr die unterdrückte Genitalität einmal einen argen Streich spielen kann. Von mir bringe ich sie nicht los, es hilft mir auch niemand dabei."

Wer hätte ihm dabei helfen sollen? Nur er selbst hätte eine Entscheidung treffen können. Aber dazu war er nicht willens oder nicht imstande. Wenn sie fortginge, schrieb er der Bekannten, würde er sich so verarmt fühlen, wie wenn er das Rauchen aufgeben müsste. Was die Beziehung zu seiner jüngsten Tochter betrifft, befand sich der Begründer der Psychoanalyse offenbar in einem unlösbaren seelischen Dilemma.

Das Jahr 1923 war eine Zäsur im Leben von Anna und Sigmund Freud. Die Tochter eröffnete eine eigene Praxis, der Vater entdeckte im Februar eine Geschwulst in der Mundhöhle. Freud konsultierte einen Hautarzt und einen Internisten, die ein fortgeschrittenes Karzinom diagnostizierten. Sie verschwiegen dem Patienten jedoch den wahren Sachverhalt. Zwei Monate später unterzog sich Freud einer Operation, die jedoch nicht komplikationslos und unter skandalösen Begleitumständen verlief. Frau und Tochter, die erst jetzt von der Operation erfuhren und in die Klinik gerufen wurden, fanden den Patienten in einem so schrecklichen Zustand vor, dass sich Anna entschloss, die Nacht im Krankenhaus zu verbringen. Am nächsten Tag wurde Freud entlassen und trat mit seiner Tochter eine seit längerem geplante Rom-Reise an, von der sie im September zurückkehrten. Erst zu diesem Zeitpunkt teilte man ihm die Wahrheit mit und empfahl einen weiteren Eingriff. Professor Dr. Hans Pichler, der bedeutendste Kieferchirurg seiner Zeit, führte eine Radikaloperation durch, die erfolgreich war, aber eine nachhaltige Verschlechterung der Lebensqualität zur Folge hatte. Freud musste durch einen Nasenschlauch ernährt werden, er konnte nicht sprechen, sein Hörvermögen war beeinträchtigt. Nach und nach lernte er, sich wieder verständlich zu machen, aber vollkommen klar und deutlich konnte er sich nie wieder artikulieren. Ein Leiden am rechten Ohr verschlimmerte sich im Laufe der Jahre bis zur fast völligen Taubheit. Die größten Probleme bereitete ihm aber eine monströse Prothese, die dazu diente, Mund- und Nasenhöhle voneinander zu trennen. Sie verursachte starke Druckschmerzen und Entzündungen, musste nach den Mahlzeiten herausgenommen, gereinigt und wieder eingesetzt werden, was dem Patienten Qualen bereitete. Neuanpassungen der Prothese und zahlreiche weitere kleine und größere Operationen machten das Leben beinahe zur Hölle. Erschwerend kam hinzu, dass er das Rauchen nicht aufgeben konnte. Sigmund Freud war ein Opfer seiner Nikotinsucht. Der schwer kranke Patient ertrug sein Leiden jedoch mit bewundernswerter Standhaftigkeit und Geduld. Seine psychoanalytische Arbeit setzte er unter Aufbietung aller Kräfte fort. Am 2. Januar 1924 nahm Sigmund Freud seine Praxis wieder auf, an den Sitzungen der Wiener Psychoanalytischen Gesellschaft konnte er allerdings nicht mehr teilnehmen und auch das Reisen musste er einige Jahre einstellen.

Durch die schwere Krankheit wurde das innige Band zwischen Vater und Tochter noch enger geknüpft. Anna wurde seine unentbehrliche Helferin, seine Antigone, wie er es einmal formulierte. Sie pflegte ihn, wachte an seinem Bett, war sein Sprachrohr, vertrat ihn bei Kongressen und anderen Veranstaltungen. Als er 1930 mit dem Goethe-Preis der Stadt Frankfurt am Main ausgezeichnet wurde, nahm sie für ihn die Auszeichnung entgegen.

Das Nahverhältnis zwischen Vater und Tochter schuf im Hause Freud nicht nur eine neue Familienkonstellation, es verschlechterte auch die ohnedies angespannte Beziehung zwischen Mutter und Tochter. Martha Freud fühlte sich zur Seite gedrängt, die Rivalität wuchs. Weibliche Eifersüchteleien, die der Ehefrau des inzwischen weltberühmten Psychoanalytikers Magenprobleme und Migräneanfälle verursachten, waren in der Berggasse 19 an der Tagesordnung. Aber auch die Tochter grollte. Als der geliebte Vater 1926 mit seiner Frau, die ihn übrigens bestens versorgte, eine Reise zu den Familien seiner Söhne Ernst und Oliver nach Berlin unternahm, die sie wegen einer Fußverletzung nicht mitmachen konnte, zürnte sie: „Bös war ich, wie mir jetzt vorkommt, daß Papa ohne mich gereist ist. Ich habe so lange nichts unternommen, um ihn nicht zurückzulassen und dann wird er plötzlich unternehmungslustig und geht mir davon, gerade wenn ich nicht beweglich bin." Sie hielt das für unfair. Dass sie Besitzansprüche stellte, die die Mutter nur schwer verkraften konnte, kam ihr offenbar nicht in den Sinn.

Martha Freud sprach später einmal von der „Härte", die bei ihrem lieben Kind jetzt zum Vorschein kam. Der Mutter-Tochter-Konflikt schwelte weiter und wurde noch dadurch verschärft, dass Anna um den Vater und sich einen eigenen Lebenskreis zu organisieren begann, von dem sie ausgeschlossen blieb. Dass Anna unverheiratet bleiben würde, nur noch für den Vater und ihre wissenschaftliche Arbeit leben wollte, war zur unverrückbaren Gewissheit geworden. In der künstlichen psychoanalytischen Großfamilie, die sie etablierte, kümmerte sie sich um vieles, um die ärztliche Betreuung genauso wie um die Finanzen.

Zum innersten Kreis, gewissermaßen zur Kernfamilie, zählten vier Damen, von denen die Amerikanerin Dorothy Burlingham mit ihren vier Kindern der Freud-Tochter besonders nahe stand. Dorothy, Tochter des bekannten Fabrikanten Tiffany, war mit einem manisch-depressiven Chirurgen verheiratet, von dem sie getrennt lebte. Sie kam 1925 nach Wien, wo sie sich und die Kinder einer Behandlung bei Freud unterzog. 1928 bezog sie eine Wohnung in der Berggasse, eine Etage über jener der Familie Freud.

Anna Freud und Dorothy Burlingham verband bald eine unzertrennliche Freundschaft. Sie bewältigten gemeinsam den Alltag, kümmerten sich um den alten, kranken Vater, unternahmen miteinander Reisen und kauften in Hochroterd bei Breitenfurt in Niederösterreich ein Bauernhaus, in dem sie im Sommer mit den Kindern die Wochenenden verbrachten. Anna brachte den Burlingham-Kindern, die sie psychoanalytisch betreute, mütterliche Gefühle entgegen. Die Lebensbeziehung der beiden Frauen, die manche Zeitgenossen für lesbisch hielten, dauerte bis zu Dorothys Tod im Jahre 1979.

Zum weiteren Kreis der psychoanalytischen Großfamilie Anna Freuds gehörte Lou Andreas-Salomé. Die Tochter eines russischen Generals, die mit einem deutschen Orientalisten verheiratet war, war eine erfolgreiche Autorin und eine gescheite, weit gereiste Frau. Mit Friedrich Nietzsche, Rainer Maria Rilke und zahlreichen anderen berühmten Persönlichkeiten befreundet, lernte sie Sigmund Freud 1911 auf einem Kongress in Weimar kennen und war von ihm beeindruckt. Sogleich las sie alle seine Schriften, kam 1912 nach Wien, besuchte die Versammlungen der Psychoanalytischen Vereinigung und wurde dort rasch heimisch. Freud, dessen Einladungen in die Berggasse sie gerne Folge leistete, empfand für sie eine echte Zuneigung und nannte sie „ein Frauenzimmer mit einer gefährlichen Intelligenz". Er führte jahrzehntelang mit ihr einen umfangreichen Gedankenaustausch, der von beiden Seiten mit großer Wertschätzung füreinander geführt wurde. Freud schätzte das außerordentliche Verständnis der einfühlsamen Frau für sein Werk, ihre Arbeit als Psychoanalytikerin und ihre Schriften, für Lou war der Wiener Neurologe das große Vorbild, dem sie nachstrebte und das sie bewunderte.

1921 kam Lou Andreas-Salomé über Wunsch Freuds abermals nach Wien, um ihn bei der Analyse seiner „Annatochter" zu unterstützen. Anna bestätigte später, dass ihr die kultivierte, vornehme Dame, die für sie eine Art Mutterersatz war, viel gegeben habe. Ohne sie hätte sie ihre Abhandlung über Schlagephantasien nicht schreiben und ihre Angst, in der Öffentlichkeit zu sprechen, nicht überwinden können. Ihre Antrittsrede vor der Wiener Psychoanalytischen Vereinigung, von der bereits die Rede war, trug sie zunächst ihr vor. Lou und Anna besuchten einander immer wieder und führten eine regen Briefwechsel, in dem sie private und fachliche Erfahrungen austauschten. Als Lou Andreas-Salomé 1937 starb, verlor die Freud-Tochter eine ihrer ideenreichsten und loyalsten Freundinnen.

Eine andere ungewöhnliche Frau, die mit Sigmund und Anna Freud eng befreundet war, war Marie Bonaparte. Die intelligente, willensstarke, gebildete Urgroßnichte Kaiser Napoleons I. unterzog sich in der Wiener Berggasse zahlreichen Analysen und wurde zur Vorkämpferin der Psychoanalyse in Frankreich. Für Freud, den sie als ihren zweiten Vater betrachtete, war sie die „Prinzessin", ein Kosename, mit dem er während ihrer Verlobungszeit seine Martha angesprochen hatte. Marie Bonaparte ermöglichte der Familie Freud 1938 durch ihre ausgezeichneten diplomatischen Beziehungen die Ausreise in die Emigration nach England.

Zu Anna Freuds psychoanalytischer Großfamilie zählten auch die vielen Kinder, die von ihr, ihren Mitarbeitern und Helfern in verschiedenen Wiener Fürsorgeinstituten betreut und behandelt wurden. In diese Arbeit flossen ihre psychoanalytischen Erkenntnisse ein, andererseits erhielt sie Anregungen und Einsichten, die ihre pädagogischen und erzieherischen Zielsetzungen befruchteten. Es war eine ungemein gedeihliche Wechselwirkung, die sich in den Vorträgen, die sie hielt, und den Büchern, die sie in dieser Zeit schrieb, niederschlug. Nach dem Standardwerk „Einführung in die Technik der Kinderanalyse" veröffentlichte sie eine „Einführung in die Psychoanalyse für Pädagogen" und zum 80. Geburtstag des Vaters „Das Ich und die Abwehrmechanismen", Werke, die in der Erziehungswissenschaft Maßstäbe setzten. Gemeinsam mit Dorothy Burlingham leitete Anna Freud ein regelmäßig veranstaltetes Seminar für Kindergärtnerinnen, richtete eine Kinderkrippe und einen Vorschulkindergarten ein. Dr. Willie Hoffer, einer ihrer Mitarbeiter, leitete einen dreijährigen Fortbildungskurs für Erzieher und gab die erste Zeitschrift für psychoanalytische Pädagogik heraus. Diese Maßnahmen und erzieherischen Bestrebungen wurden von der sozialdemokratischen Wiener Stadtverwaltung tatkräftig unterstützt. Wien war in den 20er und frühen 30er Jahren des vorigen Jahrhunderts ein Zentrum fortschrittlicher, verständnisvoller Kinder- und Jugenderziehung.

Sigmund und Anna Freud hatten in ihrer Heimatstadt (und auch anderswo) nicht nur Freunde und Sympathisanten. Ihre wissenschaftlichen Erkenntnisse und erzieherischen Neuerungen wurden kritisiert, angezweifelt und angefeindet. Vor allem die „Laienanalyse" stieß in medizinischen Fachkreisen auf heftigsten Widerstand. Es gab unliebsame Auseinandersetzungen und unschöne akademische Hahnenkämpfe. Schüler machten sich selbstständig, vertraten eigene Anschauungen, entwarfen neue psychoanalytische Denkmodelle. Anna Freud verteidigte den Vater gegen alle Angriffe und machte sich zur Gralshüterin seines Werkes.

Als Juden waren die Freuds Anfeindungen aller Art gewohnt, denn in Wien trieb der Antisemitismus üppige Blüten. Aber das Schlimmste stand noch bevor. Durch die Weltwirtschaftskrise Anfang der 30er Jahres des 20. Jahr-

Sigmund und Anna Freud beim 6. Psychoanalytischen
Kongress in Den Haag 1920

hunderts begünstigt, wuchs unter der Führung Adolf Hitlers die NSDAP, die unter anderem den Rassenhass auf ihre Fahnen geheftet hatte, zu einer Massenbewegung an.
Am 30. Januar 1933 wurde der „Führer" zum Reichskanzler ernannt, am 10. Mai verbrannten die Nazis in den großen deutschen Städten die Schriften verfemter Autoren.

Die Bücher Sigmund Freuds waren darunter. Der alte, kranke Mann in Wien reagierte darauf mit Sarkasmus. „Was wir für Fortschritte machen!", bemerkte er zu einem Bekannten. „Im Mittelalter hätten sie mich verbrannt, heutzutage begnügen sie sich damit, meine Bücher zu verbrennen." Der weltberühmte Psychoanalytiker unterschätzte die Triebkraft des Bösen in der menschlichen Natur. Heinrich Heine schätzte sie realistischer ein. „Wo man Bücher verbrennt, verbrennt man am Ende auch Menschen", prophezeite er.

Freud steckte den Kopf in den Sand. In Österreich werde es nicht so schlimm werden wie in Deutschland, meinte er und glaubte an einen „gemäßigten Faschismus". Die Februarereignisse des Jahres 1934 in der Alpenrepublik kommentierte er mit dem Satz. „Unser Stückchen Bürgerkrieg war gar nicht schön." Dem Ständestaat stand er gelassen gegenüber. 1936 beging er zwei Feste: den 80. Geburtstag und mit seiner Frau die Goldene Hochzeit.

Asylangebote lehnte er ab, die Emigration kam für ihn nicht in Frage. Er wollte ausharren. Zu seinem Judentum bekannte er sich. Zu seiner Glaubenslosigkeit ebenfalls.

Und die Tochter? Sie vergrub sich in ihre Arbeit und pflegte aufopfernd den Vater, der immer hinfälliger wurde und sich wieder einer Krebsoperation unterziehen musste.

15. März 1938: Während Zehntausende Menschen auf dem Wiener Heldenplatz dem „Führer" zujubeln, der von einem Balkon der Hofburg aus den „Eintritt seiner Heimat in das Deutsche Reich" verkündet, hämmern Männerfäuste an der Wohnungstür der Familie Freud. Als das Dienstmädchen öffnet, stürmen SA-Männer in die Wohnung. Martha Freud, die Hausherrin, tritt den ungebetenen Gästen ruhig, aber bestimmt entgegen und auch der gebrechliche Hausherr kommt aus dem Arbeitszimmer, „flam-

mende Blicke" um sich werfend, „um die ihn ein Prophet des Alten Testaments hätte beneiden können", wie sich Sohn Martin erinnert. Die arischen Herrenmenschen, die offenbar die Gunst der Stunde nutzen wollen, sind ein wenig verunsichert. Sie verlangen Geld. Anna Freud öffnet den Safe und übergibt ihnen die Bargeldsumme von 6000 Schilling, die sich darin befindet. Zufrieden gestellt, macht sich das fünfköpfige Raubsgesindel mit dem Hitlergruß aus dem Staub.

Am selben Tag wird das Büro des Psychoanalytischen Verlages in der Berggasse 7 von Schergen der neuen Machthaber nach kompromittierenden Papieren und Dokumenten durchsucht. Das Ergebnis fällt dürftig und unbefriedigend aus. Die Freuds bleiben ungeschoren. Aber für wie lange? Wann werden die Häscher wiederkommen, sie aus der Wohnung zerren und in ein KZ stecken?

Im Hause Freud herrscht eine unerträglich gespannte Atmosphäre. Einflussreiche Persönlichkeiten mit weit reichenden politischen und diplomatischen Beziehungen, die von der bedrohlichen Lage informiert worden sind, schalten sich ein. Zehntausende Juden haben Wien bereits verlassen. Gute Freunde raten zur Flucht. Aber der alte Herr will unbedingt bleiben. Er findet immer neue Gründe und Begründungen für seinen Standpunkt. Er sei zu schwach und zu alt, er könne in keinen Eisenbahnwaggon mehr einsteigen, er werde von keinem Land eine Aufenthaltsbewilligung bekommen. Zuletzt wartet er mit einem Widerstandsargument auf: Er könne sein Heimatland nicht verlassen.

Am 22. März 1938 gibt es abermals unerfreulichen Besuch in der Berggase 19. Gestapo und Polizei durchsuchen die Wohnung und nehmen Anna Freud in das Gestapo-Hauptquartier zum Verhör mit. Sigmund Freud ist in höchster Erregung. Was wird mit seiner Lieblingstochter, seiner einzigen Stütze, geschehen? Wird man sie wieder freilassen? „Die Stunden zogen sich endlos hin", erinnert sich Dr. Max Schur, der Hausarzt der Familie. „Es war das einzige Mal, daß ich Freud tief besorgt sah. Er ging im Zimmer auf und ab und rauchte ununterbrochen. Ich versuchte ihn beruhigen, so gut ich konnte."

Die Gestapo will genaue Auskünfte über die internationale Vernetzung der Psychoanalytischen Vereinigung. Anna Freud behält die Nerven, antwortet ruhig und überlegt. Am Abend dieses zermürbenden Tages kehrt sie völlig erschöpft, aber erleichtert in den Schoß der Familie zurück. Von der Dosis Veronal, die sie für den Notfall mitgenommen hat, hat sie keinen Gebrauch machen müssen. Der bis ins hohe Alter stoische und selbstbeherrschte Vater lässt seinen Gefühlen freien Lauf. Weinend erklärt er, dass nun der Zeitpunkt gekommen ist, Wien Adieu zu sagen.

So einfach ist das freilich nicht. Eine Einreisegenehmigung nach England muss besorgt werden, die nationalsozialistischen Behörden müssen eine Ausreise-Erlaubnis erteilen, eine 20%-ige „Reichsfluchtsteuer" vom errechneten Besitz ist zu entrichten, für die Marie Bonaparte aufkommt. Sie ist nach Wien gekommen, um bei der Ausreise der Freuds behilflich zu sein. An Bestialität und Sadismus sind die Nazis nicht zu übertreffen.

Die Behördenwege und die zahlreichen Formalitäten brauchen Zeit und kosten Nerven. Das Warten wird unerträglich. Anna bewährt sich in diesen Tagen und Wochen als unermüdliche Helferin und Trösterin. Sie ist der Anker der Familie. „Du kannst Dir nicht vorstellen", lobt der Vater, „was für Kleinigkeiten jetzt eine Rolle spielen, und alles, das Wichtigste wie das Unwesentliche, muß Anna alleine besorgen. Sie hat keine Hilfe, die ihr einmal etwas abnimmt, und dabei wird sie von Fremden noch immer bedrängt u. belästigt." Die Gattin erwähnt er ausnahmsweise in seinen Briefen auch einmal. „Martha hält sich sehr tapfer", formuliert er lapidar.

Während die Frauen die Vorbereitungen für die Abreise treffen, das Mobiliar zum Abtransport bereit stellen, die Sammlungen und die Bücher (mehr als 800 müssen zurückbleiben) in Kisten und Kartons verpacken, die Wäsche und die Kleidung sortieren und alles zurechtlegen, was sie an sonstigen Habseligkeiten mitnehmen dürfen, schreibt der 82-Jährige an seinem Buch „Der Mann Moses und die monotheistische Religion" und übt sich weiter in stoischer Gelassenheit. Er übersteht die lange Wartezeit gesundheitlich verhältnismäßig gut.

Und dann ist es endlich so weit. Sigmund Freud, seine Angehörigen und Begleiter erhalten am 2. Juni 1938 die Erlaubnis zur Ausreise. Zuvor muss er aber noch ein Dokument folgenden Inhalts unterschreiben. „Ich, Professor Freud, bestätige hiermit, daß ich nach dem Anschluß Österreichs an das Deutsche Reich von den deutschen Behörden und im besonderen von der Gestapo mit der meinem wissenschaftlichen Ruf gebührenden Achtung und Rücksicht behandelt wurde, daß ich meiner Tätigkeit ganz meinen Wünschen entsprechend frei nachgehen konnte und nicht den geringsten Grund zu einer Beschwerde habe." Zur Verblüffung des Gestapo-Beamten, der ihm das Papier vorgelegt hat, setzt Freud den Satz hinzu: „Ich kann die Gestapo jedermann aufs beste empfehlen."

Am Nachmittag des 4. Juni verlassen die Freuds die Räume in der Berggasse, die sie fast auf den Tag genau 47 Jahre lang bewohnt haben. In zwei Taxis geht es zum Westbahnhof. Dort besteigen sie den Orientexpress nach Paris, der am nächsten Tag, um 2 Uhr 45, bei Kehl die deutsch-französische Grenze überquert. Die ungewöhnliche Reisegesellschaft atmet erleichtert auf. Der Professor lehnt sich auf seinem Sitzplatz zurück und sagt. „Jetzt sind wir frei." Nur diesen einen Satz vermag er aus seinem krebsverseuchten Mund herauszupressen. Ein weltberühmter, vom Tod gezeichneter Wissenschaftler, der durch seine Forschungen die Medizin und das Leben der Menschen verändert hat, ist der Nazi-Hölle entkommen. In Paris werden die Emigranten von Marie Bonaparte herzlich empfangen, die sie in ihre Villa nach St. Cloud geleitet, wo sie einen ruhigen Tag verbringen. Am späten Abend geht die Reise weiter. Ein Fährboot bringt sie nach England. Bei der Ankunft in der Londoner Victoria Station werden sie von den Familienmitgliedern, die die Fahrt in die Emigration bereits hinter sich haben, begrüßt und in einem vorläufigen Domizil untergebracht. In dem einstöckigen Haus mit einem schönen Blick auf den Regent's Park fühlt sich Sigmund Freud wohl. Er sitzt des Öfteren im Garten und kann es sich nicht verkneifen, eines Tages sarkastisch zu bemerken: „Wir danken unserem Führer, daß er uns gezwungen hat, hierher auszuwandern."

Während er trotz seiner schweren Krankheit den gewohnten Tagesablauf aufnimmt, machen sich Anna und ihr Bruder Ernst auf die Suche nach einem endgültigen Quartier. Sie finden es in Hampstead, 20 Maresfield Gardens, wohin die Familie im September übersiedelt. Zuvor hat sich Sigmund Freud noch einmal einer Krebsoperation unterziehen müssen, der letzten und schwersten seit 1923. „Ich kann kaum schreiben, nicht besser als sprechen und rauchen", teilt er Marie Bonaparte mit, er sei müde und schwach.

Sein letztes Lebensjahr ist angebrochen. Anna umsorgt den Vater mit aufopferungsvoller Hingabe. Sie steht zu jeder Tages- und Nachtzeit zur Verfügung, betupft den Kiefer des Kranken mit Orthoform, hilft bei der Reinigung der Prothese, lenkt mit geschickter Hand den Besucherstrom, der bis zuletzt nicht abreißt. Dr. Schur sorgt für die medizinische Betreuung, die Gattin und Tochter Mathilde übernehmen die Führung des Haushaltes. Sie werden dabei von Paula Fichtl unterstützt, dem treuen Faktotum, das nach London mitgekommen ist.

Der alte Herr, dessen Kräfte zunehmend schwinden, legt trotz der Schmerzen, die ihn quälen, die Hände nicht in den Schoß. Er schreibt sein Moses-Buch fertig und verfasst einen „Abriß der Psychoanalyse", der jedoch zu seinen Lebzeiten nicht mehr erscheint, und er gibt sogar noch einige Analysestunden. Den Ausbruch des Zweiten Weltkrieges Anfang September 1939 nimmt er hilflos zur Kenntnis.

Die Krankheit nimmt ihren unaufhaltsamen Verlauf. Dr. Schur über die letzten Lebenstage: „Es wurde immer schwieriger, ihm genügend Nahrung zuzuführen. Er hatte große Schmerzen und die Nächte waren schlimm. Er konnte kaum noch sein Bett verlassen ..." Der Geruch, der dem schwärenden Krebsgewebe im Kiefer entströmt, ist so penetrant, dass sich sogar der Hund Freuds in den äußersten Winkel des Krankenzimmers verkriecht. Als die Schmerzen unerträglich werden, sagt Freud zu Schur, der am Bettrand sitzt: „... Das ist jetzt nur noch Quälerei und hat keinen Sinn mehr." Schur verabreicht dem Todgeweihten nach Rücksprache mit Anna eine Dosis Morphium. Der weltberühmte Psychoanalytiker fällt ins Koma und scheidet am 23. September 1939, um drei Uhr morgens, im Beisein der Gattin, der beiden Töchter Anna und Mathilde, die mit Paula Fichtl an seinem Bett wachen, schmerzlos aus dem Leben. Drei Tage später wird der Leichnam auf dem nahen Friedhof von Golders Green verbrannt, die Asche in einer griechischen Urne, einem Geschenk Marie Bonapartes, beigesetzt. Ernest Jones hält eine Grabrede in englischer, Stefan Zweig einen Nachruf in deutscher Sprache.

Mit dem Tod des Vaters begann für Anna Freud ein neuer Lebensabschnitt. Fünf Tage nach dem Begräbnis nahm sie die Arbeit mit ihren Patienten wieder auf, obwohl ihr der tägliche Kontakt, der Gedankenaustausch mit dem Verstorbenen und auch das „Gebrauchtwerden" sehr abgingen. „Das Schlimmste in solchen Zeiten der Trauer ist der Müßiggang", schrieb sie einer Briefpartnerin. Sogleich machte sie sich an die Vorarbeiten für die Veröffentlichung der „Gesammelten Werke" und gründete die Hampstead War Nurseries, psychoanalytische Kinderheime, in denen sie mit ihren Helfern vom Krieg betroffene Kinder betreute. Sie stattete damit nicht nur ihrem Asylland den Dank für die freundliche Aufnahme ab, die sie gefunden hatte. Diese humanitäre Großleistung war auch ihr persönlicher Beitrag zum Kampf gegen das menschenverachtende Naziregime.

Anna Freud investierte ihre ganze Arbeitskraft in die Betreuung „ihrer" Kinder. Sie badete die Babys, wickelte und fütterte sie, spielte mit ihnen. Vor allem aber beobachtete sie die Wirkung, die die Trennung der Kinder von ihren Müttern in Bezug auf die Reinlichkeitserziehung, die Sprachentwicklung und das Sozialverhalten verursacht. Ihre Erkenntnisse hielt sie in monatlichen (Rechenschafts-) Berichten an ihre amerikanischen Geldgeber fest, die dann als Bücher erschienen („Kriegskinder", 1942, „Anstaltskinder", 1943). Anna Freuds kinderpsychologische Einsichten haben längst Eingang in die Kindererziehung gefunden. So ist es heute gang und gäbe, dass ein Kind bei einem Krankenhausaufenthalt von der Mutter begleitet wird, um die emotionale Beziehung zwischen Mutter und Kind aufrecht zu erhalten.

Der kräfteraubende Einsatz für die ihr anvertrauten Kinder und der zermürbende Kriegsalltag untergruben die Gesundheit der zarten Frau. Nach Kriegsende erkrankte Anna Freud an einer Virus-Pneumonie, die ihr zehn Monate lang schwer zu schaffen machte, und auch Dorothy Burlingham, ihre unzertrennliche Freundin, wurde von einer schweren Krankheit heimgesucht.

Kaum einigermaßen genesen, setzte sie ihre Arbeit fort, gründete ein Ausbildungsinstitut, in dem sie Lehrgänge für Kinderanalytiker veranstaltete, und gründete eine Zeitschrift. Sie reiste zu psychoanalytischen Kongressen und leistete 1950 einer Einladung in die USA Folge, wo ihr von der Clark-Universität das Ehrendoktorat verliehen wurde. Im Jahr darauf, am 2. November 1951, starb die Mutter, mit der sie zuletzt in gutem, wenn auch nicht friktionsfreiem Einvernehmen gelebt hatte. Die Mutter hatte immer wieder Annas unelegante Kleidung kritisiert und Bemerkungen über ihr unhübsches Aussehen gemacht. Die brauchte sie sich nun nicht mehr anzuhören. Ihr Mutterbild wurde zeitlebens von ihrem Vaterkomplex überlagert.

Nach dem Tod Martha Freuds kauften Anna und Dorothy in Walberswick im Osten Englands ein Landhaus am Meer, wo sie die Wochenenden und die Sommermonate verbrachten. Hier konnte die Freud-Tochter ein wenig ausspannen, stricken, wandern, lesen, Besuche empfangen, Vorträge ausarbeiten, Aufsätze schreiben. Untätig war sie nie, die Arbeit war ihr Lebenselixier. Längst schon wurde sie in der Fachwelt als die Statthalterin des Vaters anerkannt, die sein Werk gegen alle Anfechtungen mit Zähnen und Klauen verteidigte. Aber sie war mehr als des Vaters psychoanalytische Tochter. Sie hatte ein eigenes Profil. Sie entwickelte seine Gedankengänge weiter, entfaltete eigenständige Konzepte und entfernte sich in ihrer praktischen Arbeit ein gutes Stück von seinen wissenschaftlichen Theorien. Ihre Erkenntnisse über Lern- und Essstörungen, über Kriminalität und Promiskuität haben im modernen Familien- und Jugendrecht ihren Niederschlag gefunden. Ihr Buch „Wege und Irrwege in der Kinderentwicklung", das 1965 in englischer und drei Jahre später in deutscher Sprache erschien, hat erzieherische Standards gesetzt.

Die Auszeichnungen blieben nicht aus. Anna Freud erhielt Ehrendoktorate an zahlreichen Universitäten in Großbritannien und den Vereinigten Staaten von Amerika. 1971 machte sie nach der Emigration den ersten Besuch in ihrer Heimatstadt, wo sie an einem Psychoanalytischen Kongress und an der Eröffnung des Freud-Museums teilnahm. Sie freute sich sehr darüber, dass es nun eine Gedenkstätte gab, an der das Lebenswerk des Vaters für die Nachwelt sorgfältig bewahrt und betreut wird. Welche Erinnerungen in ihr wach wurden, als sie die Räume wieder sah, in denen sie ihre Kindheit, ihre Jugend und ihre frühen Frauenjahre zugebracht, in denen sie Freud und Leid, Liebe und Vertrauen, Angst und Verzweiflung, Hoffnungen und Enttäuschungen, Lob und Tadel, Ermahnungen und Kränkungen erlebt hatte, ließ sie sich weder anmerken noch hat sie darüber gesprochen. Anna Freud war eine Meisterin der Selbstbeherrschung. Die Ehrungen, die ihr zuteil wurden, und die Sympathien, die ihr bei den vielen öffentlichen Veranstaltungen entgegenströmten, hat sie aber sichtlich genossen. „Das Ganze war nicht so schlimm oder so schwierig, wie ich erwartet hatte", schrieb sie an eine Bekannte. 1972 erhielt sie dann das Ehrendoktorat der Medizinischen Fakultät der Universität Wien. Spät, aber doch,

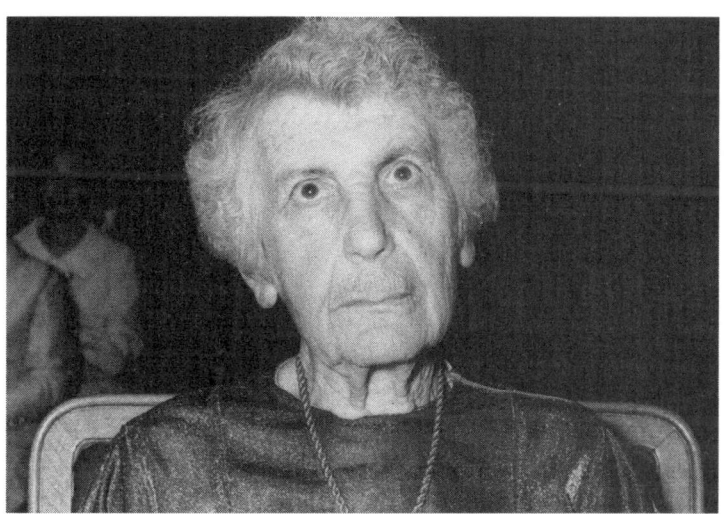

*Anna Freud bei der Verleihung des Ehrendoktorats der
medizinischen Fakultät der Universität Wien*

versuchte man gutzumachen, was ihr und ihrer Familie in
ihrer Geburtsstadt widerfahren war.

Von ihren Familienangehörigen lebte zu diesem Zeitpunkt nur noch ihre älteste Schwester Mathilde. Ihre drei
Brüder waren knapp hintereinander gestorben, Martin
1967, Oliver 1969, Ernst 1970. Als 1978 auch Mathilde starb,
war sie untröstlich. „Ich war immer die Jüngste und jetzt
bin ich das einzige Kind", sagte sie zu einem Bekannten.

Im Jahr darauf musste sie auch von ihrer langjährigen
Gefährtin Dorothy Abschied nehmen, die wie die Schwester in Maresfield Gardens starb. Dorothys Urne wurde in
der Familiengruft der Freuds beigesetzt. Anna hielt bei der
Totenfeier eine kurze Abschiedsrede. Dorothys Sohn
schrieb ihr: „Du warst für sie alles und sie hatte ein ganz
wunderbares Leben mit Dir; wie glücklich war sie, daß sie
jemanden wie Dich fand ..." Eine Feier zu ihrem 84. Geburtstag am 3. Dezember 1979 verbat sie sich.

Sie selbst war einsam geworden und hatte seit längerer Zeit mit gesundheitlichen Problemen zu kämpfen. Sie litt an einer Eisenmangelanämie, die regelmäßige Bluttransfusionen und Spitalsaufenthalte erforderte. Wie der Vater musste sie eine Behandlung nach der anderen über sich ergehen lassen und wie er ertrug sie sie mit stoischem Gleichmut. Ab und zu haderte sie in ihren Briefen aber doch ein wenig mit ihrem Schicksal. „Es gibt Tage", stellte sie nüchtern fest, „an denen fühlt man sich voller Energie und imstande fast alles zu tun, und wieder andere, an denen man nur in Ruhe gelassen werden will." Aber sie tröstete sich damit, dass der Geist noch funktionierte und sie noch bei vollem Verstand war. Sie ließ sich nicht so leicht unterkriegen. Für eine Sigmund-Freud-Werkausgabe in zwei Bänden schrieb sie Einleitungen zu den ausgewählten Texten, in denen sie zu den Angriffen der Frauenbewegung gegen die Freudschen Auffassungen von der weiblichen Sexualität Stellung bezog, und unterstützte die Veröffentlichung der Korrespondenz des Vaters. Die „Verzerrungen der Psychoanalyse" und die Verleumdungen, denen der Vater in den späten 60er und 70er Jahren in den verschiedensten Publikationen ausgesetzt war, bestürzten und kränkten sie sehr. Sie ging auch noch in die Klinik und betreute Patienten, aber ihre Kräfte ließen spürbar nach.

Am 1. März 1982 erlitt Anna Freud einen Gehirnschlag, der Sprachlähmungen und Gleichgewichtsstörungen zur Folge hatte. Sie wurde in ein Krankenhaus eingeliefert, wo sie sich mit ärztlicher Hilfe tapfer bemühte, ihre Artikulationsfähigkeit und die Kontrolle über ihre zitternden Hände zurückzugewinnen. Nach drei Monaten wurde sie im Rollstuhl nach Hause entlassen. Eine neue Haushälterin – Paula Fichtl war selbst schwer krank, räumte aber nur unwillig das Feld – und Krankenschwestern übernahmen die Pflege.

Im Sommer empfing sie ein paar Besucher, aber ihr Befinden besserte sich kaum. Sie litt seelisch unsäglich darunter, dass sie sich nicht mehr verständlich machen und nichts mehr tun konnte. Zuletzt ließ sie sich, in den Lodenmantel des Vaters eingehüllt, den sie wie ein Kleinod aufbewahrt hatte, im Rollstuhl nach Hampstead Heath schieben. Es war ein symbolträchtiger Akt. Noch im Sterben wärmte sie ein Kleidungsstück des geliebten Vaters. Anna Freud schied am 9. Oktober 1982 aus dem Leben.

ERIKA UND KLAUS MANN

Vatertochter und Problemsohn

Der Vater wünschte sich als erstes Kind einen Sohn, einen Stammhalter. Das war so üblich in der patriarchalischen Gesellschaft zu Beginn des vorigen Jahrhunderts. Aber es war eine Tochter, die am 9. November 1905 zur Welt kam und den Vornamen Erika erhielt. Das sei eine Enttäuschung, schrieb Thomas Mann seinem Bruder Heinrich, denn er habe sich einen Sohn gewünscht.

Auf den Sohn brauchte er dann aber nicht lange zu warten. Ein Jahr später, am 18. November 1906, war er da, der Stammhalter, der nach der Hauptfigur des Romans „Königliche Hoheit", der gerade im Entstehen war, Klaus Heinrich getauft wurde. Das „wohlgebildete Knäblein" sollte einmal seine literarische Nachfolge antreten, wünschte sich der Vater. Das tat Klaus auch. Allerdings keineswegs zur Zufriedenheit und im Sinne des übermächtigen Vaters, von dessen schriftstellerischem Ruhm er sich erdrückt fühlte und dessen ironisch-abfällige Urteile ihm schwer zu schaffen machten.

Die beiden Kinder, die altersmäßig so eng beisammen waren, wuchsen wie ein unzertrennliches Zwillingspaar auf. Allerdings mit nach damaliger Auffassung umgekehrten Geschlechterrollen. Erika war robuster und furchtloser als der ängstliche, verträumte Bruder und sie benahm sich auch wie ein Junge. Sie kletterte auf Bäume, raufte munter drauflos und trieb allerlei übermütige Streiche. Sie war ohne Zweifel die innerlich Stärkere und Gefestigtere, zu der der Bruder aufblickte, an die er sich klammerte.

Das älteste Mann-Pärchen, zu dem sich später noch zwei

weitere gesellten – Golo und Monika, 1909 und 1910 geboren, Elisabeth und Michael, die 1918 und 1919 zur Welt kamen –, erfreute sich einer behüteten Kindheit. Der Vater, schon früh zu literarischem Ruhm gekommen, war ein blendender Organisator seiner schriftstellerischen Erfolge. Er ermöglichte seiner Familie eine großbürgerliche Existenz. Zunächst in einer komfortablen Wohnung in der Schwabinger Franz-Joseph-Straße Nr. 2 und dann in seiner großen, herrschaftlichen Villa in der Poschinger Straße Nr. 1 am Herzogspark in München-Bogenhausen herrschte eine Atmosphäre offener Geistigkeit, aber andererseits ein strenges häusliches Reglement. Der gesamte Tagesablauf war auf den Hausherrn, auf sein Arbeitsprogramm, seine Gewohnheiten und Allüren abgestellt. „Wir mussten uns nahezu immer ruhig verhalten", erinnert sich Golo, der Historiker der Familie. „Am Vormittag, weil der Vater arbeitete, am Nachmittag, weil er da erst las, dann schlief, gegen Abend, weil er sich wieder ernsthaft beschäftigte. Und fürchterlich war das Donnerwetter, wenn wir ihn gestört hätten; um so schärfer in die Seele schneidend, weil es nur selten provoziert wurde ... Die Autorität des Vaters war enorm." Und Klaus, der im Schatten des Vaters Stehende, zumeist abfällig Beurteilte, berichtet in seiner Autobiografie „Der Wendepunkt" detailliert, wie man sich vormittags von neun bis zwölf Uhr still verhalten musste, weil der Vater arbeitete, und von vier bis fünf Uhr am Nachmittag, weil er Siesta hielt: „Sein Arbeitszimmer zu betreten, während er dort mysteriös beschäftigt ist, wäre die grässlichste Blasphemie ... Schon mit geringeren Verfehlungen kann man den Vater erheblich irritieren. Es ist quälend, bei ihm in Ungnade zu sein, obwohl oder gerade weil seine Missgunst sich nicht in lauten Worten zu äußern pflegt ... Die väterliche Autorität ist unberechenbar." In diesen Sätzen ist ehrfurchtsvolle Distanz spürbar, die Scheu des Sohnes vor dem Achtung gebietenden Vater.

Der sensible Klaus reagierte feinnerviger auf jede väterliche Geste als Erika, die sich die erzieherischen Maßnahmen des Papas, sofern sie überhaupt gesetzt wurden, nicht allzu sehr zu Herzen nahm. Erika, frohgemuter und offenherziger als der Bruder, verstand es, den ein wenig realitätsfremden, schrulligen Vater durch Späße zu erheitern. Sie stand allerdings auch in seiner Gunst. Klaus muss das schon als Kleinkind instinktiv gespürt haben. Ein väterliches Monstrum war Thomas Mann keineswegs. Mit Babys wusste er absolut nichts anzufangen, ihr Geschrei störte ihn bei der Arbeit. Aber sobald die Kinder den Windeln entwachsen waren, beschäftigte er sich mit ihnen, trug sie auf dem Arm, lehrte sie sprechen, las ihnen Märchen vor, versuchte sie für das Theater, insbesondere für die Oper, zu begeistern. Thomas Mann konnte liebevoll sein und lustig, aber er begegnete nicht jedem seiner Kinder mit der gleichen Zuneigung und Sympathie. Er bevorzugte die Töchter, insbesondere Erika und Elisabeth, die als seine Lieblinge galten, und behandelte die Söhne mit distanzierter, oft reizbarer Väterlichkeit. Michael, der Jüngste, hatte unter der Ungerechtigkeit des Familienoberhauptes besonders zu leiden. Diese väterliche Ungleichbehandlung war der geschwisterlichen Eintracht, vom trennenden Altersunterschied zwischen den drei Pärchen abgesehen, keineswegs förderlich.

Es war denn die Mutter, der neben den vielen häuslichen Pflichten, die sie zu erfüllen hatte, die Aufgabe zufiel, ausgleichend und besänftigend zu wirken, Streitereien zu schlichten, Zurücksetzungen wettzumachen, seelische Verwundungen zu kurieren.

Katia Mann war der Beziehungsmittelpunkt der Mann-

Kinder. Sie war eine kluge, gebildete Frau, eine fürsorgliche, verständnisvolle Mutter, die ein offenes Ohr für die Nöte und Probleme, die Wünsche und Anliegen ihrer Kinderschar hatte. „Mielein", wie sie von ihren Sprösslingen liebevoll genannt wurde, war nicht nur geduldig, zärtlich und nett. Sie konnte auch jähzornig sein, abweisend und unwirsch, wenn es darauf ankam. Die Kinder liebten sie und sprachen noch als Erwachsene von ihr mit warmer Herzlichkeit. Mag sein, dass auch sie manchmal ungerecht war, aber sie verteilte ihre Zuneigung und ihr Missfallen gleichmäßiger auf alle ihre Kinder als der heftigen Gefühlsschwankungen unterworfene Vater. Auf Katia Manns schmalen Schultern lastete jedenfalls die riesige Bürde der Führung eines großbürgerlichen Haushaltes und der Versorgung einer Großfamilie. Sie war vieles in einem: Ehe- und Hausfrau, Mutter, Gastgeberin, ihres Mannes Sekretärin. Das kostete Kraft und Energie. Gesundheitliche Probleme und Zusammenbrüche waren die Folge.

Die Sommermonate verbrachte die Familie Mann in ihrem Landhaus oberhalb von Tölz, einer Kleinstadt in Oberbayern am Fuße der Alpen. In dem großen, mit hohen Bäumen bestandenen Garten, der das Haus umgab, konnten sich die Kinder austoben, im Wald dahinter pflückten sie unter der Aufsicht der Mutter oder eines Kindermädchens Beeren, in einem moorigen Weiher, eine Viertelstunde vom Haus entfernt, lernten sie schwimmen. Tölz war für Erika und Klaus, aber auch für die kleineren Geschwister, ein Kindheits-Eldorado. Der Vater war gelöster als in der Stadt, ansprechbarer, zugänglicher. Er kommentierte witzig die Spiele und lustigen Streiche der Kinder, war aufgeräumt und gut gelaunt. Die ländliche Familienidylle, die bis zum Verkauf des Hauses im Jahre 1917 jährlich genutzt wurde

- ab und zu auch im Winter -, blieb ihnen in dauernder Erinnerung. In die Kindheit der beiden erstgeborenen Mann-Sprösslinge fielen auch Schatten. Die zarte Mutter, die innerhalb von fünf Jahren vier Kindern das Leben geschenkt hatte, war von der täglichen Arbeit und nach einer Fehlgeburt im Jahre 1911 körperlich total erschöpft, litt an einer schweren Bronchitis und wurde von Fieberanfällen heimgesucht. Die Ärzte rieten zu einem Kuraufenthalt, den sie im Jahre 1912 antrat. Katia verbrachte sechs Monate in Davos, später weilte sie in Meran und Arosa. Insgesamt war sie beinahe ein Jahr von ihrer Familie getrennt.

Den kleinen Kindern fehlte die geliebte Mutter, ihr „Mielein", an allen Ecken und Enden. Sie wurden nun von diversen Kinderfräulein betreut, „deren Herrschaft vorübergehend den Charakter einer Diktatur annahm". So Klaus im „Wendepunkt". Die Mutter schrieb drollige Briefe, die aber kein Ersatz für ihre Gegenwart waren, der Vater nahm an ihrem Alltag kaum Anteil.

Unter der langen Abwesenheit der Mutter dürften die Kinder sehr gelitten haben. Schließlich war niemand da, der sie herzte, sich ihrer Sorgen annahm, ihre Streitigkeiten schlichtete, ihnen aus Märchenbüchern vorlas.

Es war die Zeit, in der Erika und Klaus in das schulpflichtige Alter kamen. Die Eltern schickten sie in die „Ebermayer-Schule", eine Privatschule in Schwabing, wohin sie von Aufsichtspersonen gebracht wurden. Zu den Mitschülern, so Klaus, hatten sie wenig Kontakt. Sie schienen eine andere Sprache zu sprechen.

Erika und Klaus fanden nicht nur diese Schule langweilig, sondern später auch alle anderen, die sie besuchen mussten. Sie waren sehr begabte, mit viel Fantasie ausgestattete, verwöhnte Kinder, die aus welchen Gründen immer glaubten, etwas Besonderes zu sein. Sie kamen aus einem berühmten Haus und fügten sich in keinen Rahmen.

Anfang Januar 1914 bezog die Familie die neu errichtete herrschaftliche Villa in der Poschinger Straße, die ganz dem Repräsentationsbedürfnis des Dichterfürsten entsprach. Die Hausherrin, die kurz zuvor wieder einen Kuraufenthalt hatte antreten müssen, konnte ihr Haus – der Besitz war im Grundbuch auf ihren Namen eingetragen – erst nach ihrer Rückkehr etliche Monate später eingehend in Augenschein nehmen.

Die Kinder fühlten sich im neuen Domizil sofort wohl. Sie schlossen rasch mit den Nachbarkindern, mit Ricki Hallgarten, mit Gretel und Lotte, den Töchtern des Dirigenten Bruno Walter, Freundschaft. Gemeinsam mit ihnen machten sie die Umgebung unsicher, erschreckten mit bunt bemalten Gesichtern und einem furchtbaren Indianergeschrei die Spaziergänger. Die Eltern reagierten mit Ermahnungen und gelegentlich mit Strafen, die wenig Wirkung zeitigten.

Der Ausbruch des Ersten Weltkrieges im Spätsommer 1914 machte auch in der Poschinger Straße bald Einschränkungen im privaten Leben nötig. Katia Mann entließ das Kindermädchen, nahm die Kinder aus der exklusiven, teuren Privatschule und schickte sie in eine „normale" Volksschule in der Nachbarschaft. Während Erika den Schulwechsel problemlos bewältigte, hatte Klaus erhebliche Anpassungsschwierigkeiten. Der noble Schriftstellersohn, der nur Hochdeutsch sprechen konnte und sich auf keinen Raufhandel einließ, wurde von seinen Klassenkameraden für überdreht gehalten und mehr oder weniger links liegen gelassen. Prügel bekam er weder von ihnen noch vom Lehrer, der im Übrigen von seinem Rohrstab mit sadistischer Schadenfreude reichlich Gebrauch machte.

Im zweiten Kriegsjahr grassierte in der Mann-Familie eine Blinddarmentzündung, die den Charakter einer Epidemie annahm. Mit Ausnahme des Vaters waren neben- und nacheinander sämtliche Familienmitglieder davon betroffen. Am ärgsten erwischte es Klaus, bei dem eine eitrige Bauchfellentzündung und ein Darmversschluss hinzukamen. Er musste mehrmals operiert werden und entging nur knapp dem Tod.

Die Mutter saß Tag und Nacht am Krankenbett des Kindes und leistete in dieser familiären Notsituation unter Aufbietung ihrer allerletzten Kraftreserven Großartiges. Die schwere Krankheit und die aufopferungsvolle mütterliche Zuwendung waren zweifellos die prägendsten Erlebnisse in der frühen Kindheit des sensiblen Knaben.

Katia Mann sorgte in den Kriegsjahren mit unermüdlicher, eiserner Energie für das Wohl der Familie, stopfte mit gehamsterten Lebensmitteln, die sie von überall herbeikarrte, die hungrigen Mäuler der Kinder und schaffte auch Kohle herbei, um wenigstens ein paar Zimmer beheizen zu können. Er muss wohl eine schwere Zeit für unsere Mutter gewesen sein, viel schwerer als für uns", schrieb Klaus im „Wendepunkt". Denn es sei gewiss keine Kleinigkeit gewesen, „vier gierige Kinder und einen heiklen, delikaten Mann unter so abnormen Umständen durchzufüttern".

Mielein hatte es in der Tat schwer. Im April 1918 gebar sie ihr fünftes Kind. Aber wenn es die Lebensumstände erforderten, wuchs sie über sich hinaus.

Als sie in das entsprechende Alter kamen, traten Erika und Klaus in Sekundarschulen ein. Erika wechselte in eine höhere Töchterschule, in der sie sich zwar nicht wohl fühlte, aber problemlos den Anforderungen entsprach. Mit Klaus ging es im reaktionären Wilhelmsgymnasium weniger gut. Er schaffte immer nur mit knapper Not das Klassenziel. Der Besuch einer Schule war ihm ganz einfach zuwider, da halfen alle mütterlichen Ermahnungen nichts. Katia musste des Öfteren bei den Professoren vorsprechen, um das Ärgste abzuwenden. Der hochintelligente, frühreife Klaus lebte in seiner eigenen Welt, las ungeheuer viel und schrieb, angeregt durch die kulturgesättigte Atmosphäre des Elternhauses, Kinderreime und Erzählungen.

Im November 1918 stürzten in Europa die Throne. Die Habsburger in Wien, die Hohenzollern in Berlin, die Wittelsbacher in München dankten ab oder wurden zur Abdankung gezwungen. In München rief der Publizist Kurt Eisner den „Freistaat Bayern" aus. Es gab Aufmärsche, Demonstrationen, Schießereien. Das Haus in der Poschinger Straße Nr. 1 blieb von den revolutionären Ereignissen verschont. Thomas Mann verfolgte die politischen Ereignisse in ganz Deutschland mit Interesse und sorgte sich um sein eigenes und das Wohlergehen der Familie. Politische Gespräche mit den Kindern führte er nicht. Sie waren noch zu jung, um die Tragweite der Veränderungen zu verstehen, auch wenn Klaus in seinem Tagebuch altkluge Eintragungen machte. Er entdeckte übrigens jetzt die Klassiker der Weltliteratur: Grillparzer, Hebbel, Kleist, Schiller ...

In der Schule langweilten sich die Mann-Kinder, sie wuchsen in die Pubertät hinein, das Sexuelle erwachte in ihnen und schuf Bedrängnisse.

Die Mutter, die 1919 ihr sechstes und letztes Kind zur Welt brachte, widmete ihre Zärtlichkeit den beiden Jüngsten und musste aus gesundheitlichen Gründen wieder zwecks Erholung die Familie verlassen. Der homoerotisch veranlagte Vater reagierte überrascht auf den geschlechtlichen Reifungsprozess seines ältesten Sohnes. Bereits im Herbst 1918 notierte er in seinem Tagebuch: „Gestern abend bemerkte ich durch die verschlossene Glasthür der Kinderwohnung Licht, und da ich Katja ohnehin wecken musste, denn sie hatte mich ausgesperrt, so wurde nachgeforscht. Es zeigte sich, daß Eissi (Klaus) bei beleuchtetem Zimmer und phantastisch entblößt in seinem Bett lag. Er wusste auf Fragen keine Antwort zu geben ...“ Zwei Jahre später war er vom nackten Körper seines Sohnes fasziniert. Eintragungen aus dem Jahr 1920: „Entzücken an Eissi, der im Bade erschreckend hübsch. Finde es sehr natürlich, daß ich mich in meinen Sohn verliebe ... (25.7.).“ „Las gestern abend eine weltschmerzlich zerrissene Novelle Eissis und kritisierte sie an seinem Bett unter Zärtlichkeiten, über die er sich, glaube ich, freut (27.7.).“ „Ich hörte Lärm im Zimmer der Jungen und überraschte Eissi völlig nackt vor Golos Bett Unsinn machend. Starker Eindruck von seinem vormännlichen, glänzenden Körper, Erschütterung ... (17.10.).“

Merkte der Sohn die geschlechtliche Zuneigung des Vaters? Wenn ja, dann wird sie ihn wohl verwirrt und Ängste in ihm ausgelöst haben.

Klaus Mann war ein ausgesprochen schwieriges Kind und als Erwachsener ein unausgeglichener, komplexbeladener, selbstzerstörerischer Mensch. Schon als Kleinkind plagte ihn die Angst vor Gespenstern, war er ein Einzelgänger, der nur schwer Anschluss an seine Altergenossen fand. Versponnen, aufsässig, elterlichen Ratschlägen unzugänglich, sehnte er sich dennoch nach Liebe und Anerkennung, die ihm väterlicherseits nicht zuteil wurde. Von der Mutter bekam er sie. Sie versuchte ihn zu lenken, wies ihn auch zurecht, brachte seinen Extravaganzen aber zu viel Verständnis entgegen, war zu milde und nachsichtig.

Wenn es ihr zu bunt wurde, schritt sie energisch ein, im Endeffekt allerdings ohne bleibenden erzieherischen Erfolg.

In den Jahren nach dem Ersten Weltkrieg trieben Erika und Klaus Mann gemeinsam mit den befreundeten Nachbarkindern aus purem Übermut und mit einem „Hang zum Bösen" mehr als nur üble kindliche Scherze. Sie verübten Ladendiebstähle und übten mit anonymen Anrufen einen regelrechten Telefonterror aus, bei dem sie selbst vor hoch gestellten Persönlichkeiten nicht zurückschreckten. Als das ungebührliche, ins Kriminelle reichende Verhalten ihrer Kinder aufflog, erwies sich die erzieherische Hilflosigkeit der Eltern. Der Vater versuchte mit gutem Zureden und sanften Ermahnungen die Kinder zu einem vernünftigen Verhalten zu bringen, die Mutter schickte das Geschwisterpaar in eine reformpädagogische Anstalt in Hochwaldhausen nahe Fulda. In ländlicher Umgebung wurde eine neue Pädagogik erprobt mit von den Schülern mitbestimmtem Unterricht, Schülermitverwaltung, gemeinschaftlichem Leben und Erleben. Es war ein modernes, zukunftsorientiertes pädagogisches Credo, in der Theorie überzeugend, in der Praxis damals zum Scheitern verurteilt. Zumindest für die verwöhnten Mann-Kinder war die Wahl dieser Schule eine elterliche Fehlentscheidung. Erika und Klaus waren jetzt wieder beisammen, verulkten die Lehrer, stellten die Autorität des Schulleiters in Frage und missbrauchten die ihnen gewährten Freiheiten. Sie fühlten sich unterfordert, schrieben sie den Eltern, der Unterricht sei schlecht. Schon nach vier Monaten war das pädagogische Experiment zu Ende. Die Anstalt wurde geschlossen.

Erika bezog das Münchener Luisengymnasium, wo sie 1924 mit Ach und Krach das Abitur machte. Ihren Klaus wollte die Mutter im exklusiven Landeserziehungsheim

Schloss Salem unterbringen, das von dem bekannten Pädagogen Kurt Hahn geleitet wurde. Hahn führte mit Klaus ein mehrstündiges Gespräch und lehnte es dann ab, ihn in seiner Schule aufzunehmen. Er dürfte sich mit dieser Entscheidung so manches Ungemach erspart haben. Eine seiner Mitarbeiterinnen charakterisierte den Knaben nicht eben schmeichelhaft, aber im Großen und Ganzen durchaus treffend als einen „überaus manierierten, selbstgefälligen, frühzeitig gereiften und fähigen Jungen mit ernsthaften geistigen Interessen, dessen Lebenskraft angeknaxt ist". Die leidgeprüfte Mutter musste sich nach einer anderen Schule umsehen. Ihr Pädagogen-Schreck wurde in der Odenwaldschule in Oberhambach bei Heppenheim an der Bergstraße in Hessen aufgenommen. Paul Geheeb, der Leiter dieses reformpädagogischen Landeserziehungsheimes, war ein kluger, erfahrener Erzieher, der seinem neuen Schützling viel Verständnis entgegenbrachte. Er erkannte dessen Talente, durchschaute sein Wesen und gewährte ihm alle möglichen Freiheiten. Geheeb dispensierte Klaus Mann von der praktischen Arbeit im Freien und teilweise von der Teilnahme an den Kursen (einen Klassenunterricht gab es an dieser Schule nicht). Der exzentrische Dichtersohn durfte spazieren gehen, lesen, seinen Träumen nachhängen. Klaus, der später vom Schulleiter in Tönen höchsten Lobes sprach, wurde dennoch nicht heimisch. Er vermisste Erika, der er scherzhaft-hintergründige Briefe schrieb, warf den Eltern vor, sich um ihn zu wenig zu kümmern, und verliebte sich in einen jüngeren Schulkollegen. Wurde ihm schon damals seine homosexuelle Veranlagung bewusst? In der Odenwaldschule hielt es ihn jedenfalls nicht länger. Dem Schulleiter gegenüber motivierte er seinen Abgang mit einer für einen 16-Jährigen ungewöhnlichen Einsicht. „Ich gebe ein nicht ganz kleines Stück von mir her", schrieb er ihm, „wenn ich Ihnen sage: Überall werde ich Fremdling sein. Ein Mensch meiner Art ist stets und allüberall durchaus einsam."

Im Juni 1923 kehrte er in das Elternhaus zurück. War seine schulische Ausbildung endgültig gescheitert? Es sah ganz danach aus, aber die Mutter gab noch nicht auf. Sie engagierte für ihren Sohn Privatlehrer. Vergebliche Liebesmüh. Klaus legte sich ins Bett, täuschte eine schwere psychische Krise vor und äußerte den Wunsch, ein paar Wochen im Dominikanerkloster Stift Neuburg zu verbringen. Nicht um Mönch zu werden, einfach aus einer Laune heraus. Die Eltern gaben dem Wunsch nach. Sie bewiesen damit erneut nur ihre pädagogische Hilflosigkeit. In Neuburg schrieb Klaus seine ersten umfangreichen literarischen Arbeiten. Seine Schullaufbahn war endgültig gescheitert, aber er beschritt jetzt den Weg, von dem er schon als Vierzehnjähriger geträumt hatte: Er wollte unter allen Umständen ein so berühmter Schriftsteller werden wie der Vater.

„Die Börse hüpft, die Minister wackeln, der Reichstag vollführt Kapriolen ... die Girls der neuen Revuetheater schütteln animiert das Hinterteil ... Man tanzt Foxtrott, Shimmy, Tango ... man tanzt Hunger und Hysterie, Angst und Gier, Panik und Entsetzen ..." So schillernd schildert Klaus Mann im „Wendepunkt" die 20er-Jahre des vorigen Jahrhunderts. Es war die Zeit, in der sich seine und seiner Schwester Charakterbildung vollzog, in der sie ihren Weg suchten, ihr Künstlertum fixierten. Die „Roaring Twenties" waren eine rastlose, eine aus den Fugen geratene Zeit. Die alte bürgerliche Ordnung löste sich in allen Lebensbereichen auf, in der Politik, in der Wirtschaft, der Gesellschaft, der Familie. Für die junge Generation gab es keine ethischen und moralischen Grundsätze mehr, an die sie sich hätte halten können, sie war orientierungslos.

Erika und Klaus Mann suchten erst gar nicht nach irgendwelchen lebensgestaltenden Richtungsweisern. Hungrig nach Abenteuern und sprühend vor Lebenslust führten sie ein bohemehaftes Leben, taumelten von einem Vergnügen, von einer Eskapade in die andere.

Im Sommer 1923 reiste das Geschwisterpaar nach Berlin und stürzte sich kopfüber in das turbulente Nachtleben der Hauptstadt, verkehrte in Künstlercafés, besuchte Jazz-Konzerte. Klaus war im siebenten Himmel und fand es wundervoll, als eine gestiefelte Prostituierte ihm „Magste Sklave sein" zuflüsterte und ihre Reitpeitsche an seiner Wange vorbei durch die Luft zischen ließ. Den Eltern erzählten die beiden, sie seien auf einer Wanderung durch Thüringen gewesen.

Zurück in München, setzten sie dieses Lotterleben fort, trieben sich in Bars herum, feierten Champagnerfeste, tafelten in teuren, luxuriösen Restaurants. Und wer bezahlte diese Vergnügungen und Späße? Angeblich ein Mann namens Theo, ein Börsenspekulant und Inflationshai. Aber gewiss auch ein anderer Mann, nämlich der Vater, den man wohl ein wenig zur Kasse gebeten haben wird. Zur flotten Münchener Boheme-Runde um die Mann-Sprösslinge gehörten auch der angehende Literat W. E. Süskind und Pamela Wedekind, die Tochter des 1918 verstorbenen Dramatikers Frank Wedekind. Erika fasste zu ihr eine leidenschaftliche Zuneigung, Klaus verliebte sich in sie und wollte sie heiraten. Die Provokation des Elternhauses und der Öffentlichkeit misslang. Der Bräutigam war noch nicht großjährig.

1924, als sich die Weimarer Republik politisch und wirtschaftlich konsolidierte, gingen Erika und Klaus nach Berlin. Erika hatte sich entschlossen, den Schauspielberuf zu ergreifen. Sie war eine begabte Komödiantin, die herrlich Stimmen imitieren konnte. Jetzt wollte sie sich ausbilden lassen, das Handwerk gründlich erlernen. Sie wurde in die Schauspielschule von Max Reinhardt aufgenommen und hegte die übertriebene Hoffnung, gleich die Hauptrolle in der deutschen Erstaufführung von Bernard Shaws „Die heilige Johanna" spielen zu können. Reinhardt entschied sich verständlicherweise für Elisabeth Bergner, die damals auf dem Höhepunkt ihrer Karriere stand.

Die selbstbewusste Erika, die sich wohl ein wenig überschätzte, war enttäuscht und sagte dem großen Theatermagier Adieu. Sie versuchte ihr Glück in Bremen, wo sie ein paar schöne Erfolge verzeichnen konnte. Bald wurde sie allerdings von Zweifeln über ihre Berufswahl heimgesucht und schrieb ihrer Freundin Pamela Wedekind, sie eigne sich wohl nicht so recht zum Theaterspielen.

Unterdessen schrieb der Bruder Theaterkritiken für das Berliner 12-Uhr-Mittagblatt und veröffentlichte zwei literarische Studien in der renommierten Zeitschrift „Weltbühne". 1925 trat der kapriziöse, orientierungslose Dichtersohn, der auf der Suche nach einem Lebensweg war, mit seinem ersten Buch vor die Öffentlichkeit. Der Erzählband „Vor dem Leben" wurde in den wichtigsten Zeitungen und literarischen Zeitschriften besprochen und vom Autor, der noch keine 19 Jahre alt war, mit erstaunlicher Professionalität in Lesungen präsentiert. Stolz teilte Klaus in jugendlichem Überschwang seiner Schwester mit: „Ich bin allerorts groß plakatiert und überhaupt recht berühmt."

Einige Rezensenten verglichen den Schriftstellerneuling mit dem Vater und fällten ein vernichtendes Urteil. Das war gewiss unfair. Aber Klaus Mann hätte für seine ersten, unreifen literarischen Arbeiten wohl nicht so rasch einen Verleger gefunden, wäre er nicht der Sohn eines berühmten Vaters gewesen, dessen Namen er ja auch für sich zu nutzen wusste.

Einer der wenigen, der ihm Mut zusprach, war Stefan Zweig. „Nur so weiter gemacht, lieber Freund!", schrieb er ihm. „Manche mögen geneigt sein, Sie als den Sohn des berühmten Vaters abzutun. Kümmern Sie sich nicht um solches Vorurteil! Arbeiten Sie! Sagen Sie, was Sie zu sagen haben – es ist eine ganze Menge, wenn mich nicht alles täuscht ..." Klaus Mann hätte auch ohne diesen Zuspruch, der ihm gewiss Ansporn war, weitergemacht.

Noch im selben Jahr schrieb der junge Bohémien den Roman „Der fremde Tanz", in dem er ein Tabuthema anschlug, die Homosexualität, die damals gesellschaftlich geächtet war und strafrechtlich geahndet wurde. Klaus Mann bekannte sich öffentlich zu seiner homosexuellen Veranlagung und genoss die Provokation, die er mit seinem Buch hervorrief. Auch sein Theaterstück „Anja und Esther" handelt von gleichgeschlechtlicher Liebe. Diesmal war sie lesbischer Natur. Das rasch zu Papier gebrachte kleine Drama, das der berühmte Vater „gebrechlich und korrupt" nannte, zu dessen Premiere ihn „keine zehn Pferde" bringen würden, ging am 20. Oktober 1925 in München und zwei Tage später in Hamburg über die Bühne. Die weiblichen Hauptrollen verkörperten Erika Mann und Pamela Wedekind, die männlichen Klaus Mann und Gustaf Gründgens, der auch Regie führte. Gründgens war der neue Hamburger Theaterstar. Klaus war von ihm begeistert. „Er glitzerte und sprühte vor Talent, der charmante, einfallsreiche, hinreißende, gefallsüchtige Gustaf", schwärmte er. Auch der Schwester gefiel der gut aussehende, genial begabte Schauspieler. Den aus kleinen Düsseldorfer Ver-

Gustaf Gründgens, Erika Mann, Pamela Wedekind und
Klaus Mann in „Anja und Esther" von Klaus Mann

hältnissen stammenden Theatervirtuosen faszinierte andererseits die großbürgerliche Unbekümmertheit und Sorg-
losigkeit der Münchener Dichterkinder.

Erika Mann und Gustaf Gründgens fanden so großen
Gefallen aneinander, dass sie sich am 24. Juli 1926 in Mün-
chen das eheliche Jawort gaben. Klaus Pringsheim und
Thomas Mann, der beim anschließenden Hochzeitsfest am
Starnberger See eine feierliche Rede hielt, fungierten als
Trauzeugen.

Die beiden Eheleute verband nur die Liebe zum Theater. Für eine dauerhafte, harmonische Verbindung waren
sie von ihrem Naturell und ihrer Persönlichkeitsstruktur
her nicht geschaffen. Der Bruch war somit vorprogram-
miert. Schon nach ein paar Monaten gemeinsamen Lebens
trennten sie sich. Am 9. Januar 1929 wurde die Ehe in beid-
seitigem Einvernehmen geschieden.

Klaus Manns schwaches Erstlingswerk stieß nicht nur
wegen seiner dramaturgischen Mängel auf herbe Kritik.

Man warf dem Autor Dekadenz und Niveaulosigkeit vor. Noch schlimmer erging es ihm mit seinem nächsten Stück „Revue zu Vieren". Es führte zu einem Zerwürfnis mit Gründgens, der die Regie zurücklegte, und wurde vom Publikum in zahlreichen deutschen Städten ausgebuht. Die Dichterkinder, meinten einige Kritiker, seien „kindliche Greise", sie mögen von der Bühne abtreten und erst wieder erscheinen, wenn sie ihre Kinderschuhe ausgezogen hätten.

Ob sich Klaus Mann die schweren Missfallensäußerungen zu Herzen nahm? Im „Wendepunkt" zeigte er sich reumütig. Da war er allerdings bereits erwachsen.

„Was ich mir nicht genügend klarmachte, oder worauf ich nicht genügend Rücksicht nahm, war die Tatsache, daß meine unbedenkliche Exzentrizität allerlei Peinlichkeiten auch für den berühmten Vater mit sich brachte", notierte er.

Der Vater betrachtete die literarischen Ergüsse seines begabten, aber ungeratenen Sprösslings mit gemischten Gefühlen. Zu Weihnachten 1925 hatte er Klaus in das Exemplar des „Zauberberg", das er ihm widmete, geschrieben: „Dem geschätzten Kollegen – sein hoffnungsvoller Vater." Das konnte man verschieden auslegen. Als witziges Bonmot, als ironische Herablassung. Als dezidierte väterliche Zuneigung gewiss nicht.

Der Sohn empfand den Ruhm des Vaters als schwere Hypothek. Er fühlte sich im Schatten des Vaters und litt darunter, meinte sein jüngerer Bruder Golo, er sei aber nicht selbstkritisch genug gewesen zu sehen, dass er gleichzeitig von dem stärkeren Licht so viel auf sich lenkte, wie er haben konnte. Klaus fühlte sich ganz einfach unverstanden, beklagte, dass der Vater sich wohl nie ernste Sorgen um ihn gemacht habe, und: „Wußte er überhaupt, wo ich mich aufhielt, was ich arbeitete, mit wem ich Umgang hatte, während der vielen Monate, die ich nun jedes Jahr fern von München, fern dem Vaterhaus verbrachte?" Es gab aber auch väterlichen Zuspruch. Das darf nicht unerwähnt bleiben. „Dein Roman also" (gemeint ist „Mephisto"), schrieb er Klaus am 3. Dezember 1936, „hat mir großes Vergnügen gemacht. Er ist leichtfüßig und amüsant, ja brillant, sehr komisch oft und auch sprachlich fein und sauber." Freilich: Zwischen Vater und Sohn gab es kaum charakterliche und künstlerische Gemeinsamkeiten. Thomas Mann, weltweit als größter deutscher Dichter nach Goethe geschätzt und geachtet, die Würde, das Ebenmaß und die Beherrschung (zumindest der Außenwelt gegenüber) in Person, missfiel der Hang des Sohnes für das Bohemehafte, seine Neigung zur Destruktivität, seine provokante, offen zur Schau gestellte Homosexualität. Eine klärende Aussprache, ein ernstes persönliches Gespräch führte er mit dem Sohn nicht. „Er blieb stets bei seinem alten pädagogischen Prinzip, welches darin bestand, sich nicht einzumischen, sondern nur durch das Beispiel der eigenen Würde und Diszipliniertheit indirekt Einfluß zu üben", so der Sohn. Die Folge waren Verstimmungen, Skrupel, Schuldgefühle, Gewissensnöte auf beiden Seiten. Der zerbrechliche Sohn ist daran zerbrochen.

Um von den nicht sehr erfreulichen Geschehnissen privater und beruflicher Natur der letzten Zeit ein wenig Abstand zu gewinnen, beschlossen Erika und Klaus Mann eine gemeinsame Reise nach Amerika zu unternehmen. Der Entschluss war rasch gefasst, die Realisierung etwas schwieriger. Woher das Geld dafür nehmen? Selbst die verwöhnten Mann-Sprösslinge mussten sich mit dieser trivialen Frage beschäftigen. Ein paar Zeitungen fanden sich dazu bereit, für Berichte über die Reise Vorschüsse auszubezahlen, der Fischer-Verlag, der Stammverlag des Vaters, stellte sich mit einer großzügigen finanziellen Vorleistung für ein Reisebuch ein.

So fuhr man denn am 7. Oktober 1927 von Rotterdam mit dem Luxusdampfer „Hamburg" los. Erika und Klaus Mann traten in Amerika als „literary Mann-twins" auf, fanden rasch Zugang zur New Yorker Boheme, nahmen an Partys und Teegesellschaften teil. Von der Presse als Tochter und Sohn des berühmten Vaters freundlich und geschickt präsentiert, hielt Klaus Referate über die „Situation der jungen europäischen Generation", Erika brachte moderne deutsche Lyrik zu Gehör. In der Hauptsache ging es ihnen aber darum, das Land kennen zu lernen, sich zu vergnügen, Abenteuer zu erleben. Weihnachten und Silvester verbrachten sie in Hollywood und ließen dort keine Vergnügung aus.

Was ihnen allerdings bald ausging, war das Geld. Sie fanden aber immer wieder einen reichen Gönner, der ihnen aus der Klemme half. Nach neun Monaten kehrten sie über Japan, Korea, Russland und Polen wieder in die Heimat zurück. Die Restschulden, die sie noch hatten, bezahlte der Vater vom Geld, das er 1929 für den Nobelpreis bekam.

Ihre Beobachtungen und Erlebnisse brachten die beiden Globetrotter im Reisebuch „Rundherum" zu Papier. Es enthält witzige Passagen. Tief schürfend ist es nicht. Die politischen und sozialen Spannungen der Zeit interessierten die Mann-Kinder wenig. Das sollte sich erst ein paar Jahre später ändern.

Zunächst ging es aber ichbezogen und lebenslustig weiter. Erika kehrte wieder auf die Bühne zurück und errang in der Rolle der Königin in Schillers Drama „Don Carlos" ihren größten Erfolg als Schauspielerin. Sie erhielt einen Vertrag im bayerischen Staatstheater, bekam dann aber

Die „literary Mann-twins":
Klaus und Erika 1927 in den USA

nicht die Rollen, die sie sich wünschte und für die sie sich
für geeignet hielt. Selbstbewusst schrieb die temperamentvolle Mann-Tochter dem Direktor bitterböse Briefe und erreichte das Gegenteil von dem, was sie wollte. Sie spielte
noch an anderen Bühnen unter anderem Schnitzler und Strind-
berg, zog sich dann aber endgültig vom Theater zurück.

Die vielseitig Begabte griff nun zur Feder, schrieb großartige Kinderbücher, Artikel und Glossen für eine Reihe von Zeitungen und Zeitschriften, Theaterstücke, Filmdrehbücher und arbeitete für den Rundfunk. Sie produzierte Funkerzählungen und las mit ihrer angenehmen Sprechstimme aus des Vaters „Zauberberg".

Der rastlose Klaus reiste in diesen Jahren (1927–1932) von Stadt zu Stadt und schrieb wie besessen Kurzgeschichten, Glossen, Aufsätze, einen Roman, ein Theaterstück nach dem anderen. Klaus Mann war fleißig, er schrieb rasch und lässig, zu nachlässig, wie manche Literaturhistoriker meinen. Seine Prosa gewann jedoch zunehmend an stilistischer Gewandtheit und formaler Eigenständigkeit. Die Zeitereignisse bekümmerten ihn nicht. Im „Wendepunkt" wundert er sich selbst, dass die Zeit von 1928 bis 1932 für ihn wenig mit Massenelend und politischer Spannung zu tun hatte, sondern eher mit Wohlstand und kulturellem Hochbetrieb. „Natürlich wusste ich, daß die Zahl der Arbeitslosen erschreckend stieg – waren es drei Millionen? Waren es fünf? Man konnte nur hoffen, daß die Regierung bald Abhilfe schaffen werde", konstatierte er leichthin.

Klaus und Erika Mann liebten es bunt. Im Winter 1929/30 kamen sie auf die ausgefallene Idee, zur Abwechslung einen Trip per Auto nach Nordafrika zu unternehmen und von dort in den Kongo und danach per Schiff nach Nordamerika zu reisen.

Der Plan kam nicht gleich zur Ausführung, es fehlte wieder einmal an Geld. Aber im April 1930 fuhren sie los. Klaus hatte das Fahren gelernt, Erika konnte es schon lange. Sie chauffierte leidenschaftlich gern und mit Vorliebe rasant. Für den speziellen Fall hatte sie sogar einen Mechanikerlehrgang besucht, um mit Pannen ohne fremde Hilfe fertig zu werden.

Die abenteuerliche Fahrt endete in Marokko. In Fez, wo sie länger Station machten, wurde aus dem Auto-Trip ein Haschischtrip, zu dem sie ein Araber verführte. Mit Drogen waren die unzertrennlichen Mann-Geschwister schon vorher in Berührung gekommen, jetzt schlitterten sie in die Drogenszene hinein. Aber während Erika den Rauschgiftkonsum unter Kontrolle zu halten verstand, wurde Klaus süchtig. Die Suchtgiftabhängigkeit bestimmte in hohem Maße sein weiteres Leben, zerstörte allmählich sein Ich, verstärkte seinen Lebensüberdruss und trieb ihn schließlich in den Tod.

In Deutschland steigt die Arbeitslosigkeit, sechs Millionen Menschen sind ohne Beschäftigung. Die parlamentarische Demokratie steckt in einer schweren Existenzkrise, die rasch wechselnden Regierungen sind schwach und halten sich nur mühsam über Wasser, die Massen laufen zu den Nazis über. Die Schlägertrupps der SA beherrschen die Straßen. Die Nationalsozialisten legen bei allen Wahlen laufend an Stimmen zu, im Juli 1932 wird die NSDAP mit 230 Mandaten zur stärksten Fraktion im Reichstag. Adolf Hitler, der neue deutsche Messias, steht ante portas und wartet nur noch auf einen günstigen Augenblick zur Übernahme der Staatsmacht.

Erika und Klaus Mann registrieren die politische Entwicklung mit Unmut, aber sie nehmen die Nazis nicht ernst, sie verstehen ihre Mentalität nicht. Den Mann-Zwillingen ist das Gerede von der Weltverschwörung der Juden, vom Versailler Friedensdiktat, von der Zinsknechtschaft, der arischen Superrasse ein Gräuel. Sie können nichts damit anfangen. Sie sind liberal gesinnt, weltoffen, sie sind überzeugte Pazifisten, sie stehen politisch links. Deutschland, die deutsche Kulturnation muss stark genug sein, meinen sie, sich eines „bösartigen Spießers" wie Adolf Hitler zu erwehren. Sie stecken den Kopf in den Sand und führen ihr bisheriges Leben weiter. Klaus schreibt das Theaterstück „Geschwister", das bei der Premiere in den Münchener Kammerspielen ausgebuht wird, und veröffentlicht die Autobiografie „Kind dieser Zeit" und den Roman „Treffpunkt im Unendlichen", der als sein bedeutendstes Werk vor dem Exil gilt. Er behandelt darin Themen, die er immer wieder anschlägt, weil sie seinem unmittelbaren Erleben entspringen und in seinem Charakter angelegt sind: Drogenabhängigkeit, Liebe und Selbstmord. Erika nimmt an einem Autorennen, einer Fahrt über 10.000 Kilometer quer durch Europa auf staubigen Landstraßen mit ihrem Freund Ricki Hallgarten als Beifahrer teil, bei der die beiden in Berlin als Sieger durch das Ziel kommen. Mit Klaus unternimmt sie eine Reise durch Skandinavien bis zum Nordkap.

Die „enfants terribles", wie man sie dort, wo man sie kennt, nennt, gehen der Realität aus dem Weg, schließen vor dem Unheil, das bald auf sie zukommt – viele Intellektuelle und Künstler haben Deutschland bereits verlassen – die Augen. Schrecklich.

Es sind dann auch nicht sie, sondern es ist der vorsichtige Vater, der gegen den Ungeist des Nationalsozialismus die Stimme erhebt. Die proletarische Naziseele kocht. Wie? Dieser satte, behäbige Großbürger, der in seiner geräumigen Villa ein wohlgefälliges Leben führt, während Millionen Volksgenossen Tag für Tag dem Hunger in das Gesicht schauen müssen, dieser weltfremde Federfuchser wagt es, etwas gegen die nationale Erhebung des deutschen Volkes zu sagen? Ein Nazi-Rabauke schickt ihm ein Paket mit einem verkohlten Exemplar der „Buddenbrooks" zu. Es ist ein unheildrohendes Fanal. Im Jahr darauf geht das Reichstagsgebäude in Berlin in Flammen auf, am 10. Mai 1933 lodern in den deutschen Universitätsstädten die Scheiterhaufen. Die Nationalsozialisten verbrennen die Bücher verfemter Autoren. Auch Erika und Klaus Mann werden zu Zielscheiben völkischen Hasses. Die Nazipresse fällt nach Erikas Auftritt bei der Versammlung einer pazifistischen Frauenorganisation über sie her, nennt sie eine „plattfüßige Friedenshyäne". Klaus ist für die NS-Moralhüter ohnehin nichts anderes als ein degenerierter Lustknabe.

Jetzt erkennen auch die Mann-Sprösslinge den Ernst der Situation. Er habe begriffen, dass ein Schriftsteller die dringlichsten menschlichen Probleme – die Organisation des Friedens, die Verteilung irdischer Güter – nicht vernachlässigen oder gar ignorieren dürfe, meint Klaus und nimmt den Kampf gegen den Faschismus auf. Erika bringt eine Beleidigungsklage gegen die Verunglimpfungen in der Nazipresse ein, tritt vor Gericht als Klägerin auf und bekommt Recht. Es ist ein Pyrrhussieg. Einige Theater kündigen aus Rücksicht auf „nationale Kreise" den Vertrag mit ihr auf. Sie wird als Schauspielerin nicht mehr engagiert. Mutig stellt sie sich auf die eigenen Beine. Gemeinsam mit der Schauspielerin Therese Giehse gründet sie in München das Kabarett „Die Pfeffermühle", das am 1. Januar 1933, etwa einen Monat vor der Ernennung Adolf Hitlers zum Reichskanzler, vor ausverkauftem Haus seine erste Vorstellung gibt.

Das Programm, eine Mischung aus sozialkritischen Liedern, Songs und Sketches, deren Texte größtenteils von Erika selbst stammten, kamen beim Publikum ausgezeichnet an. Der überwältigende Zuspruch ermunterte die Mann-Tochter dazu, in aller Eile ein zweites Programm zusammenzustellen, das am 1. Februar Premiere hatte. Gespenstische Münchener Szenerie: Während in der „Bonbonniere", einem Nachtlokal, Nazigegner Kabarett spielten, hielt gleichsam Wand an Wand im Hofbräuhaus der neue Reichskanzler vor alten Parteigenossen seine Antrittsrede. Beifall hier wie dort. Noch durfte man in Deutschland den Mund aufmachen, sich kritisch äußern. Aber nicht mehr lange. Das dritte Kabarett-Programm, das Erika Mann in einem größeren Lokal, im Schwabinger „Serenissimus", darbieten wollte, konnte nicht mehr aufgeführt werden. Die Nationalsozialisten hatten unterdessen am 5. März 1933 die Mehrheit im Reichstag errungen. Ein paar Wochen später verschaffte die Volksvertretung Adolf Hitler die Möglichkeit, Gesetze ohne ihre Mitwirkung zu beschließen. Der Weg in die Diktatur war frei. Für Erika und Klaus Mann war es höchste Zeit, ihr Heimatland zu verlassen. Erika später: ... „von unseren Freunden saßen bereits viele im KZ. Ein Wunder, daß wir noch frei waren. Ich ging zum Besitzer des Serenissimus, um unseren Vertrag zu lösen ... und wir reisten ab."

Thomas und Katia Mann hielten sich in Arosa auf, als sich diese Ereignisse in Deutschland abspielten: Auf dringendes Ersuchen ihrer Kinder und nach Abwägung aller Für und Wider entschlossen sie sich, nicht nach München zurückzukehren. Erika floh in ihrem Auto zu den Eltern in die Schweiz, Klaus flüchtete nach Paris. Die anderen Kinder mit Ausnahme von Monika gelangten auf Umwegen zu den Eltern. Ein Abschnitt im Leben der Familie Mann war zu Ende.

„Die Emigration war nicht gut. Das Dritte Reich war schlimmer", schreibt Klaus Mann im „Wendepunkt". In Hitler-Deutschland zu bleiben, in die so genannte innere Emigration zu gehen, wie es andere taten, kam für ihn nicht in Frage. Auch für Erika nicht. Beiden war von allem Anfang an klar, dass sie in einer Diktatur, in einem staatlichen Kerker, nicht frei atmen, nicht leben konnten. So gingen sie freiwillig ins Exil, denn sie wussten, dass ihnen die Vertreibung und möglicherweise die Vernichtung durch die Nazis nicht erspart geblieben wäre. Sich mit einem Regime zu arrangieren, von dem zu erwarten stand, dass es die Freiheits- und Menschenrechte außer Kraft setzen und alle Regeln humanen Zusammenlebens missachten würde, kam für sie überhaupt nicht in Frage. Engstirniger Nationalismus, fanatischer Rassenwahn und militanter Revanchismus widersprachen zutiefst ihrer individualistischen und kosmopolitischen Weltsicht.

Erika und Klaus Mann zögerten keinen Augenblick, in der Emigration mit den ihnen zur Verfügung stehenden Mitteln den Kampf gegen den nationalsozialistischen Ungeist aufzunehmen.

Erika hatte die feste Absicht, die „Pfeffermühle" in der Schweiz weiterzuführen. Um diesen Plan in die Tat umzusetzen, bedurfte es energischer Tatkraft und einer Portion zähen Willens. Beides besaß sie. Sie ging zielstrebig ans Werk. Geeignete Schauspieler mussten gesucht, zum Mitmachen animiert und zu einem Ensemble geformt, Räumlichkeiten gefunden, eine behördliche Aufführungsgenehmigung erwirkt werden.

Zu ihrem Glück hatte sie in Therese Giehse, die ebenfalls in die Schweiz emigriert war, eine beherzte Mitstreiterin. Nach Überwindung tausender Widerstände eröffnete das Kabarett am 30. September 1933 im Zürcher Hof „Zum Hirschen" seine Pforten. Das behutsam antifaschistische Programm wurde begeistert aufgenommen. Die Eltern, die unterdessen mit tätiger Mithilfe der Tochter in Küsnacht am Zürichsee ein passendes Domizil gefunden hatten, saßen im Premierenpublikum. Der Vater spendete Applaus und lobte in einem Brief die „angreifende Geistigkeit" Erikas. Sie war das Kind, das er liebte und bewunderte.

Auch in den folgenden Wochen war das „Pfeffermühlen"-Lokal Abend für Abend überfüllt. Therese Giehse, der Star des Hauses, und Erika wurden gefeiert. Auch ein Großteil der Schweizer Presse pries das Programm. Aber natürlich gab es auch publizistische Gehässigkeiten und fremdenfeindliche, antisemitische Krawalle, die von den Schweizer Nationalsozialisten angezettelt wurden. Erika Mann ließ sich nicht einschüchtern. Sie wartete 1934 mit einem zweiten Programm auf, mit dem sie durch die Schweiz auf Tournee ging, nach St. Moritz, Davos, Basel, Bern. Sie war unermüdlich tätig, führte Verhandlungen, schrieb Sketches und Chansons, wehrte sich gegen die Behauptung, die „Pfeffermühle" sei eine „Hetzbühne", agierte mit Elan und reagierte mutig auf alle Anfeindungen.

Im Frühjahr 1934 absolvierte Erika Mann mit ihrem Ensemble ein Gastspiel in den Niederlanden, wo die antifaschistische Truppe eine besonders freundliche Aufnahme fand. Es folgten Tourneen in der Tschechoslowakei, in Belgien und Luxemburg. In Österreich ließ man Aufführungen der „Pfeffermühle" behördlich nicht zu. Die einzige Vorstellung, die es gab, trug privaten Charakter. Sie fand in Max Reinhardts Schloss Leopoldskron bei Salzburg vor geladenen Gästen statt.

In Hitler-Deutschland wurde das Kabarett argwöhnisch beobachtet. Die NS-Regierung lancierte Presseangriffe und übte über ihre Botschaften Druck auf die Länder aus, in denen das Programm gespielt werden durfte. Die Wirkung dieser repressiven Maßnahmen blieb nicht aus. Schweizer

Kantone erließen ein Aufführungsverbot, die holländischen und tschechoslowakischen Behörden bestanden darauf, politisch heikle Texte und Lieder aus dem Programm zu nehmen. Erika Mann musste Konzessionen machen, die den Charakter des Kabaretts veränderten und es auf das Niveau einer bloßen Unterhaltungsbühne herabdrückten. Das wollte die kompromisslose Antifaschistin vor ihrem Gewissen nicht verantworten. Im Januar 1937 löste sich die „Pfeffermühle" auf.

Unterdessen holten die Nationalsozialisten zu einem, wie sie meinten, existenzbedrohenden Schlag aus. Im Juni 1935 wurde Erika Mann wegen der „würdelosen Darbietungen der ‚Pfeffermühle‘, die auf eine Verunglimpfung Deutschlands hinausliefen", die deutsche Staatsbürgerschaft entzogen.

Die Mann-Tochter, die diesen Schritt offenbar erwartet hatte, kam den deutschen Behörden zuvor. Sie ging am 15. März 1935 mit dem englischen Lyriker Wystan H. Auden, den sie von ihren Berliner Tagen her kannte, eine Scheinehe ein und wurde britische Staatsbürgerin. Sie konnte sich die Feststellung nicht verkneifen, dass es nur ein Hitler schaffe, eine Britin aus Deutschland auszubürgern. Die ungewöhnliche Pass-Ehe hatte Klaus eingefädelt, der im Übrigen wie die anderen Familienmitglieder nach der Ausbürgerung die tschechoslowakische Staatsbürgerschaft erhielt.

Die geschwisterliche Harmonie zwischen Erika und Klaus bestand auch in der Emigration weiter, aber sie blieb nicht ganz ungetrübt. Sie korrespondierten miteinander und trafen einander bisweilen zu bestimmten Anlässen (Geburtstage, Weihnachten) im elterlichen Domizil in Küsnacht, das ihnen auch in persönlichen Krisen Schutz und Zuflucht bot. Zwischen den beiden gab es bei gleichen

Zielsetzungen, zu denen in erster Linie ihr antifaschistisches Engagement zählte, eine lockere Zusammenarbeit.

Klaus fasste kurz nach dem Gang ins Exil den Plan, eine Exilzeitschrift zu gründen, und betrieb ihn mit leidenschaftlicher Hingabe. Für ihn ging es darum, schreibt er im „Wendepunkt", die Welt vor dem Dritten Reich zu warnen und sie über dessen wahren Charakter aufzuklären, andererseits wollte er mit dieser Zeitschrift die große Tradition des deutschen Geistes und der deutschen Sprache in der Fremde lebendig halten.

Als Mitherausgeber der Zeitschrift, die den Namen „Die Sammlung" erhielt, gewann Klaus seinen lieben Freund Fritz Landshoff, finanziert wurde das Blatt von Annemarie Schwarzenbach, verlegt wurde es von Emanuel Querido in Amsterdam. Klaus Mann gelang es, prominente Schriftsteller unterschiedlichster Weltanschauung für die Mitarbeit zu interessieren. Die Mitarbeiterliste liest sich wie ein „Who is Who" der damaligen literarischen Elite. Der Vater erklärte sich bereit mitzumachen, selbst Ernest Hemingway und Albert Einstein schickten Artikel.

Das erste Heft der Zeitschrift erschien im September 1933 und löste sogleich eine heftige Kontroverse aus. Die Herausgeber hatten politische Akzente gesetzt, die dem deklarierten literarischen Charakter der Zeitschrift zuwiderliefen. Robert Musil und Stefan Zweig zogen daraufhin ihre Zusage zur Mitarbeit zurück. Thomas Mann wurde von Gottfried Bermann, der seit einiger Zeit für seinen Schwiegervater Samuel Fischer die Verlagsgeschäfte leitete, dazu gedrängt, seinen Namen von der Mitarbeiterliste streichen zu lassen. Der prominente Autor gab nach. Er sah die Herausgabe seiner Bücher, insbesondere des ersten Teils seiner Romantetralogie „Joseph und seine Brüder", in Deutschland gefährdet. Der Widerruf des Vaters löste einen familiären Zwist aus. Erika war verärgert, Klaus verbittert. „Empfinde wieder sehr stark, und nicht ohne Bitterkeit, Z'.s (Zauberer, Kosename des Vaters, Anm. d. Verf.) völlige ‚Kälte' mir gegenüber. Ob wohlwollend, ob gereizt (auf eine sehr merkwürdige Art ‚geniert' durch die Existenz des Sohnes): niemals interessiert: ‚niemals' in einem etwas ernsteren Sinn mit mir beschäftigt", notierte er in seinem Tagebuch.

Für die „Sammlung" war der Widerruf der Mitarbeit einiger Autoren ein schwerer Schlag. Bereits vom zweiten Heft wurden rund 800 Exemplare weniger verkauft, in Österreich wurde der Vertrieb überhaupt verboten. Schließlich musste die „Sammlung" im August 1935 nach insgesamt 24 Ausgaben aus finanziellen Gründen eingestellt werden. Die tiefere Ursache für das Scheitern dürfte aber wohl im Eigennutz mancher Exilliteraten und deren politischer Kurzsichtigkeit gegenüber den Nationalsozialisten zu suchen sein.

Klaus Mann entwickelte in den ersten Jahren seines Exils eine geradezu hektische Betriebsamkeit. Er hielt Vorträge, verfasste Aufrufe, nahm 1934 am Kongress der Sowjetschriftsteller in Moskau und im Jahr danach als Delegierter des deutschen (Exil-)PEN-Klubs am Internationalen PEN-Kongress in Barcelona teil. Zahlreiche Reisen führten ihn in die verschiedensten Länder. Er fand aber auch noch Zeit, Artikel, Glossen, Essays und ein paar Romane zu schreiben. Im Jahr 1935 legte er die „Symphonie Pathétique" vor, ein Lebensbild des russischen Komponisten Peter Iljitsch Tschaikowsky, das viele autobiografische Elemente enthält: die Heimatlosigkeit, die depressiven Selbstzweifel, seine Unrast und Todessehnsucht. Der Roman erhielt viel Lob und wurde in der deutschsprachigen Auslandspresse und in den Exilzeitschriften durchwegs gut kritisiert. 1936 folgte „Mephisto. Roman einer Karriere", in dem er, seinen früheren Schwager Gustaf Gründgens im Auge, der sich mit dem NS-Regime arrangiert hatte, den Typus des rücksichtslosen Opportunisten und Karrieristen zeichnete. Der Roman, der von den Zeitgenossen nicht nur zustimmend aufgenommen wurde, löste in der BRD einen Literaturskandal aus, als der Bundesverfassungsgerichtshof 1971 in letzter Instanz seine Publikation verbot. Peter Gorski, der Adoptivsohn und Alleinerbe von Gründgens, hatte argumentiert, Hendrik Höfgen, die Hauptfigur des Romans, trage deutlich und in spürbar verunglimpfender Form die Züge seines Adoptiv-Vaters. Das Gericht schloss sich dieser Auffassung an.

Klaus Mann hat dieses unwürdige Schauspiel nicht mehr erlebt. Zur Zeit, als er das Buch schrieb, durchlitt der ruhelose, manierierte Mann-Sohn (wieder einmal) eine persönliche Krise. Er hatte seine übliche Tagesration an Rauschgift aufgebraucht und litt unter Entzugserscheinungen. Ohne Morphium konnte er nicht arbeiten, das riesige Arbeitspensum nicht erledigen, das er sich aufhalste. Die Drogensucht, der er dann und wann durch die eigene Willenskraft und Entziehungskuren zu entkommen suchte, beflügelte seine schöpferischen Leistungen und zerstörte letztendlich seinen Geist, seine Seele und seine Schaffenskraft.

Erika, die dem Rauscherlebnis nicht abgeneigt, ihm aber nicht verfallen war, beobachtete die steigende Drogenabhängigkeit des Bruders mit wachsender Sorge. Sie hielt es für ihre Pflicht, ihn vor den Folgen eindringlich zu warnen, und drohte ihm sogar mit dem Entzug der Geschwisterliebe, sollte er auf ihre mahnenden Worte nicht reagieren. Klaus bemühte sich, die Sucht loszuwerden. Es gelang ihm nicht.

Auch die Eltern waren in großer Sorge. „Klaus unpässlich. Morphin-Reaktion. Dr. Stahel bei ihm, der den Entbehrungszustand natürlich nur mit einer Spritze steuern konnte. K. glaubt, der Drogue Herr bleiben und einen Schwebezustand von freier Gewöhnung und Gelegentlichkeit einhalten zu können. Der Weinkrampf wird ihn wohl über seinen Irrtum belehrt haben", notierte Thomas Mann in seinem Tagebuch. Er selbst konnte dem Sohn natürlich nicht helfen. Dafür fehlten von beiden Seiten alle Voraussetzungen. Die Einzige, auf die er außer der Schwester hörte, war die Mutter, von ihm zärtlich „Mielein" genannt. Sie war die geliebte Bezugsperson, bei der sein oft in Seenot geratenes Lebensschiff vor Anker ging. Aber auch ihr waren nur Teilerfolge beschieden.

Zwischen dem Vater und seinen beiden ältesten Sprösslingen kam es 1936 zu einem schweren Zerwürfnis, als Thomas Mann in einer Kontroverse um den Fischer-Verlag öffentlich für den bereits erwähnten Gottfried Fischer Bermann, dem man vorwarf, ein „Schutzjude des nationalsozialistischen Verlagsbuchhandels" zu sein, Stellung bezog. Thomas Mann glaubte immer noch an den Vertrieb seiner Bücher in Deutschland und hatte sich noch immer nicht vom NS-Regime distanziert.

Erika und Klaus Mann waren darüber schwer enttäuscht. Die leidenschaftliche, unbeherrschte Tochter schrieb dem Vater einen empörten, zornigen Brief, in dem sie ihn dazu drängte, endlich eine Erklärung gegen Hitler-Deutschland abzugeben, und sogar drohte, mit ihm zu brechen. Das war zweifellos eine schwere Entgleisung. Die Antwort darauf gab zunächst die Mutter, die zur Versöhnung riet. „Du bist, außer mir und Medi (gemeint ist Elisabeth, die jüngste Tochter, Anm. d. Verf.), der einzige Mensch, an dem Z's Herz ganz wirklich hängt, und

Dein Brief hat ihn sehr gekränkt und geschmerzt", schrieb sie ihr.

Der Vater antwortete Erika in einem in Sprache, Stil und Argumentation diplomatisch klugen und gemäßigten Ton. In der Sache blieb er bei seiner Position, persönlich fand er menschlich schöne Worte. „Zum Überwerfen" schrieb er, „gehören gewissermaßen Zwei, und mir scheint, mein Gefühl für Dich lässt dergleichen garnicht zu. Wenn ich denke, wie Du manchmal gelacht und Tränen in den Augen gehabt hast, wenn ich euch vorlas, so scheint mir Deine Ankündigung auch wieder unwahrscheinlich. Du bist viel zu sehr mein Kind Eri, und auch noch in Deinem Zorn auf mich, als daß sie sich so recht erfüllen könnte."

Erika lenkte ein, reagierte sanfter und gelassener, Klaus verhielt sich in dieser Angelegenheit überhaupt leise und zurückhaltend. Schließlich brach Thomas Mann am 3. Februar 1936 mit deutlichen Worten mit dem nationalsozialistischen Deutschland. Er sei davon tief überzeugt, formulierte er, „daß aus der gegenwärtigen deutschen Herrschaft nichts Gutes kommen k a n n, für Deutschland nicht und für die Welt nicht, diese Überzeugung hat mich das Land meiden lassen, in dessen geistiger Überlieferung ich tiefer wurzele, als diejenigen, die seit drei Jahren schwanken, ob sie es wagen sollen, mir vor aller Welt mein Deutschtum abzusprechen."

Erika war hocherfreut. „Dank, Glück, Segenswunsch", kabelte sie aus Prag, wo sie sich gerade aufhielt. Klaus stattete aus Amsterdam dem „lieben und verehrten Zauberer" seinen Dank ab. Der heftige Familienzwist war beigelegt. Anfang Dezember 1936 wurde Thomas Mann ausgebürgert, die Universität Bonn entzog ihm die Ehrendoktorwürde. Der größte deutsche Dichter des 20. Jahrhunderts durfte kein Deutscher mehr sein.

Im September 1936 reisten Erika und Klaus nach Amerika und mieteten sich nach ihrer Ankunft in New York im Emigranten-Hotel Bedford ein. Wie schon neun Jahre zuvor, als sie zum ersten Mal in New York gewesen waren, fanden sie die Stadt hinreißend. Die beiden ältesten Mann-Kinder kamen mit bestimmten Plänen und Absichten in die USA. Erika wollte ihr zeitkritisches Kabarett präsentieren, Klaus mit Vorträgen und Artikeln die amerikanische Öffentlichkeit auf die Gefahren aufmerksam machen, die vom Faschismus drohten. Das „Pfeffermühlen"-Debüt Erikas im Januar 1937 war ein eklatanter Misserfolg. Die Programmpointen und versteckten Anspielungen auf die politische Situation in Deutschland stießen beim Premierenpublikum auf Unkenntnis und Unverständnis. Das Presse-Echo war niederschmetternd. Unter diesen Umständen war an ein Weitermachen nicht zu denken. Die „Peppermill" wurde aufgelöst.

Erika Mann war enttäuscht, aber nicht entmutigt. Sie setzte ihr antifaschistisches Engagement mit anderen Mitteln fort: als „lecturer", als politische Rednerin und eindringliche Warnerin vor dem Nationalsozialismus. Es war eine Rolle, für die sie sich blendend eignete, mit der sie sich voll identifizieren konnte und die sie überzeugend zu gestalten wusste. Sie hatte die Gabe der Überzeugungskraft, sie konnte glänzend argumentieren, die Dinge mit ein paar knappen, schlichten Sätzen auf den Punkt bringen. Sie hatte Charisma. Die Menschen hörten ihr zu, applaudierten ihren Gedankengängen. Unermüdlich tourte sie durch das weite Land, von Stadt zu Stadt, von Veranstaltung zu Veranstaltung, ihre unmissverständliche Botschaft verkündend, unbeirrt und unbeirrbar.

Erika Mann, die Kämpferin für Toleranz, Humanität und Demokratie, war eine politische Missionarin. Sie bediente sich bei der Verkündigung ihrer Botschaft aller medialen Mittel, die es damals gab und die ihr zur Verfügung standen. Sie sprach im Radio, verfasste Zeitungsartikel, wirkte in Filmen und sogar in Shows mit. Und selbstverständlich schrieb sie auch Bücher, in denen sie die Bedrohung der Welt durch den Faschismus darstellte und zum Kampf gegen diese Verirrung des menschlichen Geistes aufrief. 1938 veröffentlichte sie das Buch: „School for Barbarians. Education under the Nazis", in dem sie auf etwa 200 Seiten in vier Kapiteln die ideologische Indoktrination der deutschen Jugend durch die Nationalsozialisten mit der Sonde ihres scharfen Geistes analysierte, veranschaulichte und brandmarkte. Die jungen Menschen im „Land der Dichter und Denker" würden in der Schule zur Wehrhaftigkeit, zum Rassismus, zum Hass und zur Intoleranz erzogen, den Familien entfremdet, ihre Gehirne in den verschiedenen NS-Jugendorganisationen mit nationalen Parolen vollgestopft. Statt Wissen und Kritikfähigkeit werde ihnen Gesinnung abverlangt, blinder Gehorsam, charakterliche und körperliche Härte, stellte sie den Amerikanern vor Augen. Das Buch, locker geschrieben und ausgezeichnet erzählt und dokumentiert, wurde ein Riesenerfolg. Die Kritik war voll des Lobes, für einen Teil der amerikanischen Öffentlichkeit war es ein „Eye opener". Erika öffnete vielen Amerikanern die Augen für die erzieherischen Praktiken der Nazis.

Gemeinsam mit Klaus schrieb Erika „Escape to Life", worin das Geschwisterpaar mit journalistischer Routine die Lebensumstände der deutschen Emigration in ihrer ganzen Vielschichtigkeit darstellte. Später verfassten sie noch den Band „The Other Germany" und Reportagen über ihre Erlebnisse als Kriegsberichterstatter im Spanischen Bürgerkrieg.

Blieb der umtriebigen Erika Mann, die so viele Pläne hatte und die so vieles gleichzeitig tat, noch Zeit für und Lust auf ein Privatleben? Ja und nein. Sie liebte Luxus, sie schätzte noble Restaurants und kostbaren Schmuck, sie genoss das Leben. Auch für körperliche Liebe hatte sie etwas übrig, aber zur Ehefrau und zum Kinderkriegen war sie nicht geboren.

In Amerika wurde die attraktive Frau, die trotz ihrer ausgeprägten Streitlust äußerst charmant sein konnte, von Männern umschwärmt. Einer von ihnen, der steinreiche New Yorker Bankier Maurice Wertheim, machte ihr sogar ein Heiratsangebot. Sie schlug es aus. Von einer katzbuckelnden Dienerschaft umgeben zu sein, die ihr jeden Wunsch von den Lippen ablas, in den Tag hinein zu leben ohne Beschäftigung, ohne eine Aufgabe zu haben, ohne eine Vision, die es zu verwirklichen galt, das machte für sie nicht den Sinn des Lebens aus.

Ein anderer, der sie glühend liebte, war der aus Berlin emigrierte Arzt und Schriftsteller Martin Gumpert. Ihm gehörte mehrere Jahre ihr Herz. Es war eine Partnerschaft mit Unterbrechungen, eine Liebe auf Distanz, denn Erika war viel unterwegs. Man sah einander oft monatelang nicht. Gumpert ertrug es nur schwer. Er wollte die Mann-Tochter auch räumlich an sich binden und bot ihr ein eheliches Zusammenleben an, versuchte ihren Lebensstil zu verändern. Davon wollte Erika jedoch absolut nichts wissen. Sie war an ein festes Domizil nicht gewohnt, kehrte immer nur für kürzere oder längere Zeit zum Wohnsitz der Eltern zurück, um dann wieder rastlos durch die Welt zu ziehen. Das Provisorische ihrer Lebensgestaltung gehörte zu ihrem Wesen. Konnte der Geliebte sie nicht so akzeptieren, wie sie war, keine Ansprüche stellen, keine Forderungen, sie nicht mit seinen Empfindlichkeiten und Eifersüchteleien quälen? Beharrlich verfocht sie ihre Standpunkte, bestand auf ihrem unsteten Lebenswandel. Martin Gumpert musste sich in das Unvermeidliche fügen, ihr die Spielräume lassen und die Unabhängigkeit gewähren, die sie brauchte. Die Liebesbeziehung zerbrach schließlich in den Stürmen der Zeit. Sie war vor ihrem Ende immer schon vom Auseinanderbrechen bedroht gewesen, wozu auch Klaus Mann beitrug.

Klaus war an Erika gebunden, sie war sein Halt in den vielen dunklen Stunden seiner Existenz. Der Selbstmord, mit dem seine Lebensbahn endete, wäre schon viel früher passiert, hätte ihm die Schwester nicht zugeredet, ihn davon abgehalten durch Zuspruch und Ermunterung, aber auch, wenn nötig, dann und wann durch eine gehörige Kopfwäsche. „Zwischen mir und dem dunklen Tal der Verheißung", vertraute er seinem Tagebuch an, „steht immer noch, immer noch, immer – die Schwester." Klaus buhlte um die Zuneigung und Liebe Erikas.

Das harmonische Schwester-Bruder-Verhältnis wurde durch das Dazwischentreten von Verehrern und Liebhabern gestört, worauf der sensible Klaus empfindlich reagierte. Aber es trübte sich allmählich auch deshalb ein, weil Erika der Warnungen vor dem Drogenmissbrauch des Bruders satt wurde, die nur kurze Zeit fruchteten.

Im Mai/Juni 1937 unterzog sich Klaus während einer Europareise einer Entziehungskur in einer Budapester Klinik. Vorher hatte er sich anlässlich der Verleihung der tschechoslowakischen Staatsbürgerschaft in Prag aufgehalten, wo es ihm miserabel ging. „1937 habe ich in Prag erlebt", schreibt Golo Mann, „wie es mit ihm stand, wenn die schurkische Quelle versagte, die Qual des Wartens, die Jagden durch die Stadt von einer Apotheke zur anderen, die verzweifelten Versuche, durch tschechische Freunde ein

Rezept zu gewinnen, welches, erhalten, ihn für ein paar
Tage erlöste." Weitere Versuche, von der Droge loszu-
kommen, schlugen fehl. Es war ein dauerndes Auf und
Ab, ein Hoffen auf Besserung und Bangen vor dem endgültigen Absturz. Ein neuer Geliebter, der junge amerikanische Journalist Thomas Quinn Curtiss, brachte vorübergehend Glück in sein von Todessehnsucht über-
schattetes Leben.

Erika dachte politisch praktischer, war realitätsnäher
und energischer als der Bruder. Sie kam auf den Vortragsreisen beim Publikum besser an, was er ein wenig neidisch
zur Kenntnis nahm. Selbstbewusst gab sie auch bei den gemeinsamen literarischen Vorhaben den Ton an, forderte
ihn auf, auf ihre Konzeptionen einzugehen, stilistisch auf
ihre Linie einzuschwenken. Das irritierte ihn. Kritik und
Bevormundungen, auch wenn sie von der geliebten Schwester kamen, ertrug er schwer. „Schließlich soll das Buch (gemeint ist „The Other Germany", Anm. d. Verf.) ja vor allem E(rika)'s bewährten Stil haben, nicht meinen", bemerkte er verbittert in seinem Tagebuch.

Im Jahr 1939 schrieb Klaus Mann den Roman „Der Vul-
kan", in dem er facettenreich und anschaulich den bitte-
ren Alltag des Emigrantendaseins schilderte. Er selbst hielt
das umfangreiche Buch, an dem er beinahe zwei Jahre arbeitete, für sein bestes und auch der Vater, der es Wort für
Wort las, fand Worte des Lobes. „Sie haben Dich ja lange
nicht für voll genommen", schrieb er ihm, „ein Söhnchen
in Dir gesehen und einen Windbeutel, ich konnt es nicht
ändern. Aber nun ist wohl nicht mehr zu bestreiten, daß
Du mehr kannst, als die Meisten – daher meine Genugtuung beim Lesen ... Schon mitten drin war ich vollkommen beruhigt darüber, daß das Buch als Unternehmen,
also als Emigrantenroman, vermöge seiner persönlichen

Eigenschaften ganz konkurrenzlos ist und daß Du keine andere Erscheinung dieser Art, auch Werfel nicht, zu fürchten brauchst." Die väterliche Anerkennung war Balsam für die wunde Seele des Sohnes. Von seiner Krankheit geheilt wurde Klaus dadurch nicht. Das vermochte nicht einmal der tüchtigste Psychotherapeut.

„Europa wird enger für unsereiner", schrieb Klaus, ehe er sich im Herbst 1938 nach New York einschiffte und endgültig in die Vereinigten Staaten ins Exil ging. Im März hatte Hitler-Deutschland Österreich okkupiert, dann war mit Zustimmung der Westmächte das Sudetenland an der Reihe. Für die Gegner des NS-Regimes war es in Europa tatsächlich ernst geworden. Auch die Eltern hatten sich entschlossen, dem alten Kontinent Adieu zu sagen. Der Abschied wurde ihnen durch eine steinreiche Amerikanerin geebnet und erleichtert, die ihnen die finanzielle Grundlage für ein neues Leben im Land der unbegrenzten Möglichkeiten bot. Mrs. Agnes Meyer, die Frau des einflussreichen Herausgebers der „Washington Post", eine begeisterte Verehrerin seines dichterischen Werkes, verschaffte Thomas Mann eine Gastprofessur in Princeton (New Jersey). Der Haushalt in der Schweiz wurde mit tatkräftiger Hilfe Erikas aufgelöst, am 28. September 1938 bezog das berühmte Schriftsteller-Ehepaar in einer Villa in der Stockton Street 65 das neue Domizil. Zu Weihnachten dieses ereignisreichen Jahres fand sich mit Ausnahme Monikas in dem stattlichen Haus die ganze Familie ein. Man feierte das Fest wie in alten Zeiten mit Christbaum und vielen Gaben. Der Hausherr notierte am Heiligen Abend: „Den ganzen Tag die Seltsamkeit der Situation sehr lebhaft empfunden. Durch die Versammlung der Kinder erheitert ... Die Möglichkeiten der Zukunft immer wieder erörtert."

Welche Möglichkeiten meinte er wohl? Die Zukunft konnte nichts Gutes verheißen. 1939, das war vorauszusehen, würde für die Welt zum Schicksalsjahr werden. „Hitler ist der Krieg ... Nur im totalen Krieg rechtfertigt und erfüllt sich dieser totale Staat", charakterisierte Klaus lapidar das Wesen der NS-Ideologie.

Erika führte ihr aufreibendes Wanderleben als „lecturer" mit riesigem Engagement und Einsatz weiter. Vier bis fünf Monate im Jahr war sie unterwegs, legte Woche für Woche Tausende Kilometer quer durch den Kontinent zurück, sprach vor bis zu Tausenden Menschen über die verschiedensten Themen, beantwortete in der „question period" heikle, zum Teil provokante Fragen. Sie managte den Vater auf seinen „lecture tours", korrigierte seine Vortragstexte und seine Aussprache. Das kostete sie viel Kraft und Energie, zehrte an ihren Nerven. Ihr Zigarettenkonsum nahm gesundheitsschädliche Ausmaße an, sie war gereizt, reagierte bei Widerspruch mit Wutanfällen und Flüchen. Mit Erika war nicht zu spaßen, sie konnte von einer Minute zur anderen sehr ungemütlich werden.

Das bekam auch der Bruder zu spüren. Ihre Warnungen vor seinem Drogenmissbrauch wurden häufiger und ungeschminkter. „FRISS doch nicht so viele PILLEN", wurde zu einer stehenden Redewendung in ihren Briefen.

Wenn es darauf ankam, nahm sie den Bruder aber selbstverständlich in Schutz vor unqualifizierten Angriffen. Als man Klaus vorwarf, ein Kommunist zu sein, weil er sich gegen den deutsch-sowjetischen Nichtangriffspakt nicht mit entschiedener Eindeutigkeit aussprach, wies sie diese Anschuldigung mit Vehemenz zurück. Klaus mochte zeitweilig Sympathien für die Sowjetunion gehabt haben, ein Kommunist war er nicht. Er selbst stellte das unmissverständlich klar. Das FBI hatte beide Mann-Kinder im Visier. Der amerikanische Geheimdienst legte ein umfangreiches Dossier über sie an, ihr Telefon und die Post wurden zuweilen überwacht. Den Kriegsausbruch am 1. September 1939 erlebte Erika mit den Eltern in Stockholm. Thomas Mann hatte sich unvorsichtigerweise mit Katia dorthin begeben, um am Internationalen Kongress des PEN-Clubs teilzunehmen. Nun saß man dort fest und es bedurfte großer Anstrengungen und aller erdenklicher Interventionen, um die Visa für den Rückflug zu bekommen. Am 19. September 1939 landeten die Manns wohlbehalten, aber gesundheitlich angeschlagen auf dem New Yorker Flughafen. Sie hatten sich mit größter Not erhebliche Unannehmlichkeiten erspart.

Zurück in den USA, setzte Erika ihren Kampf gegen das NS-Regime in Deutschland mit ungemindertem Engagement fort. Als sie der britische Propagandaminister Duff Cooper einlud, bei der BBC Rundfunkpropagandasendungen gegen die Nazis zu machen, stellte sie sich gegen den Rat der Familie sofort dafür zur Verfügung. Klaus, der sie zum Flugplatz brachte, war über die abermalige Trennung tief traurig. „Ich kann die Gefühle nicht zusammenfassen, die mir das Herz verwirren. Angst – Neid – Stolz – Traurigkeit – das Gefühl, *zurück zu bleiben"*, schrieb er in sein Tagebuch.

Die beherzte Antifaschistin gestaltete von August bis Oktober 1940 und von Juni bis September 1941 gepfefferte Propagandasendungen, die nach Deutschland ausgestrahlt wurden und bei den deutschen Behörden großen Ärger hervorriefen. Der „Völkische Beobachter" nannte sie im Nazijargon eine „politische Gebrauchsdirne". Während ihrer Tätigkeit in der BBC organisierte sie die Ansprachen des Vaters an die „Deutschen Hörer". Sie erlebte in London auch die Bombenangriffe der deutschen Luftwaffe, über die sie in amerikanischen Zeitungen berichtete.

Die Arbeit für den staatlichen britischen Rundfunk befriedigte sie nicht auf Dauer. Nach ihrer Rückkehr in die Staaten half die Unermüdliche den Eltern bei der Verlegung ihres Wohnsitzes nach Kalifornien. Thomas Mann erwarb dort am San Remo Drive in Pacific Palisades hoch über der Küste mit einem wunderbaren Blick auf das Meer ein repräsentatives Haus, das seinen großbürgerlichen Ansprüchen entsprach. Die Kinder fanden dort in den nächsten zehn Jahren Zuflucht und freundliche Aufnahme.

Klaus plante unterdessen die Herausgabe einer Monatszeitschrift mit dem Titel „Decision", deren erste Nummer im Januar 1941 erschien. Die Schwester unterstützte ihn bei der Beschaffung der nötigen finanziellen Mittel nach Kräften. Die Zeitschrift verkaufte sich schlecht und musste schon nach einem Jahr wieder eingestellt werden. Aus Enttäuschung über den Misserfolg versuchte sich Klaus mit einer Überdosis von Schlaftabletten das Leben zu nehmen. Ein Mitarbeiter der Zeitschrift fand ihn jedoch rechtzeitig in seinem Hotelzimmer.

Die Schulden, die das missglückte Zeitschriftenexperiment verursachte, brachten ihn finanziell in eine äußerst schwierige Lage. Der Lebenskünstler war zum ersten Mal in seinem Leben mit der Armut konfrontiert. Als sich nach einer Blutuntersuchung zudem herausstellte, dass er sich mit Syphilis infiziert hatte, hielt ihn nur der Gedanke an Mielein und Erika von einem weiteren Suizidversuch zurück. „Verlange nach dem Tod wie ein Durstiger nach einem Schluck Wasser", lautet die Eintragung in seinem Tagebuch am 11. Juni 1942.

Kaum zu glauben: Aber dieser psychisch so labile Mann,

der von einer Lebenskrise in die andere taumelte, fand
selbst in dieser Situation die Kraft, seine Autobiografie zu
Papier zu bringen, die weit mehr ist als ein familienge-
schichtliches Dokument. Sie ist ein interessantes, farbiges,
stark subjektiv gefärbtes Zeitbild über die politischen Vor-
gänge, die sich im Europa der 20er und 30er Jahre abspielten. Klaus Mann skizziert in dem locker geschriebe-
nen Buch auch die zahlreichen Persönlichkeiten, denen er
begegnete.

„The Turning Point", im September 1942 publiziert, fand
in Amerika kaum Leser. Von der Kritik wurde das Buch
überschwänglich gelobt und auch vom Vater kam Anerkennung. Es sei ungewöhnlich, charmant, gemütvoll-
sensitiv, gescheit und redlich, ließ er den Sohn wissen. Mit
dem Bild, das Klaus von ihm gezeichnet hatte, war er zufrieden. Der Mutter hatte er, fand sie, ein „Denkmal"
gesetzt. Die zwischen 1947 und 1949 umgearbeitete und
erheblich erweiterte deutsche Ausgabe, die unter dem
Titel „Der Wendepunkt" erschien, stieß dann auf großes
Leser-Interesse.

Der Zweite Weltkrieg trat mit dem Kriegseintritt der USA
am 11. Dezember 1941 in ein entscheidendes Stadium. Klaus
Mann begrüßte diesen Schritt als großes, entscheidendes Ereignis. Nun da das große Amerika den Kampf gegen das die
Welt bedrohende NS-Regime aufnahm, wollte er nicht mehr
länger den Faschismus nur mit der stumpfen Waffe des Wor-
tes bekämpfen. Der pazifistisch gesinnte Individualist ersuchte um Aufnahme in die US Army.

Es waren nicht nur idealistische Motive, die ihn zu dieser Entscheidung bewogen. Er hoffte, sich durch den Militärdienst aller persönlichen Probleme entledigen zu können. „Ich weiß nämlich, unter uns gesagt, nicht ganz ge-

Klaus Mann als Soldat in der US Army

nau, was jetzt gerade schreiben, denken und wie mein Brot verdienen. Fühle mich gelähmt und angewidert", gestand er der Mutter.

Es ging nicht alles so glatt und so rasch, wie er es sich vorgestellt hatte. Nach ein paar militärärztlichen Untersuchungen wurde er für wehrdienstuntauglich erklärt, er stand im Verdacht, ein Sowjet-Agent (gewesen) zu sein, er besaß die amerikanische Staatsbürgerschaft nicht. Enttäuscht zog sich der schwierige Sohn in das Haus der Eltern zurück, schrieb dort mit leichter Hand ein Buch über André Gide, den er sehr verehrte, und harrte ungeduldig der Dinge. Eine neuerliche ärztliche Untersuchung verlief positiv, am 3. Januar 1943 trat er den Dienst in der US Army an. Der zart besaitete Dichtersohn war Soldat geworden. Er war dazu nicht geboren. Stumpfsinniges Exerzieren, lange Fußmärsche, Schießübungen, „Kitchen Police" (Küchendienst), stundenlanges Wachestehen, das Schlafen auf harten Pritschen, ein ungehobelter, rauer Befehlston – all das war für einen schöngeistigen Intellektuellen ungewohnt. Es war für ihn ein Leben in einer vollkommen fremden Welt. Die humorvolle Schwester scherzte: „Pass auf mit dem Schießgewehr, stich Dich nicht mit dem Bajonett ins Bein, fall nicht vom Reck! ..."

Klaus Mann biss die Zähne zusammen, fügte sich in die unvermeidliche Notwendigkeit. So richtig heimisch wurde er in der soldatischen Gemeinschaft nicht. Seine Kollegen nannten ihn ein wenig abfällig „Professor".

Nach der Grundausbildung, dem langen Warten in unwirtlichen Camps und der Verleihung der amerikanischen Staatsbürgerschaft, wurde seine Einheit endlich nach Nordafrika abkommandiert. Scheußliche Überfahrt, ein paar Wochen Aufenthalt, dann geht es hinüber nach Italien. Klaus Mann, inzwischen zum Staff-Sergeant befördert, wird in der psychologischen Kriegsführung eingesetzt. Er schreibt Flugblätter, verfasst Texte für Radiosendungen und Grabenlautsprecher, worin er die deutschen Soldaten zur Desertion auffordert. Literatur im Dienst der Kriegspropaganda. Er verhört Kriegsgefangene, nimmt am Vormarsch der Alliierten in Italien teil, erkrankt ein „bisschen an Malaria", liest des Vaters Buch „Joseph der Ernährer", das „seine Gültigkeit und seine Anziehungskraft im Kanonenfeuer, inmitten von Tod und Zerstörung bewahrt".

Ein paar Tage vor der bedingungslosen Kapitulation Deutschlands wird er als Sonderberichterstatter der Armeezeitung „Stars and Stripes" nach Deutschland geschickt. Szenenwechsel zur Schwester. Erika war wie ihr Bruder als englische Staatsbürgerin in der US Army tätig, und zwar als Kriegsberichterstatterin im Offiziersrang, aber ohne Befehlsgewalt. Sie bereiste in den Jahren 1943–1945 eine Reihe von Ländern, schrieb für amerikanische Blätter Storys vom Kriegsschauplatz, machte Interviews mit hohen Militärs und berichtete über ihre eigenen Erfahrungen und Erlebnisse. Zwischendurch erfüllte sie ihre Verpflichtungen als lecturer. Im Juni 1944 nahm sie an der Landung der Alliierten in der Normandie teil und zog mit den vorrückenden Truppen in Paris und später in Brüssel und Aachen ein. Sie kämpfte mit vollem Engagement gegen die Hitler-Diktatur, aber ihre Tätigkeit in der amerikanischen Armee befriedigte sie nicht. Als Frau war sie in der militärischen Männergesellschaft Vorurteilen ausgesetzt und vor Verleumdungen nicht gefeit.

Mit Klaus stand sie in diesen Jahren in loser brieflicher Verbindung. Menschlich verstrickte sich das Enfant terrible der vielgestaltigen Mann-Familie in ein Verhältnis mit einem alten Bekannten: dem beinahe um drei Jahrzehnte älteren Dirigenten Bruno Walter. Er war die große Liebe ihres Lebens, aber die Begegnungen mit dem in unglücklicher Ehe lebenden „greisen Unhold", wie sie den Geliebten neckisch nannte, mussten an heimlichen Orten stattfinden und stürzten sie in seelische Nöte. Die Beziehung zu einer Freundin, die sie im Urlaub sogar nach Pacific Palisades und zu einer privaten Geburtstagsfeier in das Haus Bruno Walters mitbrachte, vertiefte ihr Seelenleid und verkomplizierte das Beziehungsgeflecht. Der Vater war verstört, die Mutter konstatierte: „Ich glaube, im Grunde ist sie tief unbefriedigt von ihrer Existenz, die ja reich und angeregt, aber menschlich eben doch nicht das Richtige ist."

Anfang Mai 1945 ging mit der Niederlage des NS-Regimes der Zweite Weltkrieg zu Ende. In Deutschland ist die „Stunde Null" angebrochen. Zahlreiche (Groß-)Städte gleichen einer Ruinenlandschaft, weite Landstriche sind verwüstet, Industrieanlagen zerstört, Verkehrsverbindungen unterbrochen. Lebensmittel und Brennstoffe sind Mangelware, die Menschen ohne Zukunftsperspektiven.

Klaus Mann ist einer der ersten amerikanischen Kriegskorrespondenten, dem das zweifelhafte Vergnügen zuteil wird, sich in seinem Heimatland, das ihm fremd geworden ist, umzusehen. „München ist nicht mehr da", berichtet er vom US Press Camp Rosenheim aus später dem Vater nach Kalifornien. Das Zentrum, vom Hauptbahnhof bis zum Odeonsplatz, bestehe nur noch aus Trümmern. Das Haus in der Poschinger Straße steht zwar noch, aber nur noch als Attrappe und hohle Form. „Drinnen ist alles wüst und ausgebrannt", konstatiert er betrübt.

Er reist dann durch Bayern, besichtigt das KZ Dachau und interviewt am gleichen Tag in Augsburg Reichsmarschall Hermann Göring, der ihm versichert, er habe nie geahnt, was in den Konzentrationslagern vor sich gegangen sei. Über die zeitgeschichtliche Verständnislosigkeit des Komponisten Richard Strauss in Garmisch-Partenkirchen ist er erschüttert, Winifred Wagner, die er in Bayreuth aufsucht, beeindruckt ihn durch ihre Unverfrorenheit. „Hitler war charmant", erklärt sie ihm. „Ein echter Österreicher, wissen Sie! Gemütvoll und gemütlich! Sein Humor war einfach wundervoll …" Sie hat wenigstens den Mut, für ihre Gesinnung einzutreten, findet der entschiedene Antifaschist. Die meisten Deutschen, resümiert er später verbittert, sind in der Nazizeit entweder in der „inneren Emigration" gewesen oder wollen von den Dingen, die passierten, nichts gewusst haben. Klaus Mann zieht aus den Erfahrungen die Konsequenzen. Er beschwört den Vater, nicht nach Deutschland zurückzukehren. Er selbst tut es dann später auch nur kurzzeitig.

Am 28. September 1945 scheidet der unsoldatische Mann-Sohn, der im Armeedienst seine Homosexualität und seine Drogensucht offenbar erfolgreich niedergekämpft hat, aus der US Army aus. Obwohl er den Tag monatelang herbeigesehnt hat, beschleicht ihn jetzt doch ein Gefühl der Perspektivlosigkeit. „Entlassung, Unsicherheit. Entwurzeltsein. Ekel", notiert er lapidar in seinem Tagebuch.

Nach dem Sturz der Hitler-Diktatur hätte Klaus Mann eigentlich erleichtert aufatmen müssen. Er konnte es nicht. Es war ihm nicht nur eine Gegnerschaft abhanden gekommen, auf deren Bekämpfung seine ganze Lebensenergie gebündelt gewesen war. Er geriet auch als Schriftsteller in eine schwere Krise. Während des Krieges hatte er die meisten seiner Bücher und Artikel auf Englisch geschrieben und sich, so seltsam sich das auch anhört, seiner Muttersprache entfremdet. Ihm selbst kam das deutlich zu Bewusstsein. „Jetzt stocke ich in zwei Zungen", schrieb er einem alten Freund. „Im Englischen werde ich wohl nie *ganz* so zuhause sein, wie ich es im Deutschen *war* – aber wohl nicht mehr *bin* …"

Er war zum Grenzgänger zwischen zwei Kulturen und wohl auch heimatlos geworden.

Zu diesen äußeren Umständen, die einen schriftstelleri-

schen Neuanfang nach der Zäsur von 1945 erschwerten, gesellten sich seine bekannten charakterlichen Schwächen sowie persönliche Misshelligkeiten. Bald nach der Entlassung
aus dem Militärdienst begann er wieder Drogen zu nehmen, die Sucht wuchs. Zaghafte Versuche, sich ihr zu entziehen, blieben ohne Erfolg. Die Schwester redete ihm zu,
bemühte sich vergeblich ihm zu helfen das Ärgste zu ver-
hindern. Das Geschwisterpaar war freilich längst nicht
mehr so unzertrennlich wie über weite Strecken ihres gemeinsamen Lebens und ihrer gemeinsamen Arbeit. Zwar
gab es auch in der Nachkriegszeit Pläne für eine schriftstellerische Zusammenarbeit, aber sie zerschlugen sich,
scheiterten allesamt. Erika hatte eine neue Aufgabe gefunden. Sie lebte im Haus der Eltern, betätigte sich als Sekretärin und literarische Gehilfin des Vaters. Sie redigier-
te und kürzte seine Manuskripte, überarbeitete seine Vorträge, übersetzte seine Texte ins Englische, beriet seine Pläne und machte Reisen mit ihm, besprach Entscheidungen.
Klaus, der von Zeit zu Zeit bei den Eltern Zuflucht und finanzielle Hilfe suchte, registrierte es mit Unbehagen. Von
seinen Veröffentlichungen hatte er nie leben können, er
war immer auf die Zuwendungen des Vaters angewiesen gewesen. Jetzt, da keines der Bücher, die er im Exil geschrieben hatte, in Deutschland einen Verleger fand und
er selbst kaum noch etwas zuwege brachte, war er es umso mehr. Voller Ideen war er noch immer. Er plante einen
Mozart-Film, der nicht realisiert wurde, schrieb ein Drama, das nicht zur Aufführung kam, verfasste einen Roman,
der ein Fragment blieb. Lediglich ein großer Essay, „Die
Heimsuchung des europäischen Geistes", gedieh bis zur
Vollendung.

Es ging einfach nicht mehr, zu konzentrierter Arbeit war
er nicht mehr fähig. Er war ausgebrannt. „Warum kann ich

nicht mehr schreiben? Was ist mit mir los?", beklagte er seine schriftstellerische Existenznot in seinem Tagebuch. Das Leben, dem er nur selten einen Sinn hatte abgewinnen können, war ihm zur unerträglichen Last geworden. Im Juli 1948 schnitt er sich die Pulsadern auf und öffnete den Gashahn, wurde aber im letzten Augenblick (wieder einmal) gerettet.

Der Vorfall machte in der Weltpresse Schlagzeilen. Zu Jahresbeginn 1949 traf er in seinem Tagebuch die Feststellung, dieses nicht mehr weiterführen zu wollen. Denn: „Ich wünsche nicht, dieses Jahr zu überleben."

Er überlebte es auch nicht mehr. Anfang April 1949 mietete sich Klaus Mann in einem kleinen Hotel in Cannes ein, um an einem Roman unter dem Titel „The Last Day" zu schreiben, der im Querido Verlag erscheinen sollte. Er kam nur mühsam voran, es ging ihm nicht gut. Die Drogen halfen ihm nicht mehr weiter. Ein Klinikaufenthalt in Nizza brachte nur vorübergehend Besserung. Am 20. April 1949 schrieb er einen letzten Brief an Katia und Erika, an „Dearest Mom & Lis", der zukunftsfreudig klang. Am Abend dieses Tages nahm er eine Überdosis Schlaftabletten. Zu Mittag des nächsten Tages fand ihn die Hotelbesitzerin sorgfältig gekleidet und reglos auf seinem Bett liegend. Sie veranlasste die Einlieferung in die Clinique Lutetia, wo er am frühen Abend starb.

Die Nachricht vom Tod des Lebensüberdrüssigen erreichte den Vater, der sich in Begleitung von Gattin und Tochter gerade auf einer Vortragsreise durch Skandinavien befand, in einem Stockholmer Hotel. „Bei Ankunft im Hotel schwerster Chock. Telegramm ... Mitteilung seines Todes. Langes Beisammensein in bitterem Leid. Mein Mitleid innerlich mit dem Mutterherzen und mit E. Er hätte es ihnen nicht antun dürfen ... Viel über ihn und den von langer Hand unwiderstehlich wirkenden Todeszwang. Das Kränkende, Unschöne, Grausame, Rücksichts- und Verantwortungslose ... In völliger Erschöpfung gegen 2 zu Bett", registrierte und kommentierte der Vater den Selbstmord seines ältesten Sohnes.

Kein Wort des Schmerzes, der Trauer, des Verlustes. Man hat dem berühmten Vater das oft zum Vorwurf gemacht. Später einmal sprach Thomas Mann Hermann Hesse gegenüber einmal davon, dass sein Verhältnis zu Klaus schwierig und nicht frei von Schuldgefühl gewesen sei. Auch habe seine eigene Existenz von vornherein einen Schatten auf die des Sohnes geworfen. Golo, der bedächtige jüngere Bruder, meinte, Klaus sei nicht an seinem Vater gescheitert. Seine Identität wäre bei einem anderen Vater allerdings eine andere gewesen. Dem wird man beipflichten können.

Der Selbstmord und die Homosexualität waren im ereignisreichen, schöpferischen Leben dieses begabten Schriftstellers zweifellos genetisch vorgegeben. Ob diese Veranlagung schicksalhaft in ein tragisches Ende einmünden musste, wer vermöchte das zu sagen?

Klaus Mann wurde drei Tage nach seinem Tod auf dem protestantischen Friedhof von Cannes beerdigt. Die Eltern und Erika hatten sich dazu entschlossen, die seit langem fixierte Vortragsreise nicht abzubrechen. Unter den wenigen Trauergästen, die sich am Grab versammelten, befand sich nur ein einziges Familienmitglied: Thomas Manns jüngster Sohn Michael, der aus Paris herbeigeeilt war. Er entbot seinem am Leben so fatal gescheiterten Bruder auf einer Bratsche einen musikalischen Abschiedsgruß.

Erika traf der Selbstmord des Bruders schwer. An eine Freundin schrieb sie: „Waren wir doch Teile voneinander,

– so sehr, daß ich ohne ihn im Grunde gar nicht zu denken bin. Nur, daß mir nicht gegeben und nicht erlaubt ist, mich davon zu machen, und daß ich bleiben muß, wiewohl ich im Entferntesten so reich an Gaben, so liebenswert, so *lebendig* nicht bin wie er war ..."

So lebendig wie Klaus will die streitbare Mann-Tochter nicht gewesen sein? Das war ein bewusstes Understatement. Erika war vital, dynamisch, impulsiv, temperamentvoll. Nach 1945 vielleicht nicht mehr mit der leidenschaftlichen Intensität wie in den Jahren zuvor. Auch ihr war nach dem Ende der faschistischen Diktaturen ein Feind abhanden gekommen. In den USA machte ihr aber am Ende der 40er Jahre des vorigen Jahrhunderts ein anderer Gegner, mit dem sie nicht gerechnet hatte, das Leben schwer: der vom ultrareaktionären republikanischen Senator Eugene Joseph McCarthy geleitete Senatsausschuss zur Untersuchung „unamerikanischer Umtriebe", der im ganzen Land eine wilde Kommunistenjagd veranstaltete. Erika, die unkonventionelle politische Ansichten vertrat, wurde verdächtigt, eine Agentin Stalins zu sein, musste ihre Tätigkeit als „Lecturer" aufgeben und verlor ihren beruflichen Rückhalt. Verbittert zog sie daraufhin ihren Antrag auf Einbürgerung zurück. Selbst der Vater wurde vom Bundeskriminalamt (FBI) bespitzelt, was sie besonders empörte.

Die frostige Atmosphäre, die den Emigranten in dieser Phase des Kalten Krieges entgegenschlug, die Verdächtigungen und Verleumdungen, denen die Manns ausgesetzt waren, ließen in ihnen den Entschluss reifen, bei guter Gelegenheit das Gastland zu verlassen und nach Europa zurückzukehren. Vorerst reisten die Eltern gegen den Einspruch der eigenwilligen Tochter im Goethejahr 1949 nach Deutschland, wo Thomas Mann in der Frankfurter Paulskirche und anschließend in Weimar eindrucksvolle Festreden hielt.

Zurück in den Vereinigten Staaten intensivierten Katia und Erika die Suche nach einem geeigneten Wohnsitz in der Schweiz, dem Land, in dem der greise Dichter seinen Lebensabend verbringen wollte. Sie fanden in Erlenbach bei Zürich ein vorläufiges Domizil, das die Familie im Juni 1952 bezog. Im April 1954 übersiedelten die Manns dann in das Haus Alte Landstraße 39 in Kilchberg am Zürichsee, das allen ihren Ansprüchen genügte. An einem steilen Hang gelegen, geräumig, mit einem prachtvollen Blick auf den See, bot es hervorragende Arbeitsbedingungen für den Hausherrn. Thomas Mann schrieb seinen Hochstaplerroman „Felix Krull" zu Ende, unternahm Vortragsreisen und trug sich mit neuen Plänen. Aber er kränkelte, seine Schaffenskraft ließ nach. Erika unterstützte den Vater nach Kräften, munterte ihn auf, bearbeitete seine Manuskripte, verfasste öffentliche Erklärungen und schrieb in seinem Namen Briefe. Sie wurde in seinem Alter zu seiner unentbehrlichen Stütze und sorgte als weiblicher „Eckermann" noch zu seiner Lebenszeit für die Verfilmung einiger seiner Werke. Sie schrieb dazu die Drehbücher oder segnete sie ab, versuchte auf die Rollenbesetzung Einfluss zu nehmen und überwachte die Dreharbeiten. In der „Königlichen Hoheit" spielte sie sogar selbst die Rolle der Oberschwester.

Erika hatte eine starke Bindung an den Vater, sie bewunderte ihn als Dichter. Der Vater liebte sie, sie hatte einen festen Platz in seinem Herzen. Die älteste Tochter fühlte sich von ihm nicht in den Schatten gestellt. Sie sagte ihm im Gegensatz zu Klaus gelegentlich sehr offen ihre Meinung und konnte sich mit ihm zanken, ohne dass eine dauernde Verstimmung oder Kränkung ihr warmherziges Va-

Erika mit ihren Eltern Thomas und Katia Mann

ter-Tochter-Verhältnis trübte. Über das letzte Lebensjahr des großen Erzählers hat sie einen einfühlsamen, warmherzigen Bericht geschrieben.

Die vielen Ehrungen, die dem „Zauberer" ihrer Kindheitstage zuletzt zuteil wurden, und die Feiern zu seinem 80. Geburtstag im Juni 1955 genoss sie aus vollem Herzen. Den Verlust des Vaters, der am 12. August 1955 im Züricher Kantonsspital starb, hat sie lange Zeit nicht überwunden.

Um nicht in Schmerz und Trauer zu versinken und sich dem Würgegriff der Sinnleere zu entziehen, verordnete sich Erika nach des Vaters sanftem Hinscheiden eine strapaziöse, kräfteraubende Arbeitstherapie. Sie machte sich zur Nachlassverwalterin der Werke des Vaters und des Bruders. Mit diesem Entschluss lud sie eine geradezu herkulische Last auf ihre Schultern.

Die Betreuung des umfangreichen brüderlichen Werkes

übernahm die Nymphenburger Verlagsbuchhandlung mit ihrem verdienstvollen Cheflektor Martin Gregor-Dellin. Das beglückte sie ungemein, hatte sich das deutsche Verlagswesen um den Bruder doch überhaupt nicht gekümmert. Zeit- und energieaufwändig war dann vor allem die Publikation der Briefe des Vaters. Das zur Verfügung stehende Material war riesig: etwa 10.000 Schreiben mussten durchgearbeitet werden. Erika musste sichten, auswählen, Wiederholungen vermeiden, Streichungen vornehmen. Nach fünf Jahren emsiger editorischer Arbeit lagen knapp 1300 Briefe im Druck vor. Mit der Auswahl, die sie getroffen hatte, war die Kritik keineswegs einverstanden. In der Tat ließ Erika die Passagen weg oder kürzte sie, die nach ihrer Ansicht das schöpferische Image des Vaters hätten beeinträchtigen können. Sein Bild sollte makellos sein und sie wurde bitterböse, wenn jemand an dem literarischen Denkmal kratzte, das sie ihm für die Nachwelt setzte.

Kratzbürstig, unduldsam, unversöhnlich und mit militanter Hartnäckigkeit verteidigte sie im Deutschland der Nachkriegszeit auch ihre weltanschaulichen Positionen. Mutig und entschieden sprach sie sich gegen die atomare Aufrüstung und den Vietnamkrieg aus und solidarisierte sich mit der Studentenbewegung des Jahres 1968. Sie führte Presseprozesse, schrieb offene Artikel und schuf sich eine Reihe von Feinden. Mit ihr war nicht gut Kirschen essen.

Erika schonte sich nicht. Sie trieb Raubbau an ihrer Gesundheit und griff immer wieder zu Aufputsch- und Beruhigungsmitteln, um arbeiten und schlafen zu können. Auch wenn sie den Drogenkonsum augenscheinlich im Griff hatte, gesundheitlich geschadet hat er ihr ganz gewiss.

Ein paar Jahre nach dem Tod des Vaters stürzte sie auf der Treppe im Kilchberger Haus und zog sich einen kom-

Erika Mann im Jahre 1960

plizierten Bruch des Mittelfußknochens zu. Die Ärzte diagnostizierten eine „progressive Atrophie", die sich im Laufe der Zeit verschlimmerte und sich bis zur Gehunfähig-
keit steigerte. Zuletzt konnte sich Erika Mann nur noch
mit Krücken fortbewegen.

Die Mutter und auch die Geschwister, wenn sie auf Besuch waren, hatten es mit der schwierigen Ältesten nicht

leicht, die schroff war und gebieterisch, mit den Mitmenschen und sich selbst nicht in Frieden leben konnte. Aber Katia fand sich damit ab, sah ihr ihre Schwächen nach und half ihr, so gut es ihre Kräfte und ihr Alter erlaubten.

Im Mai 1969 wurde Erika Mann von heftigen Kopfschmerzen gepeinigt, die von einem Gehirntumor herrührten. Eine Operation im Kantonsspital von Zürich konnte ihr Leben nicht mehr retten. Die hochbegabte und vielseitige Mann-Tochter starb am 27. August 1969. Bei ihrem Begräbnis auf dem Kilchberger Friedhof las Gerd Westphal aus des Vaters Briefen an sie und Martin Gregor-Dellin, der enge Freund der Familie, hielt einen gefühlvollen Nachruf.

ANNA MAHLER
Zwiespältige Mutter-Tochter-Beziehung

Den Vater, den sie verlor, als sie sieben Jahre alt war, verehrte und bewunderte sie. Der Mutter, der „Mamili", war sie zeitlebens in Hassliebe verbunden. Ab dem Zeitpunkt, ab dem Anna Mahler zur eigenständigen und eigenverantwortlichen Persönlichkeit herangereift war, gab es zwischen der Tochter und der extravaganten, herrschsüchtigen Mutter Phasen der liebevollen Zuwendung, der beiderseitigen Verständnislosigkeit der anderen gegenüber, der Abneigung, der Entfremdung, des Fremdseins. „Wenn ich dich gekannt hätte, wie ich dich jetzt kenne", sagte die Mutter kurz vor ihrem Tod zur Tochter, „hätte ich dich nicht so schlecht behandelt." Ein seltsamer Satz, der schwer kommentierbar ist. Für die Tochter war die Mutter eine „Tigermami", die hier und da großartig und dann wieder ganz abscheulich sein konnte. Sie fühlte sich erst nach ihrem Ableben frei, gleich einem Vogel, der nun endlich fliegen darf. Trotzdem zollte sie ihr auch Bewunderung.

Anna Mahler und Alma Mahler-Werfel waren vielschichtige, facettenreiche Persönlichkeiten, kompromisslose Naturen, zwei starke, emanzipierte Frauen, die durch dick und dünn ihre Ziele verfolgten, ihren Lebensweg gingen.

Anna Mahler, die am 15. Juni 1904 in Wien zur Welt kam, wurde in eine kultivierte, großbürgerliche, aber schwierige Familie hineingeboren. Sie war die jüngere Tochter des berühmten Komponisten und Dirigenten Gustav Mahler und seiner um beinahe zwei Jahrzehnte jüngeren Gattin Alma Schindler. Das Paar hatte am 9. März 1902 in der Sakristei der Wiener Karlskirche den Bund der Ehe geschlossen. Der Vater war damals Direktor der Wiener Staatsoper, ein viel beschäftigtes, arbeitswütiges, egozentrisches Musikgenie. Seine verwöhnte junge Gemahlin, die sich bisher fast ausschließlich ihren schöngeistigen Interessen gewidmet hatte, fand sich mit ihrer neuen Rolle als Hausfrau und Mutter nur schwer zurecht. Mit Kindern konnte sie wenig anfangen. Ihr Kind brauche sie nicht, vertraute sie schon wenige Wochen nach der Geburt der ersten Tochter Maria im November 1902 ihrem Tagebuch an. Das zweitgeborene Mädchen, Anna Justina, wegen ihrer großen blauen Augen „Gucki" gerufen, war ihr überhaupt keine Eintragung in ihrem Diarium wert.

Die kleine Anna wurde am 26. Oktober 1904 katholisch getauft.

Die Ehe stand von allem Anfang an unter keinem guten Stern. Der asketische Komponist und die amüsiersüchtige Gattin waren nicht füreinander geschaffen. Gustav Mahler war ein Workaholic, nach dessen genau geregeltem Tagesablauf sich das gesamte Familienleben zu richten hatte. Von seiner Frau erwartete er die bedingungslose Unterwerfung unter seinen dämonischen Willen. Das hatte er ihr schon vor der Heirat klar gemacht. Sie habe nur einen Beruf, hatte er ihr erklärt, nämlich den, ihn glücklich zu machen. Wenn er mittags von den Proben und der Verwaltungsarbeit in der Oper nach Hause kam, musste die dampfende Suppe bereits aufgetragen sein, während des Essens durfte nicht gesprochen werden. Das galt natürlich auch für die Kinder, als sie bei Tisch sitzen konnten und zu plaudern begannen.

Das Musikgenie, das in einer kinderreichen Familie aufgewachsen war, konnte im Gegensatz zu seiner Frau mit Kindern umgehen. Er war seinen beiden Töchtern ein liebevoller Vater, aber er hatte für sie nur wenig Zeit.

Alma Mahler mit ihren beiden Töchtern Maria (links)
und Anna (rechts)

Die Mutter überließ die Pflege und Betreuung der Kinder weitgehend den Dienstmädchen und einer englischen Gouvernante. Das Ehe- und Familienleben frustrierte sie. Alma Mahler spielte die Rolle einer geknechteten Ehegattin. Schon ein paar Jahre nach der Trauung hatten sich die ungleichen Partner gehörig auseinander gelebt.

Im Sommer 1907 traf die Familie ein schwerer Schicksals-
schlag. Am frühen Morgen des 12. Juli starb die ältere Tochter in Meiernigg am Wörther See, wo die Mahlers den
Urlaub verbrachten, an Diphtherie. Die Eltern waren tief
verzweifelt. Das gemeinsame Leid brachte sie nur vorübergehend einander wieder etwas näher. 1907 war das Jahr, in
dem Gustav Mahler nach gehässigen antisemitischen Angriffen auf seine Person seitens Teilen der Wiener Presse die
Operndirektion zurücklegte. Im Dezember trat er mit Alma eine Reise nach New York an. Er hatte sich vertraglich
an die Metropolitan Opera gebunden, wo er als Wagner-Di-
rigent große Erfolge hatte. Anna blieb bei den Großeltern
und feierte mit ihnen das Weihnachtsfest. Ab dem Jahr 1910
durfte sie dann die Eltern nach Amerika begleiten. In New
York besuchte sie einen Kindergarten und erhielt Klavierunterricht. Der Vater schenkte seiner Zweitgeborenen jetzt
große Aufmerksamkeit, war lieb und verständnisvoll. Er
machte mit ihr Arm in Arm Spaziergänge im Central Park,
hob sie auf, wenn sie auf ihren Rollschuhen hinfiel, spielte
mit ihr, zeigte Interesse für ihre Entwicklung. Am Morgen
durfte sie ihm sogar bei der Notenarbeit zusehen. Sie erinnere sich an sein Zimmer und seinen Schreibtisch, sagte sie
in einem Interview. „Ich stand links, beobachtete ihn. Ich
erinnere mich an seine Hände, ihre Form und die Flach-
heit seiner Finger vom vielen Spielen. Ich kann die Seite sehen, an der er arbeitete, die Form des Messers, das er ge-
brauchte, um Noten wegzuschaben." Die Mutter berichtet
in ihren Erinnerungen, Anna habe einmal gesagt: „Papi, ich
möchte keine Note sein." Auf die Frage des Vaters, warum,
gab sie zur Antwort: „Weil Du mich dann auch ausradieren
könntest." Der intelligenten Tochter blieb auch eine Aufführung in der Met in Erinnerung, bei der der Vater tief unten im Orchestergraben schrecklich klein gewirkt habe.

Gustav Mahler verbohrte sich mit ungeheurer, alles ausschließender Intensität in sein Werk, die Gattin fühlte sich unverstanden, zurückgesetzt, vernachlässigt. Sie glaubte am Ende ihrer Kräfte zu sein. „Ich war krank und konnte einfach nicht weiter – von dem ewig währenden Hetztreiben, das ein solcher Riesenmotor wie Mahlers Geist bedingt, völlig aufgerieben", klagte sie in ihren Erinnerungen. Nach der Rückkehr aus Amerika brachte der Gatte seine Ehefrau mit Tochter Anna und ihrer englischen Gouvernante am 1. Juni 1910 zur Kur nach Tobelbad in der Nähe von Graz. Dort verliebte sich Alma in einen um drei Jahre jüngeren, groß gewachsenen, attraktiven deutschen Architekten namens Walter Gropius. Die mehrere Wochen dauernde Romanze blieb in dem kleinen Kurort den Gästen natürlich nicht verborgen. Der gehörnte Ehemann schöpfte wohl Verdacht – die spärlichen Briefe der Gattin klangen seltsam distanziert –, aber zum Eklat kam es erst später, als ein Liebesbrief des Liebhabers an Alma irrtümlich, möglicherweise auch beabsichtigt, an Gustav Mahler persönlich adressiert war. Die lange befürchtete Katastrophe war eingetreten. Zur Ehescheidung kam es nicht.

Das Ehepaar Mahler brach im Herbst 1910 mit Tochter Gucki zum vierten und letzten Mal nach Amerika auf. Gustav Mahler dirigierte am 1. November in New York das erste von 65 geplanten Konzerten, von denen allerdings nur 49 zur Aufführung gelangten. Die Gesundheit des weltberühmten Komponisten war schwer angeschlagen. Er sah blass und angegriffen aus, aber seine Tatkraft war ungebrochen. Auch Alma und Gucki litten an einer hartnäckigen Erkältung, die bis Weihnachten aber wieder abklang.

Mahler legte vor dem und beim Fest eine besonders große familiäre Fürsorglichkeit an den Tag. Er besorgte die Einkäufe und schmückte mit der kleinen Anna den Gabentisch. Ahnte er, dass er das letzte Mal mit seiner Familie Weihnachten feiern sollte?

Nach den Weihnachtsfeiertagen setzte er seine anstrengende Konzertreise fort. Am 20. Februar erkrankte er abermals, ließ es sich aber nicht nehmen, am nächsten Tag in der Carnegie Hall wieder am Dirigentenpult zu stehen. Tags darauf folgte der endgültige gesundheitliche Zusammenbruch. Die ärztliche Diagnose, die eine schwere Herzinnenhautentzündung konstatierte, war beim Stand der damaligen medizinischen Wissenschaft das Todesurteil. Der Zustand des Patienten verschlechterte sich von Tag zu Tag.

Ende April 1911 wurde der Todkranke nach Europa zurückgebracht. In Wien lieferte man ihn in das Sanatorium Löw ein, wo er nach einem qualvollen Todeskampf am 18. Mai 1911 starb.

Die im siebenten Lebensjahr stehende Anna hat die letzten Wochen des Vaters aus nächster Nähe erlebt. Ein Freund, der Mahler am Tag vor der Abreise aus Amerika besuchte, fand den Komponisten in Decken gehüllt auf einem Diwan vor dem offenen Fenster liegend vor, während die kleine Anna im Zimmer um den Vater herum spielte. Das Kind hat die Ereignisse und Erlebnisse in diesen Tagen und Wochen offensichtlich in das Unterbewusstsein verdrängt. Nach ihren Erinnerungen daran befragt, antwortete Anna Mahler Jahrzehnte später: „Ich erinnere mich an nichts. Die Erinnerung ist eine komische Sache. Man erinnert Momente, Fetzen, die wichtigen Dinge sind weggewischt, zu stark." Sie wurde in Wien zu ihm gebracht, um sich zu verabschieden. „Ich erinnere mich, wie ich vor dem Zimmer gewartet habe, nicht an die Sache selbst." Als ihre Mutter ihr von seinem Tod erzählen wollte, sagte sie jedoch: „Nicht, ich weiß."

Der Tod des Vaters war im Leben des Kindes ein bedeutsamer Einschnitt. Anna war nun völlig auf die Mutter angewiesen, die das Mädchen in die Trauer um den Gatten einbezog. Alma Mahler, die aus gesundheitlichen Gründen am Begräbnis des Gemahls auf dem Döblinger Friedhof nicht teilgenommen hatte, suchte Trost in der Musik. Jahrzehnte später erinnerte sie sich, dass sie damals nichts anderes als Musik machen wollte. Mit ihrer grundmusikalischen Tochter, mit der sie sich kolossal gut verstanden habe, habe sie Tag und Nacht musiziert. Sie habe Klavier gespielt und Anna habe mit ihrer jungen, wunderbaren Stimme alle Partien mühelos vom Blatt gesungen. Geradezu wütend seien beide gewesen, wenn die musikalische Harmonie durch die Essenszeiten unterbrochen und gestört wurde.

Die Musik bedeutete Alma viel, die Tochter war hoch musikalisch. Das alles ist richtig. Gleichwohl klingt diese Aussage exaltiert, theatralisch und passt ganz in das Charakterbild dieser egozentrischen, selbstverliebten Frau. Ein kleines Kind in einer solchen Situation seelisch so eng an sich zu binden, zeugt jedenfalls nicht von verständnisvoller Mütterlichkeit, war instinktlos und pädagogisch unverantwortlich.

Sie schickte das Kind aber jetzt in eine öffentliche Schule, wo sich Anna nicht wohl fühlte und nur kurze Zeit blieb. Einen regelmäßigen Unterricht erhielt sie später nicht. Ihre Schulbildung blieb lückenhaft und ohne Abschluss. Die Mutter hatte nicht die Absicht, ihrer Tochter eine gründliche Ausbildung angedeihen zu lassen. Von Frauenbildung und gebildeten Frauen hielt sie nicht viel.

Von ihrer seelischen Krise erholte sich die Witwe rasch wieder. Sie war 32, attraktiv, begehrenswert, eine gute Partie. Nach einem vorübergehenden Aufenthalt bei ihren Eltern auf der Hohen Warte in Wien bezog sie mit ihrer Tochter eine geräumige Wohnung in der Wiener Innenstadt, die sie nach ihrem Geschmack einrichtete und in der sich die künstlerische und geistige Elite der Kaiserstadt ein Stelldichein gab.

Alma Mahler war jetzt unabhängig, das Leben lag „verlockend" vor ihr, die Männer umschwirrten sie wie Motten das Kerzenlicht. Nach ein paar Flirts ließ sie sich auf eine stürmische Liebesbeziehung mit Oskar Kokoschka ein. Die drei Jahre währende Beziehung war „ein einziger heftiger Liebeskampf", so Alma. Niemals habe sie so viel Krampf, so viel Hölle, so viel Paradies gekostet.

Almas kleine Tochter blieb davon nicht unberührt. Streit und Eifersuchtsszenen wurden in ihrer Gegenwart und vor ihren Augen ausgetragen. Sie brannten sich tief in ihre Seele ein. Anna erlebte ein Wechselbad an Gefühlen. Wenn die Mutter bei guter Laune war, nahm sie das Kind auf ihre Reisen (Paris, Scheveningen) oder zur Kur in das böhmische Franzensbad mit. War sie ihr im Weg, brachte sie die Neun- bis Zehnjährige zur Großmutter oder steckte sie zu Kokoschka in das Atelier. Dort sah sie dem jungen Maler wortlos zu, wie er von der Mutter Porträt um Porträt auf die Leinwand warf. Als der Liebhaber der Mami im Ferienhaus auf dem Kreuzberg im Gemeindegebiet von Breitenstein in Niederösterreich, das 1913 errichtet wurde, über dem Kaminsims im Wohnzimmer das vier Meter breite Fresko „Die Windsbraut" schuf, auf dem die Mutter unverkennbar als Lichtgestalt inmitten eines Flammenmeeres dargestellt ist, sagte die Kleine zu ihm. „Ja, kannst du nichts anderes malen als Mami?" So berichtet es jedenfalls Alma.

Der ekstatische Künstler, der die Mahler-Witwe mit seiner ungestümen Liebe und seiner rasenden Eifersucht beinahe erdrückte, umfing die Mahler-Tochter mit rührender

Zuneigung. Er besuchte das Kind, wenn es bei den Großeltern war, und sprach in Briefen von ihr als „unser Gu-
ckerl". An Alma schrieb er einmal: „Küsse die Gucki für
mich und sprich viel mit ihr über die schönen Vorstellungen, die Dich bewegen, damit sie Anteil hat an Dir."
Wenn der Ratschlag als Aufforderung an die Mutter gemeint war, sich mehr um das Kind zu kümmern, so war es
in den Wind gesprochen. Alma Mahler kümmerte sich vordringlich um sich selbst und war vollauf mit ihren Amouren beschäftigt. Sie gab der Erotik vor der Pädagogik entschieden den Vorzug.

Anna Mahler mochte Kokoschka, aber ein Vaterersatz
war er für sie natürlich nicht. Dafür fehlten alle Voraussetzungen. Möglich, dass seine Tätigkeit als Maler im Kind
den heimlichen Wunsch weckte, später einmal einen ähn-
lichen Berufsweg einzuschlagen.

Nach dem Bruch Almas mit ihrem heißblütigen Liebhaber riss selbstverständlich auch dessen Kontakt zu Anna ab.
Die beiden haben einander Jahrzehnte später dann und
wann getroffen, für eine künstlerische Begegnung reichte
es allerdings nicht. Anna Mahler schätzte Kokoschkas Mal-
genie, der damals bereits weltberühmte Maler zeigte für Annas Künstlertum überhaupt kein Interesse.

Das hemmungslose Verhältnis, das Alma Mahler an Oskar
Kokoschka band, erkaltete allmählich zur Liebeslava. Als
sie des Wechselspiels zwischen turbulenten Eklats und stürmischen Versöhnungen überdrüssig wurde, ließ sie den Maler brüsk fallen. „Ich weiß, dass ich durch ihn krank bin –
seit Jahren krank – und konnte mich nicht losreißen. Jetzt
ist der Moment da. Weg mit ihm!", notierte sie im August
1914 in ihrem Tagebuch. Die Ungetreue hatte unterdessen
bereits wieder Kontakt mit Walter Gropius aufgenommen.

Wohl fühlte sie sich dabei jedoch nicht. Sie war eine Zeit lang vollkommen desorientiert, jammerte, sie begreife gar nichts mehr, lag im Bett und weinte. „Gucki ist fassungslos, sie weiß ja nicht, was sie denken soll. Dieses Kind ist mein Segen" (Tagebuch, 18. Juni 1915). Genau zwei Monate später wechselte sie in Straßburg vor einem Feldkaplan – es war Krieg – mit Gropius still und leise das Jawort. Die kleine Alma hatte nun einen Stiefvater, den sie allerdings selten sah. Gropius war Soldat. Die Mutter, die mit ihrer Tochter abwechselnd in der Wiener Wohnung und in Breitenstein lebte, musste sich in sexueller Enthaltsamkeit üben. Es war ein hartes Los, das sie nur schwer ertrug.

Im Sommer 1916 war Manon Gropius, die Schwiegermutter Almas, in Breitenstein zu Besuch. Von ihr stammt eine knappe Charakteristik der nunmehr 12-jährigen Anna. „Gucki ist ein anziehendes Kind ... Ihre geistige Reife und Intelligenz kann ich nicht beurteilen, weil sie davon wenig zeigt, aber das gerade bewundere ich sehr. Sie ist so schlicht und kindlich und natürlich und hat einen großen Charme für mich", schrieb sie ihrem Sohn.

Das zum Teenager heranwachsende Mädchen, das die Mutter immer schärfer zu durchschauen begann, formte sich langsam zur eigenständigen Persönlichkeit. Es reagierte auf die mütterlichen Anweisungen und Befehle störrisch und eigensinnig. Das Kräftemessen zwischen Mutter und Tochter wurde nicht per Streit ausgetragen, es spielte sich auf der künstlerischen Ebene ab, und zwar in der Musik.

Alma Mahler war eine begeisterte Wagnerianerin. Sie spielte tagtäglich auf dem Klavier mit monomanischer Ausschließlichkeit Wagner-Melodien. Der Tochter, die lange Zeit mitmachte, mitmachen musste, ging das eines Tages auf die Nerven. Sie fing an, Bach zu spielen ... „und das hat wirklich furchtbare Situationen zu Hause mit der Mami

gegeben, die einfach ins Bett gegangen ist und geheult hat
... Und ich hab' plötzlich gegen sie revoltiert ... Und von
da an hat sie die Tür zugesperrt, wenn sie Klavier gespielt
hat. Und ich war ausgeschlossen. Es hat nichts ausgemacht,
ich bin dabei geblieben", erinnerte sich Anna viele Jahre
später in einer Sendung des ORF. Es war ein erstes, er-
folgreiches Aufbegehren gegen die gebieterische Mama.

Am 5. Oktober 1916 brachte Alma Mahler-Gropius „unter den grausamsten Schmerzen" eine Tochter zur Welt, die
den Namen Manon erhielt. Anna hatte nun eine Halbschwester, für die sie mütterliche Gefühle entwickelte und
mit der sie sich, als diese heranwuchs, gut verstand.

Die Mutter mimte Zufriedenheit, aber glücklich war sie
nicht. Sie war gezwungen, eine Fernehe zu führen, sie
konnte ihre Sexualität nicht ausleben. Ein solches Leben
konnte diese sinnliche, temperamentvolle Frau nicht lange durchhalten.

Während der groß gewachsene, aber fade Gropius im
belgischen Namur in einer Heeresschule Hunde trainier-
te, was Alma, die für das Heroische viel übrig hatte, zutiefst
beschämend fand, war die Liebeshungrige bereits wieder
auf Männersuche. Nach der Musik, der Malerei und der
Architektur war bei ihrer Jagd nach Genies nun die Literatur an der Reihe.

Der Dichter, dessen Verse ihre empfindliche Seele so
sehr zum Erklingen brachten, dass sie eines seiner Gedichte sogar vertonte, hieß Franz Werfel. Mitte November 1917 lernte sie den großartigen Verseschmied in ihrer
repräsentativen Wiener Wohnung persönlich kennen.
Werfel besaß einen wunderschönen, weichen Tenor, er
war ein blendender Unterhalter und er liebte die Musik
Giuseppe Verdis und Gustav Mahlers. Das schuf geistige
Verbindung. Schön fand sie ihn nicht. Er sei klein und

dick gewesen, mit Zähnen, die durch das viele Rauchen fast schwarz waren, stellte sie später einmal fest. Da kannte sie ihn aber schon lange. Die wählerische Mutter sah über diese körperlichen Schwächen glatt hinweg. „Werfel ist ein untersetzter Mann, mit sinnlichen Lippen und wunderschönen großen blauen Augen unter einer Goethischen Stirn ...", vertraute sie ihrem Tagebuch an. Und: „Den möchte ich für Gucki zum Mann haben." Die elf Jahre Altersunterschied zu ihm machten ihr nichts aus, dass er Jude war, wischte die eingefleischte Antisemitin vom Tisch.

Vorderhand wird er zu ihrem Liebhaber. Wieder beginnt ein erotisches Verwirrspiel. Alma schläft mit Werfel und dann wieder, wenn er auf Fronturlaub ist, mit dem Ehemann, der von der Liaison nichts ahnt. Und die 13-jährige Tochter, die jetzt besonders hellhörig ist und alles sieht, alles mit ansehen muss? Was mag sie sich gedacht, wie mag sie ihre Mutter beurteilt haben?

Ende März 1918 ist Alma Mahler im dritten Monat schwanger. Von wem das Kind ist, weiß sie selber nicht.

Im Sommer 1918 übersiedelt Alma mit ihren beiden Kindern und ihrer englischen Zofe nach Breitenstein. Werfel kommt im Juli zu Besuch. Eine stürmische Liebesnacht löst am Morgen nach seiner Ankunft bei der Hochschwangeren schwere Blutungen aus. Auf Almas Hilferufe eilen Anna und die Zofe herbei. Sie wecken Werfel, der querfeldein um einen Arzt läuft. Auf dem Weg zurück trifft er Anna, die in den Ort läuft, um telefonisch den Ehemann aus Wien herbeizurufen. Gropius kommt mit einem Spezialisten nach Breitenstein, der die Einlieferung Almas in das Sanatorium Löw veranlasst. Dort leiten die Ärzte unverzüglich die Geburt ein. Alma bringt einen Knaben zur Welt, der jedoch im ersten Lebensjahr stirbt. Die Mutter, die zu diesem Zeitpunkt (Mai 1919) in Deutschland weilt, kommt nicht zum Begräbnis.

Die 14-jährige Anna hat die dramatischen Ereignisse um das Kind hautnah miterlebt. Sie bleiben ihr dauernd in Erinnerung. Den Tod des kleinen Jungen, ihres Halbbruders, führt sie später auf die schlechte Ernährungslage im Krieg zurück. Der Embryo habe zu wenig Nährstoffe bekommen. Wollte sie mit dieser wenig überzeugenden Erklärung die Schuld von Werfels Schultern nehmen? Die Dreierbeziehung, in die die Mutter verstrickt war, wird das unmündige Mädchen wohl in eine schwere seelische und geistige Krise gestürzt haben.

Franz Werfel attestierte seiner Stieftochter liebevolle Unsentimentalität. Diese Feststellung bezeugt wenig Einfühlungsvermögen. Anna war jedenfalls frühreif und bewies in diesem letzten Kriegssommer ihre praktische Lebenstüchtigkeit. Um den kargen Speiseplan ein wenig aufzubessern, ging sie Pilze suchen.

Im November 1918 ging der Erste Weltkrieg zu Ende. Die Konflikte im Leben der Alma Mahler gingen weiter. Der Ehemann und der Liebhaber verließen den Heeresdienst. Gropius gründete in Weimar das Bauhaus, Werfel setzte seine schriftstellerische Tätigkeit in Wien fort. Alma musste sich für einen der beiden entscheiden. Aber für welchen? Ihre Gefühlswelt war wieder einmal völlig durcheinander geraten. Nach längerem Hin und Her entschied sie sich nicht für den arischen deutschen Architekten, sondern für den jüdischen Dichter, der Wachs in ihren Händen war. Die Ehe mit Walter Gropius wurde nach der Regelung des Sorgerechtes für Manon einvernehmlich geschieden. Manon Gropius blieb bei der Mutter.

Die Mahler-Tochter wuchs unterdessen zu einem hübschen jungen Mädchen heran. Annas Hauptinteresse galt der Musik, für die sie hochbegabt war. Sie beschäftigte sich mit den Kompositionen des Vaters und nahm Klavierunterricht bei Richard Robert, dem Begründer des Neuen Konservatoriums in Wien, den sie als Lehrer sehr schätzte. In die Fußstapfen des Vaters wollte sie jedoch nicht treten. Mit einem so verwegenen Gedanken hat sie nie gespielt. Aber zahlreiche Musiker sahen in ihr die Tochter des weltberühmten Komponisten.

Zum weit gespannten Bekanntenkreis der gesellschaftsfreudigen Alma Mahler zählte auch das Ehepaar Hugo und Broncia Koller. Hugo Koller war Arzt, seine Frau eine bekannte Malerin, die zum Kreis der Secessionisten um Gustav Klimt gehörte und regen Kontakt mit Egon Schiele pflegte. Der Ehe entstammten zwei Kinder, Tochter Silvia und Sohn Rupert. Die kultivierte Familie, die in der heutigen Argentinierstraße wohnte und die Sommermonate auf ihrem Gut in Oberwaltersdorf südlich von Wien verbrachte, gehörte zur Crème der Wiener Gesellschaft.

Die Mahler-Tochter, die in Oberwaltersdorf des Öfteren zu Gast war, lernte bei den Kollers ein intaktes, harmonisches Familienleben kennen, für sie eine völlig neue Erfahrung. Die 15-Jährige fand im Schoß dieser Familie die Geborgenheit, die sie suchte. Broncia Koller, mit der triebhaften Mutter Annas überhaupt nicht zu vergleichen, schenkte dem Mädchen Zuwendung, Anna dankte es ihr mit Zuneigung. Sie nahm sich diese großartige Frau in jeder Hinsicht zum Vorbild. Ihr Interesse für das Zeichnen und Malen erhielt durch Broncia Koller den entscheidenden Anstoß.

Die Mahler-Tochter erwärmte sich bald auch für den Sohn der Familie, der mit ihr die Liebe zur Musik teilte. Rupert war acht Jahre älter als sie, blond und attraktiv. Die beiden verlobten sich im Oktober 1919 ohne Wissen der Eltern. Alma erhob keinen Widerspruch, als es ihr die Tochter eines Tages mitteilte. Anna war zwar noch keine 16 Jahre alt, aber die Mama schien das nicht zu bekümmern. Sie lud den jungen Mann zu sich ein, fand ihn sympathisch und fuhr im Mai 1929 mit den Verlobten zum Mahler-Festival nach Amsterdam. Rupert kam mit seiner zukünftigen Schwiegermutter gut zurecht, Anna wurde mit dem Trubel um ihre Person nur schwer fertig. Rupert berichtete an die Eltern: „Annerl verträgt das Wirbelhafte des hiesigen Aufenthaltes weniger gut als ich. Es macht sie ein wenig nervös, so viele Menschen fortwährend um sich zu sehen."

Auch in den Wochen danach fühlte sie sich unpässlich. Hatte eine unbefriedigend verlaufene Liebesnacht in dem sexuell unerfahrenen Mädchen einen Komplex ausgelöst, wie die Mutter mutmaßte? Das Verhältnis zwischen Mutter und Tochter verschlechterte sich in diesen Tagen jedenfalls beträchtlich. Alma klagte: „... die Unbeschwertheit zwischen uns ist vorbei. Ich bin zu deprimiert, um Musik zu machen, aber sie läuft Amok am armen Klavier unten. Sie ist eine Fremde für mich geworden. Ihr Verhalten ist kühl und arrogant." Vom pubertären Verhalten eines verliebten Teenagers verstand sie nicht viel.

Anna Mahler und Rupert Koller heirateten am 2. November 1920. Über die näheren Formalitäten ist nichts bekannt. Anna fühlte sich in ihrer neuen Umgebung wohl, die Schwiegermutter, der sie und die ihr sehr zugetan war, porträtierte sie, sie selbst besuchte einen Aktkurs und entfaltete ihr Maltalent.

Die jungen Eheleute verstanden einander zumindest auf musikalischem Gebiet durchaus gut. Anna begleitete ihren Gemahl nach Wuppertal, wo Rupert als Korrepetitor ein

Wirkungsfeld fand. Die Eheromanze, wenn sie je eine war, war nicht mehr als ein Intermezzo. Sie dauerte wenig länger als ein halbes Jahr. Im Sommer 1921 kehrte Anna Mahler-Koller, enttäuscht und gelangweilt, zur Mutter nach Wien zurück. Wenn man weiß, wie gespannt das Mutter-Tochter-Verhältnis war, wird man ermessen können, wie schwer ihr dieser Schritt gefallen sein mag. Die Mahler-Tochter hatte sich viel zu früh verehelicht, sie war zu jung für eine ernsthafte Bindung. Sie war, wie sich noch herausstellen sollte, überhaupt wenig bindungsfähig.

Bei der Mutter blieb sie nicht lange. Im Herbst 1921 ging sie nach Berlin. Alma Mahler klagte im September scheinheilig in ihrem Tagebuch: „Heute ist meine Anna weggereist, nachdem sie über einen Monat bei mir war. Ich fühle stark, was ich verloren habe, Jetzt ist alles leer. Ich liebe sie leidenschaftlich ... Sie ist unglücklich ... leidet. Ist mit ihrem Mann vollkommen fertig ..."

Das Verhältnis Annas zur Familie Koller kühlte langsam merklich ab. Die voreilig geschlossene Ehe wurde am 2. Juli 1923 geschieden.

Berlin war in den 20er Jahren des vorigen Jahrhunderts eine der interessantesten und aufregendsten Städte Europas. Nach den furchtbaren, entbehrungsreichen Jahren des Ersten Weltkrieges, die Millionen Tote gefordert hatten, kosteten die Menschen, die es sich leisten konnten, trotz Arbeitslosigkeit und Inflation die Vergnügungen aus, die ihnen das Leben bot. Es galt das Motto: „Glücklich ist, wer verfrisst, was nicht zu versaufen ist." Bars, Variétés und Tanzlokale schossen aus dem Boden, man tanzte Charleston und trug Bubikopf. Das Kino trat seinen Siegeszug an, im Theater wurden neue, moderne Stücke aufgeführt, Kunst und Kultur boomten. Berlin sprühte vor Lebenslust.

Anna Mahler in verführerischer Pose

Die Mahler-Tochter genoss die quirlige Atmosphäre der Stadt. Sie quartierte sich in einer Pension ein, besuchte die Kunstakademie, Konzerte, Ausstellungen und Galerien. Für ihren Unterhalt sorgten offenbar die Mutter und möglicherweise auch der Stiefvater Walter Gropius.

Jung, unabhängig und sich frei wie ein Vogel fühlend, suchte Anna Koller das Vergnügen und nahm an gesellschaftlichen Veranstaltungen teil. Auf einem Hochschulball im Fasching des Jahres 1922 lernte sie den 21-jährigen Musikstudenten Ernst Krenek kennen. Der junge Mann fand die junge Dame sehr attraktiv und begann ernsthaft um sie zu werben. An seine Eltern in Wien schrieb er, er sei den ganzen Abend (bis 7 Uhr früh) mit der Tochter von Gustav Mahler zusammen gewesen, und schwärmte ihnen gegenüber, wie musikalisch und intelligent sie sei, sie hätten sich sehr gut unterhalten.

Anna war vor allem von der musikalischen Begabung Kreneks beeindruckt, dessen erste Symphonie drei Wochen nach ihrer ersten Begegnung von den Berliner Philharmonikern uraufgeführt und vom Publikum begeistert aufgenommen wurde. Über die Musik kamen sich die beiden auch menschlich näher, die Liebe beflügelte Kreneks Schaffen.

Nach der ersten Liebesnacht mit Anna in einem Gasthof am Ufer eines kleinen Sees östlich von Berlin begann der hochbegabte Komponist den zweiten Satz seiner zweiten Symphonie zu schreiben. Das symphonische Werk, das er in drei Wochen zu Papier brachte, widmete er seiner Geliebten.

Annas Mutter war von dem „Kerl da draußen in Berlin" nicht begeistert. Aber sie war auf ihn neugierig, sie wollte ihn kennen lernen. Im Frühjahr 1922 reiste sie nach Berlin. Als Alma Mahler und Ernst Krenek einander sahen, empfanden sie vom ersten Augenblick an füreinander alles andere als Sympathie. Die Mahler-Witwe, die auf Männer eine magnetische Anziehungskraft ausübte, beeindruckte den jungen Komponisten überhaupt nicht. In seiner Autobiografie urteilt er über sie mit strenger Unerbittlichkeit. „Sie war damals Anfang Vierzig und sicherlich für jedermann ein lohnender Anblick, ein prächtig aufgetakeltes Schlachtschiff, etwas korpulent, doch nicht zu sehr, und voll unerschöpflicher und scheinbar unzerstörbarer Vitalität." Mehr als ihr Aussehen missfiel ihm ihr Lebensstil. „Ihr Stil war von Wagners Brünhilde, transponiert in die Atmosphäre der Fledermaus", bemühte er einen musikalischen Vergleich.

Alma lud das Liebespaar in die besten Restaurants von Berlin ein, wo sie den beiden jungen Leuten üppige Mahlzeiten und reichlich Alkohol vorsetzen ließ. Dann pflegte sie wieder ihr Ego.

In den Jahren 1922 und 1923 war Anna mit dem aufstrebenden Komponisten, dessen Schaffen sie eifrig unterstützte (sie schrieb Noten und fertigte Klavierauszüge an), viel unterwegs. Sie verbrachten auf Einladung einer befreundeten Familie einige Zeit an der Ostsee, reisten kreuz und quer durch die deutschen Lande und waren auch zweimal in der Mahler-Villa in Breitenstein zu Gast. Krenek lernte dort Franz Werfel und zahlreiche andere Leute kennen, deren „Anmaßung und Prahlerei" ihm gehörig auf die Nerven gingen. Mit Alma kam er leidlich zurecht. Das Bild, das er sich bei der ersten Begegnung von ihr gemacht hatte, bestätigte sich. Ihr Verhalten und ihr Lebensstil irritierten ihn, vor allem aber widerte ihn die gespannte sinnliche Atmosphäre an, die in ihrem Haus und in der Wiener Wohnung zum Greifen spürbar war, von den ewigen Gesprächen über Sex ganz zu schweigen.

Zu einer kräftigen Verstimmung zwischen den beiden kam es, als Krenek Almas Wunsch abschlug, Mahlers Skizzen zu seiner 10. Symphonie für eine Aufführung fertig zu komponieren. Unter den gegebenen Umständen war er heilfroh, dass sich für ihn und Anni, wie er seine Geliebte nannte, bald eine Möglichkeit ergab, sich nach Berlin zurückzuziehen. Eine Gönnerin bot ihnen dort zwei Zimmer in ihrem Haus in der Würzburgstraße 20 an, die sie bezogen.

Anni und ihr Liebhaber führten in Berlin ein eigenständiges Leben, das beide sehr genossen. Sie waren glücklich. Die Mahler-Tochter nahm ihr Studium an der Kunstakademie wieder auf und half Krenek bei seiner kompositorischen Tätigkeit. Mit der Haushaltsführung haperte es, für den Hausfrauenberuf war sie nicht geschaffen. Alles, was sie in dieser Hinsicht tat und konnte, war die Zubereitung starken türkischen Kaffees, den sie, dabei eine Unmenge von Zigaretten rauchend, mit Süßigkeiten kredenzte. Beide hatten wenig zu tun, sie lebten in den Tag hinein und auf Kosten Almas, die regelmäßig Geld schickte. Wenn Anni nicht an der Akademie war, lag sie, so Krenek, der von ihrem Maltalent übrigens wenig hielt, in „sinnlicher, apathischer Trägheit" auf der Couch, las und rauchte ununterbrochen. Freunde kamen nur selten zu Besuch. Anna Mahler war im Gegensatz zu ihrer Mutter ein in sich gekehrter, introvertierter Mensch. Ob aus Veranlagung oder in bewusster Ablehnung des mütterlichen Lebensstils, ist schwer zu sagen.

Im Frühjahr 1923 vertonte Krenek Oskar Kokoschkas Theaterstück „Orpheus und Eurydike", wobei ihn seine Geliebte nach Kräften unterstützte. Sie fertigte den Klavierauszug an und bewies auch bei diesem Projekt ihre große Musikalität. Welche Gedanken mögen ihr bei dieser Arbeit durch den Kopf gegangen sein? An den ungestümen Liebhaber der Mama wird sie sich wohl erinnert haben.

Die Weihnachtsfeiertage 1923 verbrachte das Liebespaar auf Kosten eines Gönners, der Krenek auch ein großzügiges Stipendium anbot, damit er ohne Existenzsorgen komponieren könne, in der Schweiz. Die Sache hatte freilich einen kleinen Haken. Anni und Ernst waren nicht verheiratet, was der Spendenonkel nicht wusste. Um ihn nicht zu vergrämen und in den Genuss des generösen Angebotes zu kommen, drängte Krenek auf eine Heirat. Anni wollte davon absolut nichts wissen. Sie war dagegen, aus Gründen, die wir nicht kennen. Hielt sie eine neuerliche Bindung für verfrüht? Sie war erst am 5. März dieses Jahres von Koller geschieden worden. Schätzte sie die Musik Kreneks, aber liebte sie ihn nicht? Krenek dazu in seiner Autobiografie: „Was Anna betrifft, so bin ich ganz sicher, daß sie mich ebenfalls sehr liebte, aber ihrem Wesen gemäß interessierte sie das Ergebnis einer Liebesbeziehung nicht mehr, sobald diese zur Gewohnheit zu werden begann. Anna fühlte sich eher von flüchtigen Abenteuern mit zwei oder drei höchst erregten Begegnungen angezogen, mit langen Pausen dazwischen, in denen ihr sinnliches Ego vollkommen ruhte."

Wie immer, die Mahler-Tochter gab nach. Das Paar reiste nach Wien und bat zunächst um die Zustimmung der herrschsüchtigen Alma, die widerwillig einwilligte. Der neue Schwiegersohn war so gar nicht nach ihrem Geschmack und noch dazu war es wieder ein Jude. Nun war noch eine Eheformalität zu erledigen und dabei gab es Schwierigkeiten. Anni gehörte der lutherischen Kirche an, Ernst war römisch-katholisch. Da sie geschieden war, durfte er sie nicht heiraten. Das verbot das katholische Eherecht. Eine standesamtliche Trauung gab es damals in Österreich noch nicht. Was tun? Es fand sich ein Ausweg. Krenek trat aus der römisch-katholischen Kirche aus und das Paar wurde auf Grund einer Verordnung des damaligen Landeshauptmannes von Wien, Albert Sever, die Geschiedenen eine Wiederverheiratung ermöglichte („Sever-Ehe"), getraut. Der Formalakt dauerte nur ein paar Minuten und war, so stellte Krenek rückblickend fest, denkbar wenig beeindruckend. Das Büro, in dem ein Beamter die

211

Trauungszeremonie vollzog, war düster, davor standen die Leute Schlange. Nicht einmal an die Trauzeugen konnte sich Krenek später mehr erinnern, er vermutet aber, dass Franz Werfel dazugehörte.

Hochzeitsreise gab es keine. Nach einem kurzen Besuch bei den Eltern des Bräutigams, zu dem sich auch Alma mit Franz Werfel einfand, kehrte das frisch vermählte Paar in die Schweiz zurück. Ehe Anna und Ernst zwei winzige Zimmer in einer Pension in Zürich bezogen, begab sich die eigenwillige Mahler-Tochter zu einem Malstudium bei Cuno Amiet in dessen Landhaus am Herzogenbuchsee südwestlich von Bern. Sie ergriff offenbar die Flucht aus einer Situation, die sie missbilligte, beurteilte Krenek Jahrzehnte später dieses seltsame Verhalten. Krenek holte sie dann nach Zürich.

Das junge Künstlerehepaar stattete befreundeten Schweizer Komponisten Besuche ab und verbrachte Ostern 1924 auf Château de Muzot, dem damaligen Domizil des Dichters Rainer Maria Rilke. Während ihres einwöchigen Aufenthaltes las der feinnervige Dichter Passagen aus den „Duineser Elegien", die er gerade zu Papier gebracht hatte. Krenek war davon sehr beeindruckt. Ob die 19-jährige Anna daran Gefallen fand, ist nicht überliefert. Gemeinsam mit der australischen Geigerin Alma Moodie, für die Krenek ein Violinkonzert schrieb und die er sehr verehrte, spielten die beiden als künstlerische Gegenleistung Sonaten von Mozart.

Nach ihrer Rückkehr nach Zürich verließ Anna sogleich die gemeinsame Wohnung und fuhr nach Venedig, wo die Mama in der Nähe der Kirche dei Frari einen kleinen Palazzo, die Casa Mahler, gekauft hatte. Krenek kam ein paar Tage später nach. Alma erwies sich wieder als splendide Gastgeberin und ließ Tochter und Schwiegersohn in den besten Lokalen der Stadt auserlesene Gerichte kredenzen. Sie konnte nicht wissen, dass es der letzte Besuch des Schwiegersohnes sein sollte.

Wieder in Zürich, machte sich das Ehepaar Krenek bald wieder auf Reisen. Zunächst ging es nach Frankfurt am Main, wo zum ersten Mal ein Bühnenwerk des Komponisten, die komische Oper „Der Sprung über den Schatten", aufgeführt wurde. Die Aufführung, so der Komponist, sei recht eindrucksvoll, aber wegen der neuen Tonsprache, deren er sich bediente, für Kritiker und Publikum doch wohl etwas verwirrend gewesen. Weitere Reisen führten sie zu Alma Moodie und mit Kreneks Eltern nach Sion, der Hauptstadt des Kantons Wallis in der Schweiz. Sie erkletterten einige Berggipfel in den Westalpen. Dann bot ihnen Alma ein Haus auf dem Zürichberg als Domizil an. Anna verhielt sich reserviert, nahm den Gang der Dinge gleichgültig hin. Sie hatte den Entschluss gefasst, die Ehe mit Krenek zu beenden. Sie teilte ihm das auch bei der nächsten sich bietenden Gelegenheit mit. Um unliebsamen Gesprächen und möglicherweise sogar einem Krach aus dem Weg zu gehen, reiste sie kurzerhand zur Mama nach Venedig. Einige Zeit später kehrte sie nach Zürich zurück, packte ihre Sachen und reichte das Scheidungsverfahren ein, das am 28. August 1926 gerichtlich beendet wurde. Im Verfahren beklagte sie die ausgeprägt sexuellen Bedürfnisse des Ehegatten, der Gemahl warf seiner Frau Frigidität vor. Dieser Konflikt musste mit „Notwendigkeit zu einer völligen Entfremdung der Ehegatten führen", hieß es im Scheidungsurteil. Die tiefere Ursache für das Scheitern der Ehe dürfte aber wohl die menschliche Unreife der Partner gewesen sein. Wie immer: Anna Mahler war 20, als sie Krenek verließ, mit 22 wurde sie zum zweiten Mal geschieden. Mit diesem Scheidungsrekord stellte sie sogar die Mutter in den Schatten. Als Krenek nach seinem Erfolg mit der Oper „Jonny spielt auf" zu Geld kam, ließ er Anna 10.000 Schweizer Franken zukommen. Danach hatten die beiden keinen Kontakt mehr.

Annas nächster Lebensabschnitt begann in Rom, wo sie ihre Malstudien fortsetzte. Sie arbeitete an den Vormittagen an der Accademia Inglese mit einem polnischen Lehrer und lernte in einer Abendklasse Aktzeichnen. Ihr Lehrer war Giorgio de Chirico, den sie wohl als Künstler schätzte, von dessen pädagogischen Fähigkeiten sie jedoch keineswegs überzeugt war. Obwohl sie als Kind viel Zeit in der Villa ihres Stiefgroßvaters, des bekannten Malers Carl Moll, zugebracht hatte, der ihr Maltalent förderte, war Anna Mahler künstlerisch wenig gebildet. In Rom entdeckte sie jetzt die imponierende Welt der Renaissancemalerei, bewunderte Michelangelo, Verrocchio und Mantegna. Mit Moll, der mehrere Male nach Italien kam, unternahm sie Kunstreisen, unter anderem nach Florenz. Er war wichtig für sie, erklärte sie Jahre später, weil er sich für das, was sie tat, interessierte. Mit einer Freundin, mit der sie eine Wohnung im Stadtteil Trastevere teilte, bereiste sie Spanien, Marokko und Griechenland und erweiterte ihren (künstlerischen) Gesichtskreis.

Sie scheint in diesen Jahren unbeschwert und glücklich gewesen zu sein. Nur die Musik ging ihr ab. „Ich lebe hier in Rom ganz der Musik gewidmet", schrieb sie an Emil Hertzka, den Direktor der Universal-Edition Wien, „und hör und sehe nichts von Musik – das fehlt mir denn doch sehr …"

Anna hielt sich in dieser Zeit (1925–1927) auch oft bei der Mutter in Venedig auf. Arthur Schnitzler, der der Familie einen Besuch abstattete, zeichnet von ihr und ihrem

Maltalent in seinem Tagebuch keineswegs ein begeistertes Bild: „Die Bilder von Annie", notierte er, „– rhythmisch begabt: aber irgendwie pathologisch, wie das ganze Geschöpf." Schnitzler dürfte mit diesem Urteil danebengegriffen haben. Das „pathologische Geschöpf" bewies 1928, als die Schnitzler-Tochter Selbstmord beging, große Kraft und innere Stärke. Sie kümmerte sich um die Sterbende, wusch den Leichnam, rief die Eltern herbei und nahm selbstverständlich am Begräbnis teil. Schnitzler wird wohl sein abfälliges Urteil revidiert oder zumindest bereut haben.

Von der Mutter blieb Anna weiterhin finanziell abhängig. Trotz innerer Widerstände musste sie deshalb nolens volens das tun, was die „Tigermami" von ihr wollte. Mutter und Tochter verband eine sehr ambivalente, von emotionalen Schwankungen bestimmte Beziehung. In vielen Fragen waren sie völlig unterschiedlicher Meinung, doch hatte die Tochter frühzeitig gelernt, Konflikten aus dem Weg zu gehen.

Auf Anregung Molls verlegte Anna Mahler im Winter 1927 ihr Malstudium nach Paris, hielt sich aber während des nächsten Jahres immer wieder in Italien auf.

In der Stadt an der Seine war sie ausgesprochen unglücklich. Sie wohnte in billigen Hotels, fror in eiskalten Zimmern und war mit ihren Lehrern höchst unzufrieden. „Ich habe nichts gelernt, hatte überhaupt kein Geld, keine Bedienung, keine Freunde", erinnerte sie sich Jahrzehnte später an diese Zeit. Als sie an Gelbsucht erkrankte, verließ sie die französische Metropole und kam zur Mutter nach Wien zurück. Alma schickte sie zur Erholung in ein Sanatorium auf den Semmering. Die „fürsorgliche" Mama gab ihr den Verleger Paul Zsolnay mit auf den Weg, der auf dem Semmering zufällig ein wenig ausspannen wollte.

Das durchsichtige Arrangement stieß bei den Betroffenen auf wenig Gegenliebe.

Paul Zsolnay gehörte zum großen Bekanntenkreis der Wiener femme fatale. Er kam 1895 in Budapest als Sohn eines Tabakgroßkaufmannes zur Welt. Nach Absolvierung der Hochschule für Bodenkultur leitete er zunächst eine der Familie gehörende Großgärtnerei, ehe er 1924 in das Verlagsgeschäft einstieg. Obwohl er davon keine Ahnung hatte, brachte er dafür doch als Voraussetzung die Liebe zu Büchern, ein Gespür für Literatur und eine geschickte kaufmännische Hand mit. Bereits das erste Buch, das er verlegte, war ein riesiger Verkaufserfolg. Das Buch führte den Titel. „Verdi. Roman der Oper", sein Autor hieß Franz Werfel. Es war also gewiss Absicht dahinter, dass Alma dem Geschäftspartner ihres Lebensgefährten ihre Tochter anvertraute. Wälzte sie Heiratspläne? Möglich. Paul Zsolnay war jedenfalls das, was man in Wien eine gute Partie nennt. Die Frage war nur, ob der eingefleischte Junggeselle mitspielen würde. Er spielte mit und noch dazu mit entschlossener, glühender Intensität. Paul Zsolnay, 34 Jahre alt, hatte bislang für weibliche Reize nicht viel übrig gehabt. Anna Mahler, zur vollen Schönheit erblüht und durch die Verbindung mit Krenek menschlich gereift, bezauberte ihn. Anna ließ die Bewunderung des hageren, keineswegs attraktiven Mannes über sich ergehen. Seine Gefühle erwiderte sie nicht. Sie empfand nichts für ihn.

Vom Kuraufenthalt zurückgekehrt, warb der Verleger weiter um sie, las ihr jeden Wunsch von den Lippen ab, machte ihr Geschenke. Er war fest entschlossen, sie zu heiraten, obwohl seine Familie, vor allem der Vater, sich strikt dagegen aussprach. Anna sträubte sich lange gegen eine Ehe, gab dann aber doch widerwillig nach.

Die Heirat fand auf ihren ausdrücklichen Wunsch in aller Heimlichkeit am 2. Dezember 1929 in Paris statt. Nur wenige Vertrauenspersonen waren eingeweiht. „Es war der Wunsch meiner Frau", schrieb der Bräutigam an einen Bekannten in Konstantinopel, „den ich vollkommen teilte, dass die Heirat möglichst unbemerkt vollzogen werde, was in unserem Fall nicht ganz leicht war. Aus diesem Grunde haben wir unsere Vermählungsanzeigen erst nach der Hochzeit versandt."

Anna war bereits schwanger. War das der Grund, warum sie dem Heiratswunsch Zsolnays schließlich und endlich doch nachgab?

Die Flitterwochen, wenn es welche waren, verbrachte das Paar in Ägypten. Mitte Januar 1930 kehrten Anna und ihr Gemahl nach Wien zurück, ein paar Tage später reisten sie nach Berlin weiter, wo der Gatte geschäftlich zu tun hatte.

Das Kind, eine Tochter, die auf den Namen Alma getauft wurde, kam am 5. August 1930 in Wien zur Welt. Das Ehepaar bezog noch im selben Monat im Kaunitz-Schlössl in der Hietzinger Maxingstraße Nr. 24 Quartier. In dem 1797 errichteten, mehrfach umgebauten Gebäude, das auf einem etwa 10.000 Quadratmeter großen Grundstück stand, gab sich vor 1938 die gesellschaftliche Elite Wiens ein Stelldichein. In seinen prunkvollen Räumen musste die Mahler-Tochter, die im Gegensatz zu ihrer Mutter gesellschaftliche Verpflichtungen als lästig empfand, nun Empfänge geben und eitle Konversation machen. Dieses Leben missfiel ihr gründlichst, noch dazu an der Seite eines ungeliebten Ehemannes. Dennoch übte sie auf viele Besucher einen unvergesslichen Eindruck aus. Elias Canetti, der ihr den Brief eines Verehrers zu überbringen hatte, war vom ersten Augen-Blick an von ihr fasziniert. „Sie bestand aus Augen", schreibt er im dritten Teil seiner Autobiografie, den er „Das Augenspiel" betitelte, „was immer man sonst in ihr sah, war Illusion. Man fühlte das auf der Stelle, aber wer hätte die Kraft und Einsicht gehabt, sich das zu sagen." Er schrieb ihr glühende Liebesbriefe, wurde ihr Liebhaber. Nach ein paar Monaten brach sie das Verhältnis abrupt und ohne Begründung ab. „Ich glaube", schrieb sie dem verdatterten Liebhaber, „daß ich Dich nicht liebe."

Nicht nur auf Männer, auch auf Frauen machte die schöne Mahler-Tochter Eindruck. Hilde Spiel, die zu den Autoren des Zsolnay-Verlages gehörte, war von ihrer Ausstrahlung gebannt. „Unvergeßlich für immer ist mir ihr Anblick", schwärmte sie. „Sie war schön, eine schöne Hexe, eine Hexe, eine Nixe, ein elbisches Wesen, schlank und grazil, mit seidig-gelblichen Haaren und diesen großen herrlichen Augen, veilchenblau, mit dem melancholischen Mund ..."

Anna Mahler, von einem unbändigen Freiheits- und Unabhängigkeitsdrang erfüllt, empfand ihr Leben mit Paul Zsolnay als bedrückende Enge, als Ehekerker. Bereits ein Jahr nach ihrer Verehelichung setzte sie einen Aufsehen erregenden Paukenschlag. Sie brannte im Dezember 1931 kurzerhand mit dem aus Rumänien stammenden Schriftsteller René Fülöp-Miller, einem Zsolnay-Autor, nach Venedig durch. Der Skandal war perfekt.

Die Mutter, die sich zu diesem Zeitpunkt mit Franz Werfel auf einer Lesereise durch Deutschland befand, eilte nach Wien zurück, als sie davon telegrafisch verständigt wurde. Sie fürchtete nicht nur um das Wohl ihrer Tochter, sondern wohl auch um die Geschäftsbeziehungen ihres Mannes – sie hatte Werfel mittlerweile geheiratet – zum Zsolnay-Verlag. Nur mit größter Mühe gelang es ihr, Anna aus den Fängen des „widerlichsten aller Literaten" zu befreien und den gehörnten Gatten und dessen erzürnten Va-

*Das Kaunitz-
Schlössl im
Wiener Nobel-
bezirk Hietzing, in
den 1950er Jahren
leider abgerissen,
besaß einen pracht-
vollen Kuppelsaal,
in dem Paul
Zsolnay mit seiner
Gattin große
Empfänge gab.*

ter zu besänftigen. Nach gutem Zureden – auch dazu war Alma in Ausnahmefällen fähig – überredete sie Anna, die sogar Selbstmordabsichten hegte, dazu, ein paar Monate bei ihr und später bei der Schwester Werfels in Zürich zu verbringen, wo sie ihr seelisches Gleichgewicht wiederfand. Dann holte sie der Gatte wieder in den Kreis der Familie zurück. Nach einigen Monaten, in denen sie Zsolnay von der Öffentlichkeit fern hielt, nahm sie das Leben als Verlegergattin und die damit verbundenen, ihr verhassten gesellschaftlichen Verpflichtungen erneut auf. Sie ging ihnen allerdings tunlichst aus dem Weg, überließ sie großteils ihrer Schwiegermutter Amanda (Andy) Zsolnay.

Anna Mahler stand nicht gerne im Mittelpunkt. Sie war ein bescheidener Mensch, aber eine überaus bunte, schillernde Persönlichkeit. Sie konnte hart sein, kompromisslos und konsequent in der Verfolgung ihrer Ziele, aber sie war auch mutig und hilfsbereit. Der endgültige Bruch mit Paul Zsolnay, das Scheitern ihrer dritten Ehe, war in ihrem Charakter angelegt und nur eine Frage der Zeit. Im April 1934 hatte sie bereits die Koffer gepackt, um nach China, dem Land ihrer Sehnsucht, zu entfliehen. Da erhielt sie die Nachricht, dass ihre geliebte Halbschwester Manon Gropius in Venedig an Kinderlähmung erkrankt sei. Sogleich ließ sie den Fluchtplan fallen und flog gemeinsam mit Werfel und dem ungeliebten Gatten (Alma war vorausgeeilt) in die Lagunenstadt.

Manons Zustand war Besorgnis erregend. Die Ärzte kämpften um das Leben des Mädchens. Als nach einer Woche eine Atemlähmung eintrat, verhinderte Anna, die in einer entlegenen Apotheke einen Sauerstoffapparat auftrieb, im letzten Augenblick ihren Tod, wie Alma berichtet. Dann besserte sich der Zustand der Schwerkranken, so dass sie per Flugzeug nach Wien transportiert werden konnte. Ein volles Jahr lang dauerte das Leiden des an einen Rollstuhl gefesselten Mädchens, ehe der Tod mit dem bedauernswerten Geschöpf ein Einsehen hatte. Manon Gropius starb am 22. April 1935. Anna Mahler nahm ihr die Totenmaske ab. Drei Monate später, am 24. Juli 1935, wurde ihre dritte Ehe geschieden. Das Sorgerecht für die fünfjährige Tochter wurde dem Vater zugesprochen. Die Mutter erhielt das Besuchsrecht, von dem sie jedoch nur sehr selten Gebrauch machte. Außerdem sprach ihr das Gericht eine monatliche Unterhaltssumme von 500 Schilling zu.

Unterdessen hatte Anna Mahler ihre wichtigste Lebensentscheidung getroffen. Ein paar Jahre nach ihrer Trauung mit Paul Zsolnay gab sie die Malerei auf und wandte sich der Bildhauerei zu. In ihrem Denken habe die Farbe keine Rolle gespielt, ihre Malereien seien zweidimensionale Skulpturen gewesen, meinte sie rückblickend. Auch der Ehegatte soll sich für den Umstieg zur Bildhauerei ausgesprochen haben. Anna Mahler hat jedenfalls bereits im Glashaus im Garten der Villa in der Maxingstraße, das ihr als Atelier diente, modelliert und in Stein gearbeitet. Carl Moll, der ihrer künstlerischen Arbeit großes Interesse entgegenbrachte, riet ihr, Unterricht bei Fritz Wotruba zu nehmen. Wotruba, das jüngste von acht Kindern einer Familie aus der sozialen Unterschicht, hatte eine entbehrungsreiche Kindheit und Jugend. Der talentierte junge Mann, der sich bereits als Graveurlehrling brennend für die bildende Kunst interessierte, besuchte in Abendkursen die Wiener Kunstgewerbeschule, wo er Aktzeichnen lernte. Nach der Lehrzeit trat er in die Meisterklasse des Bildhauers Anton Hanak ein und begann dann selbstständig zu arbeiten. In seinem Atelier, zwei Stadtbahnbögen, die ihm die Gemeinde Wien zur Verfügung stellte, entstanden seine ersten Arbeiten in Stein, mit denen der Kunstwelt kein frühreif Unfertiger, sondern ein Bildhauer mit eigenem Profil entgegentrat. Auf einer Reise nach Deutschland lernte Wotruba in Düsseldorf und Essen die Kunst Wilhelm Lehmbrucks, des bedeutendsten Vertreters der deutschen expressionistischen Plastik, und die mediterrane Welt des französischen Bildhauers Aristide Maillol kennen, die einen tiefen Eindruck auf ihn machten. Essen war auch der Schauplatz seiner ersten Ausstellung im international bedeutenden Folkwang-Museum.

Fritz Wotruba war eine ungeheuer starke, kantige Persönlichkeit, ein kompromissloser, unbeugsamer Künstler, der mit unverkennbarer Handschrift seinen Charakter in die monumentalen Steinfiguren hineinmeißelte, die er schuf.

Die Begegnung mit ihm und seinem Werk, das ganz dem menschlichen Körper verpflichtet ist, hat Anna Mahler geprägt, Wotruba war ihr künstlerischer Mentor. Auf seine Anregung hin begann sie in Stein zu arbeiten. „Ich dachte zuerst, daß eine Frau meiner Statur nicht in Stein arbeiten könnte. Aber dann versuchte ich es, und es ging, und es war ein großes Vergnügen. Von da an verwendete ich Ton nur mehr für Porträt und für Skizzen", stellte sie rückblickend fest.

Einmal dazu entschlossen, ging die Mahler-Tochter unbeirrbar ihren Weg, wetterhart und widerständig wie das Material, mit dem sie fürderhin ihre Kräfte maß. Für eine junge Frau war das damals ungewöhnlich. Anna Mahler wählte diesen künstlerischen Weg im vollen Bewusstsein, dass er dornig sein würde, gepflastert mit Schwierigkeiten und gesellschaftlichen Vorurteilen. Aber sie wollte etwas anderes tun als der berühmte Vater, aus seinem Schatten heraustreten und sich freispielen vom Einfluss der Mutter.

Eine resolute junge Frau: Anna Mahler am Beginn ihrer bildhauerischen Laufbahn

Letzteres gelang ihr freilich nur phasenweise. Da sie von ihrer Kunst nicht leben konnte, blieb sie auf die finanzielle Unterstützung durch ihre „Tigermami" angewiesen.

Ein Jahr vor der gerichtlichen Trennung der Ehe mit

Paul Zsolnay verließ Anna Mahler ihren Gatten, suchte und fand für kurze Zeit Zuflucht in der mütterlichen Villa in der Steinfeldgasse Nr. 2 in Wien-Döbling und richtete sich dann in der Wiener Innenstadt, gegenüber der Staatsoper, in der Operngasse 4, ein Atelier ein. Es befand sich zu ebener Erde und bestand aus einem großen Raum, der in einen Schlaf- und einen Wohn- und Arbeitsbereich unterteilt war. Wenn sie auch immer wieder an den Empfängen und festlichen Veranstaltungen teilnahm, zu denen sich die gesellschaftliche Elite Wiens bei Alma Mahler-Werfel zusammenfand, so hatte sie jetzt keine Verpflichtungen als Gastgeberin mehr. Sie war frei und unabhängig, sie konnte ihr Leben nach ihren eigenen Vorstellungen gestalten, ihre eigenen Entscheidungen treffen. Mit riesiger Willens- und Arbeitskraft schuf sie unermüdlich Werk um Werk, zunächst vor allem Porträtköpfe von illustren Persönlichkeiten, die aus dem gesellschaftlichen Umfeld kamen, dem sie entstammte: Musiker, Literaten, bildende Künstler, aber auch Politiker. Elias Canetti im Augenspiel: „Die illustren Leute, die Alma gern an ihre Person band ... sei es zur Ehe, sei es zu ihrem Vergnügen, wurden bei Anna reduziert, oder soll man sagen, erhöht, zu einer Porträtgalerie. Wer bekannt genug war, wurde um seinen Kopf gebeten, es gab wenige, die ihn nicht gern hergaben." Bruno Walter, Alban Berg, Wilhelm Furtwängler, Carl Zuckmayer, Hermann Broch, Stadtrat Julius Tandler und Bundeskanzler Kurt Schuschnigg saßen für sie Modell. Die Mutter, die für die künstlerische Arbeit ihrer Tochter wenig Interesse zeigte, hat sie aus guten Gründen nicht modelliert.

In der Operngasse 4 schuf Anna Mahler in den 30er Jahren des vorigen Jahrhunderts auch eine Reihe von lebens- und überlebensgroßen Steinplastiken, die leider im Zweiten Weltkrieg durch Fliegerbomben zerstört wurden. Es

gibt aber Fotos von ihnen, so dass wir uns über das Frühwerk der Künstlerin ein Bild machen können. Zu den bedeutendsten Arbeiten dieser Zeit zählt eine etwa zwei Meter große weibliche Figur, die „Stehende", die 1937 auf der
Pariser Weltausstellung vor dem Österreichpavillon aufge-
stellt war. Anna Mahler erhielt für diese Skulptur ein „Di-
plôme de Grand Prix", eine internationale Auszeichnung,
über die sie sich sehr freute. Das Werk bestach durch die
Anmut und Sanftheit des Körpers und die ebenmäßigen
Gesichtszüge, die Zufriedenheit und ein stilles, verhaltenes
Lächeln ausstrahlen. Die zeitgenössische Kritik sprach von
einer „Venus", und in der Tat: Diese Figur hat etwas von
einer antiken Liebesgöttin an sich.

Im Jahr 1933 überstürzten sich in Österreich die politischen Ereignisse. Die konservative Regierung unter der
Führung des Christlichsozialen Engelbert Dollfuß schalte-
te Mitte März die Volksvertretung aus, demolierte zielge-
richtet Schritt für Schritt den demokratischen Rechtsstaat
und errichtete eine ständestaatlich autoritäre Herrschafts-
ordnung. Nach dem Sieg der Staatsgewalt über die sozial-
demokratische Arbeiterbewegung im Bürgerkrieg des
Februar 1934 wurde der Bundeskanzler im Juli von Nationalsozialisten ermordet. Seine politische und ideologische Nachfolge trat der bisherige Unterrichtsminister Kurt Schuschnigg an.
   Alma Mahler und Franz Werfel standen dem Ständestaat
mit unverhohlener Sympathie gegenüber. Schuschnigg, der
bereits im Hause Zsolnay verkehrt und dort Anna Mahler-
Zsolnay kennen gelernt hatte, war in der Villa auf der Hohen Warte spät abends nach der Erledigung der harten Tagesarbeit des Öfteren zu Gast. Zwischen dem Kanzler und
Werfel, dessen Bücher er schätzte, entwickelte sich ein

freundschaftliches Verhältnis. Werfel las dem gestressten Politiker zur geistigen Entspannung Shakespeare-Sonette und andere literarische Kostbarkeiten vor, der Schriftsteller überarbeitete gelegentlich auch die eine und andere seiner Reden.

Zur attraktiven Bildhauerin, die nach Aussagen einiger ihrer Bekannten und Freunde politisch ohne Zweifel links stand, aber von einer frappanten weltanschaulichen Naivität war, fasste der nicht gerade kontaktfreudige Kanzler eine tiefe Zuneigung. Bei einem Italienaufenthalt der beiden Familien im Sommer 1935 verliebte sich Schuschnigg laut Alma „fassungslos in Anni". Man sollte diese Feststellung nicht wörtlich nehmen. Alma Mahler-Werfel ist keine zuverlässige Gewährsfrau. Aber auch Elias Canetti äußerte einem Interviewer gegenüber, seine Frau habe Liebesbriefe des Kanzlers an Anni in Verwahrung gehabt, die diese nicht bei sich habe aufbewahren wollen. Diese Briefe hat jedoch nie jemand anderer je zu Gesicht bekommen. Schuschnigg – so Canetti – habe das Verhältnis nach dem Tod seiner Frau, die bei einem Autounfall am 13. Juli 1935 ums Leben kam, beendet.

Die gute Beziehung des Kanzlers zum Ehepaar Mahler-Werfel litt nicht darunter, Anna Mahler blieb bei ihrer Unterstützung des autoritären Regierungskurses. Aus welchen politischen Erwägungen, wer könnte das schlüssig sagen? Als sich am politischen Horizont die Annexion Österreichs durch Hitlerdeutschland immer deutlicher abzeichnete, versuchte sie jedenfalls, „um Österreich zu retten", die linke Opposition zur Kontaktnahme und zu einer Zusammenarbeit mit der Regierung zu bewegen. Am 11. März 1938 trafen Unterrichtsminister Hans Perntner und der Schriftsteller Anton Kuh in ihrem Atelier in der Operngasse zu einem diesbezüglichen Gespräch zusammen. An-

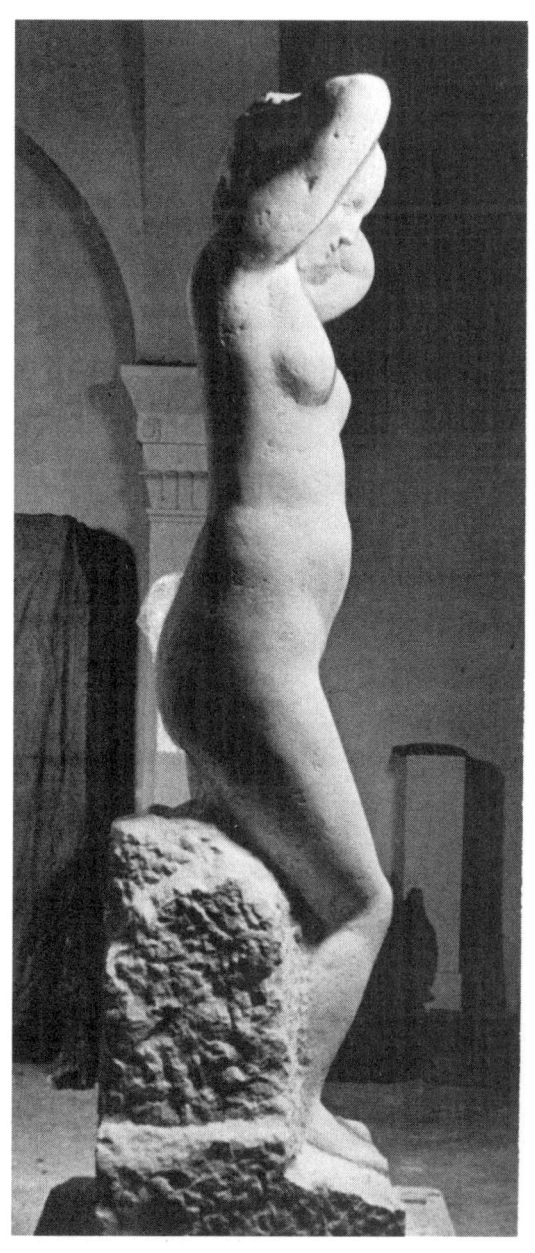

Für diesen „Stehenden weiblichen Akt" wurde Anna Mahler
1937 bei der Weltausstellung ausgezeichnet.

na Mahler rückblickend: „Er (Perntner) kam um halb elf Uhr in das Atelier. Kuh demonstrierte nun, wie Schuschnigg mit den Arbeitern reden müsse … Plötzlich wurde heftig an das zerbrochene Atelierfenster geklopft, Minister Perntner müsse sofort in den Ministerrat … Ich habe Perntner dann nicht wiedergesehen, denn er wurde sofort darauf nach Dachau abtransportiert."

Es war ein aussichtsloses Beginnen gewesen. Im Kampf um die Unabhängigkeit Österreichs waren die Würfel längst gefallen. Am Abend des 11. März 1938 musste Anna Mahler, die sich bis zuletzt für die von Schuschnigg für den 15. März angesetzte Volksabstimmung eingesetzt hatte, im RAVAG-Gebäude in der Johannesgasse in der Wiener Innenstadt die Rede des Kanzlers mit anhören, in der er sich vom österreichischen Volk mit dem Ruf „Gott schütze Österreich!" verabschiedete. Unmittelbar danach begab sie sich zu ihrer Mutter, die in einem nahe gelegenen Hotel logierte, und besprach mit ihr die Lage. Die mit den Nazis sympathisierende Alma Mahler-Werfel und ihre politisch links orientierte Tochter Anna beschlossen, gemeinsam Österreich zu verlassen. Am übernächsten Morgen verließen sie mit ein paar Habseligkeiten ihre Heimatstadt und fuhren über Prag, Budapest und Triest nach Mailand, wo es ein Wiedersehen mit Franz Werfel gab. Nach einem kurzen Aufenthalt bei Werfels Schwester in der Schweiz landeten die Flüchtlinge schließlich Anfang Mai in London. Dort trennten sich die Wege von Mutter und Tochter. Alma Mahler konnte sich ein Leben in der britischen Hauptstadt absolut nicht vorstellen. Es sei eine kalte Stadt, die Menschen hätten für ihr Emigrantenschicksal kein Verständnis, klagte sie und erlitt einen Nervenzusammenbruch. Anna hingegen kam mit dem Leben in der Fremde viel besser zurecht. Sie konnte sich in der Landessprache verständigen, sie war anpassungsfähig. An Ortswechsel war sie von Jugend an gewöhnt, Heimweh kannte und plagte sie nicht. „Ich bin einfach in mir selbst zu Hause", charakterisierte sie später einmal ihre Vorliebe für ein ungebundenes Wanderleben. Sie entschloss sich, in England zu bleiben.

Die Werfels lebten zunächst in Paris, später im südfranzösischen Fischerdorf Sanary-sur-Mer und flohen dann im Juni 1940 in einer wahren Odyssee vor den deutschen Truppen über Spanien und Portugal in die USA. Mutter und Tochter sahen einander erst ein paar Jahre nach dem Ende des Zweiten Weltkrieges wieder.

Eine 34 Jahre junge, attraktive Frau allein in einer Riesenstadt im Ausland, ohne familiären oder verwandtschaftlichen Anschluss, ohne eine Daueraufenthaltsbewilligung – Anna Mahler musste bis zu Kriegsbeginn im September 1939 Monat für Monat um die Bewilligung, im Lande bleiben zu können, ansuchen –, ein solches Leben kann man sich nicht schwer genug vorstellen. Finanziell war sie allerdings notdürftig abgesichert. Die Mutter hatte ihr beim Abschied einen größeren Geldbetrag hinterlassen, mit dem sie ein bescheidenes Auslangen finden konnte. Einem Brotberuf brauchte sie nicht nachzugehen.

Anna Mahler bezog eine kleine Wohnung im Londoner Stadtteil Paddington und zog dann in das weiter nördlich gelegene Künstlerviertel Merton Rise, Hampstead (Fellows Road 74), um, wo sie ein Atelier hatte. Ihre neunjährige Tochter Alma, die mit ihrer Familie ebenfalls in die Emigration ging, war dort mehrere Male auf Besuch. Die Behausung machte auf das Kind einen nachhaltigen Eindruck. „Da war unten eine Garage", erinnerte sie sich noch Jahrzehnte später, „und oben zwei kleine Zimmer. Über dem Garagendach war Glas. Diese Garage war ihr Studio …Wie sie über das Garagendach hat klettern müssen, ganz vorsichtig, dass sie nicht durchfällt, das hat natürlich sehr viel Eindruck gemacht …" Auf die Gegenbesuche der Mutter freute sich das Mädchen, das bei ihrem Vater und der Großmutter wohnte, immer riesig.

In Annas unmittelbarer Nähe wohnten das Ehepaar Canetti und Sigmund Freud mit Gattin und Tochter (Maresfield Gardens 21). Freud starb bereits am 23. September 1939. Zu einer Begegnung dürfte es nicht gekommen sein.

Auf einen anderen Gast, Albrecht Joseph, der Jahrzehnte später ihr fünfter Mann wurde, machte sie einen „verelendeten Eindruck". Joseph hatte sie aus Wien in Erinnerung, wo er sie im Haus der Mutter, also in einer strahlenden Umgebung, zum ersten Mal gesehen hatte. Der auffallende Gegensatz zu damals wird ihn wohl zu dieser Feststellung bewogen haben.

Anna Mahler war hart zu sich und zu anderen Menschen, aber ungeheuer hilfsbereit. So setzte sie sich etwa energisch und erfolgreich für die Entlassung des Schriftstellers Robert Neumann ein, der als „enemy alien" (als feindlicher Ausländer) auf der Insel Man interniert war. Neumann dankte es ihr in Briefen und in seinem Schlüsselroman „The Inquest" (in der deutschen Ausgabe „Bibiana Santis"), dessen faszinierende weibliche Hauptfigur ihre Züge trägt.

Ihr Emigrantenschicksal nahm sie mit tapferer Gelassenheit auf sich und passte sich den geänderten Lebensumständen klaglos an. Das war schwer genug. Der Winter 1938/39 war entsetzlich kalt. Alma, die das letzte Mal zu Besuch kam, notierte in ihren Erinnerungen, es sei dort so kalt und feucht gewesen, dass sie beinahe erfroren.

Anna Mahler war auf sich allein gestellt, aber sie hatte

in London einen Freundeskreis von Künstlern, der in der Hauptsache aus Emigranten bestand, die sie von Wien her kannte. Obwohl sie zurückhaltend und nicht besonders gesellig war und ein eher zurückgezogenes Leben führte, pflegte sie doch diese Kontakte. Sie war auch Vorstandsmitglied im „Austrian Centre", einer Emigranten-Organisation, die sich als zentrale Anlaufstelle für die in England lebenden Österreicher verstand. In den Räumen der Institution wurden Sprachkurse abgehalten, es gab eine Bibliothek, ein Café. Das „Austrian Centre" gab eine Zeitschrift heraus, unterhielt eine Cabaretbühne und arrangierte kulturelle Veranstaltungen. Sekretär der Organisation war der Musikwissenschaftler Georg Knepler, der in England auch als Operndirigent tätig war. Im Rahmen seiner Tätigkeit im „Austrian Centre" stellte er ein umfangreiches musikalisches Programm auf die Beine, das Liederabende, Konzerte und Ausschnitte aus dem Schaffen Gustav Mahlers umfasste, was die Tochter selbstverständlich mit großer Freude erfüllte. Anna nahm gelegentlich an diesen Veranstaltungen teil, besuchte Opern- und Theatervorstellungen und ging ins Kino.

Zahlreiche österreichische Emigranten, mit denen sie befreundet war, waren Kommunisten. Sie selbst sympathisierte mit dem Kommunismus, war aber nie Mitglied der Kommunistischen Partei.

Den Großteil ihrer Zeit widmete Anna Mahler natürlich ihrer bildhauerischen Arbeit, der sie trotz der widrigen Zeitumstände unerschütterlich und mit großem Fleiß nachging. „England bot Sicherheit, doch unter denkbar bescheidenen Umständen. Sehr wenig Geld, im Winter harte Kälte und eingefrorene Leitungsröhren", notierte Albrecht Joseph. „Aber all das störte sie nicht wirklich. Sie arbeitete ..."

In den zwölf Jahren, in denen sie in England lebte (1938–1950), war Anna Mahler überaus produktiv. Sie schuf zahlreiche Porträts von Schriftstellern und Musikern und darüber hinaus größere Arbeiten aus Stein, hauptsächlich liegende Frauenfiguren. Sie beschäftigte sich auch mit einem Grabmal für Sigmund Freud. Das Vorhaben gedieh jedoch über einen Entwurf in Ton nicht hinaus.

Einen Teil dieser Werke stellte sie 1942 in einer vom Freien Deutschen Kulturbund veranstalteten Skulpturenausstellung und 1949 in der Londoner Galerie Kenneth Graham aus.

Privat war Anna Mahler nach dem Scheitern der Ehe mit Paul Zsolnay ungebunden. Um Bekanntschaften brauchte sie sich allerdings nicht zu sorgen. Sie war attraktiv, sie hatte Sexappeal, die Männerherzen flogen ihr zu. Sie machte sich nicht viel daraus, ging keine längeren Bindungen ein.

An der Wende des Jahres 1941/42 begegnete sie dann jenem Mann, der in ihrer abwechslungsreichen Biografie eine zentrale Position einnimmt: Anatole Grigorjewitsch Fistoulari. „Da war ich eingeladen", erinnert sie sich, „und da kam ein junger Russe mit einer zu großen Hose, mit einem Strick zugebunden. Das war ein Flüchtling aus der französischen Armee. Er hat sich freiwillig gemeldet, er war russischer Dirigent ... und in den hab' ich mich verliebt."

Fistoulari, der 1907 in Kiew zur Welt kam, war ein musikalisches Wunderkind. Er dirigierte bereits als Achtjähriger Tschaikowskys 6. Symphonie. Von seinem Vater, dem Direktor des Philharmonischen Konservatoriums in St. Petersburg, eifrigst gefördert, erhielt er in Westeuropa eine gediegene musikalische Ausbildung. 1929 verließ er die Sowjetunion, war Gastdirigent in Paris und anderen Städten und kam nach einem Intermezzo in der französischen Armee 1940 als Flüchtling nach England.

Fistoulari, um drei Jahre jünger als Anna, sah gut aus und war charmant. Vor allem aber war er mit Leib und Seele Musiker. Das verband. Der Liebesfunke sprang rasch über und zündete. Mit den Worten Anna Mahlers, die geradeheraus und ohne Umschweife ihre Meinung kundtat, hört sich das so an: „Und er ist dann einfach zu mir übersiedelt, und ich bin in die Hoffnung gekommen."

Das Kind kam am 1. August 1943 zur Welt und wurde auf den Namen Marina getauft. Fünf Monate zuvor, am 3. März 1943, hatte Anna Mahler zum vierten Mal geheiratet. Die Mutter billigte überraschenderweise die Wahl Annas, äußerte aber die Besorgnis, der Gatte könnte ihr vielleicht bald langweilig werden, wie das in allen Beziehungen bisher der Fall gewesen war. Jahre später, als sie erfuhr, dass Fistoulari Jude war, änderte sie abrupt ihre Meinung.

Fistoulari war kein großer Dirigent. Aber er erwarb sich in England bald Ansehen und große Popularität. Seine Konzertreisen mit den Londoner Philharmonikern, zu deren Chefdirigenten er 1943 bestellt wurde, fanden regen Zuspruch.

Die Gattin nahm wie schon zuvor bei Ernst Krenek regen Anteil an seiner Arbeit. Sie studierte mit ihm Mahler-Symphonien ein und unterstützte ihn als Korrepetitorin und Ballettpianistin. Da Fistoulari gut verdiente und Anna von ihrer Mutter weiterhin finanziell tatkräftig unterstützt wurde, lebte die Familie in gesicherten materiellen Verhältnissen. Die Fistoularis bezogen eine neue Wohnung (21 Camden Hill Court), die so geräumig war, dass Anna der Mutter sogar das Angebot machte, bei ihnen zu wohnen. Alma hat darauf nicht reagiert.

Anna Mahler und ihr Ehemann verstanden einander gut. „Er ist voller Fingerspitzengefühl", teilte sie der Mutter mit, „nie ein hässliches Wort, voller Instinkt, nie grob."

Auf ihre kleine Tochter war die Mutter stolz. Marina sei sehr herzig, berichtete sie nach Amerika, schlau, humorvoll und klug. Auch spreche sie schon viel, englisch mit ihr, russisch mit Fistoulari und deutsch mit der Bedienerin. Sie selbst fühle sich alt und schäbig, die Haare gingen ihr aus, sie werde bald eine Perücke tragen müssen, ihr Oberkiefer bestehe fast vollständig aus falschen Zähnen. Als sie dieses düstere Bild von sich zeichnete, war Anna Mahler ganze vierzig Jahre alt.

Gegen Kriegsende plagten die Emigrantin familiäre Sorgen. Die Kleine hatte Keuchhusten, sie selbst fühlte sich müde und ausgelaugt, ihr Studio wurde von einer V2-Rakete getroffen und schwer beschädigt.

Die Lebensbedingungen besserten sich auch nach Kriegsende nicht wesentlich. Die Lebensmittelbewirtschaftung blieb aufrecht, der Winter 1945/45 war hart, es fehlte an Brennmaterial. Alma Mahler half nach Kräften, schickte Kleidung, Essbares, Geld. Trotzdem wurden die Hilferufe, die sie erreichten, immer dringlicher. Anatole Fistoulari hatte im April 1946 ein eigenes Orchester gegründet. Es war eine verhängnisvolle Entscheidung, wie sich bald herausstellen sollte. Er bekam nicht genug Konzertaufträge und konnte das Geld nicht einspielen, das er für die Bezahlung der Musiker benötigte. Um die Schulden bezahlen zu können, die sich von Monat zu Monat anhäuften, musste Anna sparen, jeden Shilling zweimal umdrehen, ehe sie ihn ausgab. Sie flehte brieflich und telegrafisch die Mutter um finanzielle Unterstützung an und auch Paul Zsolnay half mit einem ansehnlichen Geldbetrag aus. Die 16-jährige Tochter aus dieser Ehe erinnert sich, dass nicht einmal genug Geld für das Essen da war und dass sie der Mutter, die gerne Filme sah, einmal sogar mit ihrem Taschengeld einen Kinobesuch ermöglichte.

Alma Mahler scheint über die Situation im Hause Fistoulari nicht erbaut gewesen zu sein. Auch in ihrem Leben hatte sich viel verändert. Am 26. August 1945 war Franz Werfel nach einer Herzattacke verstorben. Obwohl es im langjährigen Zusammenleben mit dem erfolgreichen Schriftsteller zahlreiche Disharmonien gegeben hatte, markierte der Tod Werfels eine Zäsur in Almas Leben. Zum ersten Mal hatte sie nun keinen Mann an ihrer Seite. Sie fühlte sich in ihrem Haus im kalifornischen Beverly Hills so einsam und verlassen, dass sie den größten Teil des Winters in New York verbrachte.

Ende 1946 plante sie eine Reise nach Wien, die dann aber erst im September 1947 zustande kam. Sie legte in London einen Zwischenstopp ein, um Anna und ihrer Familie einen kurzen Besuch abzustatten. Mutter und Tochter hatten einander seit 1939 nicht mehr gesehen, ihren Schwiegersohn und ihre Enkelin Marina kannte Alma überhaupt nicht.

Das Wiedersehen verlief ohne Missstimmung. Über Fistoulari äußerte sich die Mahler-Witwe angeblich abfällig, das schlechte Aussehen ihrer Tochter bereitete ihr Sorgen. „Meine Tochter sah herzzerreißend, verhärmt und grau aus, als käme sie aus der Hölle", notierte sie in ihren Lebenserinnerungen. Anna war tatsächlich von den Entbehrungen der Kriegs- und Nachkriegszeit gezeichnet. Sie war 43, sah aber einige Jahre älter aus. Man vereinbarte einen Besuch der Fistoulari für Anfang 1948 in Los Angeles.

Die Reise per Schiff nach Amerika im März 1948 unternahm Anna Mahler allein. In ihrer Ehe kriselte es. Fistoulari hielt nicht viel von ehelicher Treue, die wirtschaftliche Situation der Familie war trist, mit Fistoularis geliebter Mutter, die zuletzt bei ihnen wohnte, kam sie überhaupt nicht zurecht.

In den etwa sechs Wochen ihres Amerika-Aufenthaltes kamen Mutter und Tochter verhältnismäßig einträchtig miteinander aus. Anna traf alte Bekannte: Arnold Schönberg, Ernst Krenek, Fritzi Massary (unter anderen) und lernte neue kennen, etwa das Ehepaar Mann, das Alma zu einer ihrer feucht-fröhlichen Dinner-Partys einlud. „Kalte Ente, Alma amüsant", notierte der berühmte Schriftsteller danach in seinem Tagebuch.

Im Sommer 1949 trennten sich Anna und Anatole Fistoulari. Auch die vierte Ehe der eigenwilligen Mahler-Tochter war gescheitert. Anna reiste nach der Trennung ein zweites Mal nach Amerika, um das Terrain für eine Verlegung ihres Domizils in die USA zu sondieren. Sie durfte hoffen, an der University of California, Los Angeles, einen Lehrauftrag für Modellieren zu bekommen, die Mutter war mit einer Übersiedlung einverstanden. Nach Erledigung der notwendigen Formalitäten war es im November 1950 dann so weit. Sie überquerte noch einmal den Atlantik und bezog mit ihrer siebenjährigen Tochter ein paar Räume im Haus der Mutter in Beverly Hills.

Das Zusammenleben erwies sich bald als ausgesprochen problematisch. Die egozentrische, despotische Alma hatte sich an das Alleinsein bereits so gewöhnt, dass sie die beiden neuen Hausbewohner als Belästigung und schließlich als Last empfand. Kleine Kinder mochte sie nicht, der geringste Lärm störte sie, mit Annas Erziehungsprinzipien war sie absolut nicht einverstanden. Der „Fratz", wie sie ihre Enkelin nannte, tyrannisiere die Mutter, klagte sie einer Freundin. Dazu kam, dass Anna im Haus natürlich nicht ihrer bildhauerischen Arbeit nachgehen, kein eigenes Leben führen und mit dem rabiaten Antisemitismus der Mutter überhaupt nichts anfangen konnte.

Was die Bildhauerei anging, fand sich bald ein Ausweg.

Die Schriftstellerin Gina Kaus, eine Emigrantin, die in Hollywood wohnte, stellte ihr in ihrem Garten ein Atelier zur Verfügung. Anna Mahler konnte wieder ihrer geliebten künstlerischen Arbeit nachgehen. Sooft es ihr möglich war, fuhr sie von Beverly Hills nach Hollywood, um mit Hammer und Meißel mit leidenschaftlicher Hingabe aus Steinblöcken Porträts und Figuren zu formen. Ihre Lehrtätigkeit an der Universität von Kalifornien währte indessen nicht lange. Der Bürokram behagte ihr nicht, die vielen akademischen Sitzungen fand sie überflüssig und öd, für graues Theoretisieren und intellektuelle Geistreicheleien hatte sie überhaupt nichts übrig. Sie war eine Praktikerin und passte ganz einfach nicht in eine Universitätsstruktur.

Das Verhältnis zur Mutter blieb angespannt. Ein Leben der beiden weiblichen Antipoden unter einem gemeinsamen Dach war auf die Dauer unmöglich und für beide Teile unerträglich, eine räumliche Trennung unabwendbar. Sie ließ auch nicht lange auf sich warten. Alma Mahler-Werfel sagte Kalifornien Adieu und übersiedelte an die Ostküste, wo sie sich in New York im dritten Stock eines Hauses, das sie angekauft hatte, ein neues Zuhause schuf.

Die Tochter blieb in Los Angeles. Sie erwarb mit Geld, das ihr die Mutter vorstreckte, ein einfaches, einstöckiges Haus in der Oletha Lane, die in einem idyllischen Stadtteil liegt. Es entsprach völlig ihren Bedürfnissen, zumal sie dort auch ein Freiluftatelier hatte. Da aber ihr Besuchsvisum in den USA abgelaufen war, musste sie um ein Einbürgerungsverfahren ansuchen, dessen Abwicklung zehn Monate in Anspruch nahm. Anna musste das Land verlassen und ging mit Marina nach Kanada, wo sie sich in einem Eis-Café einen kargen Lebensunterhalt verdiente. Anna kannte kein Selbstmitleid, sie war bescheiden, sie stellte keine hohen Ansprüche an das Leben. Aber sie musste in dieser schweren Zeit die Zähne zusammenbeißen und ihre letzten Energiereserven mobilisieren, um sich über Wasser halten zu können.

Ende April 1954 erhielt sie endlich die nötigen Papiere, am 1. Mai zog sie in das Haus ein. Sie konnte auch jetzt keine großen Sprünge machen. Sie hatte wenig Geld, sie gönnte sich wenig und widmete sich voll und ganz ihrer Arbeit. Sie wollte Schönheit schaffen. Das machte sie glücklich. Gelegentlich besuchte sie die Mutter in New York.

Im Jahrzehnt zwischen 1954 und 1964 entstanden eine Reihe von Skulpturen, weibliche Figuren und Porträts, die im Gegensatz zum Frühwerk in der Formgebung klobiger sind, kantiger und strenger. Anna Mahler trat damit in mehreren Ausstellungen an die Öffentlichkeit. Ihre Arbeiten fanden bei der Kritik eine durchwegs freundliche Aufnahme, der große künstlerische Durchbruch gelang ihr aber nicht. Ihn hoffte sie mit dem Werk „Der Maskenturm" zu schaffen, einer fünf Meter hohen Skulptur, die in ihrem Gesamtwerk vollkommen aus dem Rahmen fällt. Sie erzielte damit jedoch nicht die erhoffte Anerkennung und war darüber so enttäuscht, dass sie sich mit der Absicht trug, Amerika den Rücken zu kehren.

Diese und andere Arbeiten dienten Albrecht Joseph, einem Bekannten aus Wien, dem sie in den Vereinigten Staaten wieder begegnete, als Vorlage für einen Dokumentarfilm.

Albrecht Joseph, am 20. November 1901 in Frankfurt geboren, war Theaterregisseur, ehe er sich dem Film zuwandte und etliche erfolgreiche Drehbücher schrieb. Er musste 1933 als Jude Deutschland verlassen, kam nach Österreich und landete nach einer Odyssee in Amerika, wo er als Sekretär Franz Werfels arbeitete. Ein paar Jahre lang fand sich Albrecht Joseph täglich am frühen Morgen im

Hause Almas ein und zog sich mit Franz Werfel in einen Arbeitsraum im Keller zurück, wo ihm der Schriftsteller stundenlang aus den schwarzen Schulheften diktierte, in denen er seine Einfälle und Formulierungen festhielt. Er lernte in dieser Zeit auch die Hausherrin gründlich kennen. Sein Urteil über Alma Mahler-Werfel fällt nicht gerade schmeichelhaft aus. Ihre Launen und antisemitischen Ausfälle hielt er für unerträglich. Und da er bei ihren Alkoholexzessen nicht mitmachte, kamen sie nicht gut miteinander aus. „Mit dir kann man nicht trinken, weil du ein Jud bist", qualifizierte sie ihn ab. Nach Werfels Tod betätigte sich Albrecht Joseph als Filmcutter.

Mit Anna Mahler verstand sich der hochintelligente, kultivierte Literat außerordentlich gut. Die beiden kamen einander bald näher. Albrecht Joseph verehrte die herbe Bildhauerin aus tiefstem Herzen, wurde und blieb ihr Lebenspartner.

Alma sprach sich natürlich auch gegen diese Liebesbeziehung ihrer Tochter aus. Zum Glück denke sie nicht ans Heiraten, die Beziehung finde sie aber auch so widerwärtig, äußerte sie gegenüber einer Freundin. Anna Mahler und Albrecht Joseph gingen doch eine Ehe ein. Allerdings erst 1970, als Alma nicht mehr lebte.

An ihrem 80. Geburtstag am 31. August 1959 war Almas Gesundheit bereits schwer angeschlagen. Sie hatte mehrere Schlaganfälle hinter sich, war fast taub und redete wirr. Die Tochter kam jetzt öfter zu Besuch. Alma zeigte sich an Annas Leben und an ihrer Arbeit interessierter als in den Jahrzehnten zuvor, was diese auf ihre Weise kommentierte. „Ja – es ist richtig, um so seniler Mami ist – um so mehr bewundert sie mich. Ich kann nicht behaupten, dass es mir jetzt sehr viel bedeutet. Ja, vor dreißig Jahren!"

Bei Almas Tod am 11. Dezember 1964 stand Anna an

ihrem Totenbett. Als sie die Mutter ein letztes Mal umarmen wollte, stieß sie 'diese brüsk zurück. „Sie wollte von niemandem Hilfe haben", deutete die Tochter diese abweisende Geste. Wer weiß? Vielleicht war es die letzte instinktive Zurückweisung des ungeliebten Kindes, das sich dem würgenden Zugriff der Mutter schon in jungen Jahren entzogen hatte.

Wie ein Vogel, der endlich fliegen darf, habe sich Anna Mahler nach dem Ableben der Mutter gefühlt, konstatierte jemand, der es wissen musste: ihre enge Freundin Manon Manion. Anna war jetzt sechzig Jahre alt, finanziell unabhängig und materiell gesichert, denn die Mama hatte ihr ein ansehnliches Vermögen hinterlassen.

In Amerika war sie so richtig heimisch geworden. Sie hatte aber ihre Wurzeln in Europa, sie liebte England und Italien. Deshalb machte sie sich schon im Winter 1965 auf die Suche nach einer geeigneten Heimstätte in diesen beiden Ländern. Sie erwarb ein Haus in der Kinnerton Street in London und später den Palazzo Macerino in der Nähe von Spoleto, der jedoch nicht beheizbar war. Sie gab ihn daher auf und kaufte an seiner Statt einen Palast in der Stadt. Beide Wohnstätten verfügten über ein Atelier. In den Jahren bis zu ihrem Tod pendelte sie nun zwischen Los Angeles, London und Spoleto hin und her, von Albrecht Joseph nicht immer, aber oft begleitet. Ihre Unrast fand auf diese Weise Befriedigung.

Die Arbeit war bis in das hohe Alter der Lebensmotor Anna Mahlers. Von Gestalt klein und zart, besaß diese ungewöhnliche Frau eine riesige Willenskraft und eine enorme innere Stärke. Mit dem Beruf der Bildhauerin – ihr Gesamtwerk umfasst mehr als 200 Arbeiten, von denen leider nicht allzu viele erhalten geblieben sind – versuchte sie, aus dem übermächtigen Schatten des Vaters zu treten und sich der Dominanz der Mutter zu entziehen. Dies ist ihr wohl nur zum Teil gelungen. Gustav Mahlers Werk ist aus der Musikgeschichte nicht wegzudenken, Alma Mahler-Werfel ist durch ihre Liebesaffären mit berühmten Männern als femme fatale in die Kulturgeschichte eingegangen, Anna Mahler und ihr schöpferisches Werk kennen nur Eingeweihte. Sie hat nicht die Anerkennung gefunden, die sie verdient. Das schmerzte, das verwundete sie tief. Sie selbst machte sich Gedanken darüber. „Ich frage mich sehr, was und warum mein Leben als Bildhauerin schief ging", schrieb sie ungefähr ein Jahr vor ihrem Tod an Albrecht Joseph. Und sie gab auch gleich die Antwort. Kein Land habe sie für sich reklamiert, weil sie Wien so sehr gehasst habe und nie lang genug irgendwo gewesen sei, meinte sie. Und schürfte dann tiefer. Sie habe nie Geld und Erfolg gesucht und vielleicht seien ihre Sachen nicht gut genug, um sich gegen Moden zu behaupten.

Anna Mahler mochte künstlerische Moden nicht, sie war eine Einzelgängerin, avantgardistische Experimente lehnte sie ab. Sie widmete ihre Kunst ganz der menschlichen Figur, die sie nicht abstrakt, sondern in ihrer konkreten Körperlichkeit darstellte. Eine Kunst ohne den Menschen hielt sie für eine entmenschte Kunst. Sie blieb der Tradition verhaftet, ihr konservatives Kunstverständnis hielt mit der Entwicklung in der Bildhauerei nicht Schritt. Sie hatte niemanden, keinen Galeriebesitzer, keinen einflussreichen Kunstkritiker und Kunsthistoriker, der sich für ihr Werk einsetzte und es in einem angemessenen Rahmen in der Öffentlichkeit präsentierte. Das frustrierte sie.

„Ich fühle mich wie ein Narr", schrieb sie im oben erwähnten Brief und setzte hinzu: „Nicht ganz, weil es mir doch so viel Freude gemacht hat."

Unterkriegen ließ sich die kompromisslose, unbeugsame Mahler-Tochter aber jedenfalls nicht. Noch im hohen Alter von 79 Jahren erfüllte sie sich einen Lebenstraum: Im September 1983 flog sie nach China. Sie bewunderte die chinesische Kultur, konnte sich an den herrlichen Buddha-Figuren, die es im Land gab, nicht satt sehen und kam mit starken Eindrücken zurück.

Im Jahr darauf, Ende 1984, fällte sie eine Entscheidung, die nur durch Altersstarrsinn zu erklären ist. Sie teilte ihrem fünften Ehemann mit, dass sie mit ihm nicht mehr unter einem Dach leben könne. Sie habe nicht anders handeln können, als sich von ihm zu befreien. Sie habe ihm natürlich entsetzlich wehgetan und würde alles tun, um ihm zu helfen, aber sie sei nun allein und glücklich und es sei eine endgültige Entscheidung, begründete sie ihr Verhalten einer Bekannten gegenüber. Albrecht Joseph verließ Annas Haus und zog in sein eigenes. Scheidung gab es keine. Das alte Ehepaar blieb in telefonischer und brieflicher Verbindung, gelegentlich traf man sich.

Es folgte ein nächster, schwer zu verstehender Entschluss. Obwohl ihre Gesundheit sehr zu wünschen übrig ließ, brach die 81-jährige Anna Mahler im März 1985 erneut zu einer Chinareise auf. Sie stürzte, fiel ein paar Treppen hinunter und musste mit dem nächsten Flugzeug nach Hause zurückgebracht werden. In London setzte man ihr einen Herzschrittmacher ein. Einige Operationen nach Hüft- und Knochenbrüchen folgten. Sie musste auf ärztlichen Rat ihren übermäßigen Alkohol- und Zigarettenkonsum einstellen. Das fiel ihr ungeheuer schwer. Anna Mahlers zäher Lebens- und Arbeitswille war angeschlagen. „Die Götter haben viel Arbeit mich umzubringen. Sollen sie weiter arbeiten – ich widerstehe", hatte sie einmal ihrer langjährigen Freundin Herta Blaukopf geschrieben.

Jetzt ging es langsam dem Ende zu. Am 3. Juni 1988 starb Anna Mahler in London an Nierenversagen. Die Ausstellung bei den Salzburger Festspielen im selben Jahr, die bislang größte Präsentation ihrer Werke, deren Eröffnung sie mit großen Erwartungen entgegengesehen hatte, erlebte sie nicht mehr.

Albrecht Joseph, der verstoßene Lebensgefährte, schrieb bei der Nachricht von Annas Tod in sein Tagebuch: „Mir waren 38 Jahre meines Lebens mit einer Lichtgestalt beschert."

LITERATURAUSWAHL

August von Goethe

Beyer, Andreas/Radecke, Gabriele (Hg.): August von Goethe.
Auf einer Reise in den Süden. Tagebuch 1830.
München 2003

Boyle, Nicholas: Goethe. Der Dichter in seiner Zeit.
Band I 1749–1790, Band II 1791–1803. München 1999

Damm, Sigrid: Christiane und Goethe. Eine Recherche.
Frankfurt am Main und Leipzig 1998

Friedenthal, Richard: Goethe. Sein Leben und seine Zeit.
München 1982

Kleßmann, Eckart: Christiane. Goethes Geliebte und
Gefährtin. Zürich 1993

Koopmann, Helmut: Goethe und Frau von Stein.
Geschichte einer Liebe. München 2002

Pruys, Karl Hugo: Die Liebkosungen des Tigers.
Eine erotische Goethe-Biographie. Berlin 1997

Rahmeyer, Ruth: Ottilie von Goethe. Eine Biographie.
Frankfurt am Main und Leipzig 2002

Väter und Söhne. Zwölf biographische Porträts.
Berlin 1996

Völker, Werner: Der Sohn. August von Goethe.
Frankfurt am Main und Leipzig 1992

Siegfried Wagner

Bauer, Hans-Joachim: Die Wagners. Macht und Geheimnis einer Theater-Dynastie. Bergisch Gladbach 2003

Giroud, Françoise: Cosima Wagner. Mit Macht und Liebe. Eine Biographie. München 1999

Gregor-Dellin, Martin: Richard Wagner: sein Leben, sein Werk, sein Jahrhundert. München 1980

Hamann, Brigitte: Winifred Wagner oder Hitlers Bayreuth. München 2003

Karpath, Ludwig: Siegfried Wagner als Mensch und Künstler. Leipzig o.J.

Kraft, Zdenko von: Der Sohn. Siegfried Wagners Leben und Umwelt. Graz 1969

Pachl, Peter: Siegfried Wagner. Genie im Schatten. München 1998

Pachl, Peter (Hg.): Cosima Wagner. Die Tagebücher. 2 Bde. München 1976/77

Wagner, Friedelind: Nacht über Bayreuth. München 2002

Erika und Klaus Mann

Gregor-Dellin, Martin (Hg.): Klaus Mann. Briefe und Antworten. 1922–1949. München 1987

Heimannsberg, Joachim/Laemmler, Peter/Schoeller, Wilfried F. (Hg.): Klaus Mann, Tagebücher. München 1989–1991

Jens, Inge und Walter: Frau Thomas Mann. Das Leben der Katharina Pringsheim. Reinbek b. Hamburg 2004

Lühe, Irmela von der: Erika Mann. Eine Biographie. Reinbek b. Hamburg 2002

Mann, Erika: Briefe und Antworten. Hg. von Anna Zanco, 2 Bde. München 1984/85

Mann, Golo: Erinnerungen und Gedanken. Eine Jugend in Deutschland. Frankfurt am Main 1999

Mann, Golo: Erinnerungen an meinen Bruder Klaus. In: Gregor-Dellin.a.a.o. München 1987

Mann, Klaus: Der Wendepunkt. Reinbek b. Hamburg 1999

Mann, Thomas: Tagebücher. 10 Bde. 1–5 hg. von Peter de Mendelssohn, 6–10 von Inge Jens. Frankfurt am Main 1979–1995

Anna Naumann, Uwe: Klaus Mann. Reinbek b. Hamburg 2001

Schaenzler, Nicole: Klaus Mann. Eine Biographie. Berlin 2001

Strohmeyr, Armin: Klaus und Erika Mann. Berlin 2000

Anna Freud

Appignanesi, Lisa/Forrester, John: Die Frauen Sigmund Freuds. München 1994

Gay, Peter: Freud. Eine Biographie für unsere Zeit. Frankfurt 1995

Lohmann, Hans-Martin: Sigmund Freud. Reinbek b. Hamburg 1998

Roazen, P. Sigmund: Sigmund Freud und sein Kreis. 1976

Salber, Wilhelm: Anna Freud. Reinbek b. Hamburg 1985

Salber, Wilhelm: Sigmund und Anna Freud. Hamburg o.J.

Young-Bruehl, Elisabeth: Anna Freud. 2 Bde.
  Erster Teil: Die Wiener Jahre. Wien 1995
  Zweiter Teil: Die Londoner Jahre. Wien 1995

Anna Mahler

Canetti, Elias: Das Augenspiel. Lebensgeschichte 1931–1937. Frankfurt am Main 2004

Fischer, Jens Malte: Gustav Mahler. Der fremde Vertraute. Wien 2003

Hilmes, Oliver: Witwe im Wahn. Das Leben der Alma Mahler-Werfel. München 2004

Joseph, Albrecht: Ein Tisch bei Romanoff's. Erinnerungen. Mönchen-Gladbach 1991

Krenek, Ernst: Im Atem der Zeit. Erinnerungen an die Moderne. Hamburg 1999

Lebrecht, Norman: Mahler Remembered. London 1989

Mahler-Werfel, Alma: Mein Leben. Frankfurt am Main 1989

Streeruwitz, Marlene: Nachwelt. Roman. Frankfurt am Main 2003

Weidle, Barbara/Seeber, Ursula (Hg.): Anna Mahler. Ich bin in mir selbst zu Hause. Bonn 2004

ANMERKUNGEN ZU DEN FAMILIEN

1. Johann Wolfgang von Goethe ∞ Christiane Vulpius
Kinder:
August (1789-1830)
Sohn (1791, Totgeburt)
Carolina (21. November-3.Dezember 1793)
Carl (30. Oktober-16.November 1795)
Tochter (1803, Totgeburt)

August von Goethe ∞ Ottilie von Pogwisch
Walter Wolfgang (1818-1885)
Wolfgang Maximilian (1820-1883)
Alma Henrietta (1827-1844)

2. Richard Wagner ∞ Minna Planer
∞ Cosima von Bülow
Kinder aus 2. Ehe:
Isolde (1865-1919)
Eva (1867-1942)
Siegfried (1869-1930)

Siegfried Wagner ∞ Winifred Williams Klindworth
Kinder:
Wieland (1917-1966)
Friedelind (1918-1991)
Wolfgang (1919)
Verena (1920)

3. **Sigmund Freud ∞ Martha Bernays**
   Kinder:
   Mathilde (1887–1978)
   Jean-Martin (1889–1967)
   Oliver (1891–1969)
   Ernst (1892–1970)
   Sophie (1893–1920)
   Anna (1895–1982)

4. **Thomas Mann ∞ Katia Pringsheim**
   Kinder:
   Erika (1905–1969)
   Klaus (1906–1949)
   Golo (1909–1994)
   Monika (1910–1992)
   Elisabeth (1919–1976)
   Michael (1918–2002)

5. **Gustav Mahler ∞ Alma Schindler**
   Kinder:
   Maria (1902–1907)
   Anna (1904–1988)

   Anna Mahler ∞ Rupert Koller
   ∞ Ernst Krenek
   ∞ Paul Zsolnay
   ∞ Anatole Fistoulari
   ∞ Albrecht Joseph
   Kinder:
   Alma Zsolnay (1930)
   Marina Fistoulari (1943)

Namenregister

K&S

DAS UNVERZICHTBARE NACHSCHLAGEWERK
FÜR ALLE WIEN-INTERESSIERTEN UND WIEN-LIEBHABER

Felix Czeike

HISTORISCHES LEXIKON WIEN

Einmalige, limitierte
Sonderausgabe in 6 Bänden

6 Bände gebunden in Kassette
Format: 17 x 24 cm
durchgehend illustriert

ISBN: 3-218-00740-2
Im Verlag Kremayr &
Scheriau, 2004

Das Historische Lexikon Wien enthält in sechs Bänden weit über 30.000 Stichwörter sowie über 2.400 Abbildungen und Skizzen. Es vereinigt alles, was mit der Geschichte Wiens in Verbindung steht: topographische und biografische Stichwörter, sämtliche amtlich benannten Verkehrsflächen und Wohnhausbauten sowie historische Straßennamen.
Die Sachstichwörter sind den verschiedensten Gebieten entnommen, wobei Kunst-, Kultur-, Wirtschafts-, Sozial- und Verwaltungsgeschichte, politische Parteien, Volkskunde, Dialektforschung und Gastronomie besonders berücksichtigt wurden.